学校整体课程
探索丛书

吕　锐
罗　禹
杨四耕
丛书主编

学校整体课程的深度实施

吴家英 ◎ 主编

华东师范大学出版社
·上海·

图书在版编目(CIP)数据

学校整体课程的深度实施/吴家英主编. —上海:华东师范大学出版社,2023
(学校整体课程探索丛书)
ISBN 978-7-5760-3916-0

Ⅰ.①学… Ⅱ.①吴… Ⅲ.①课程-教学研究-小学 Ⅳ.①G622.3

中国国家版本馆 CIP 数据核字(2023)第 130897 号

学校整体课程探索丛书
学校整体课程的深度实施

丛书主编	吕　锐　罗　禹　杨四耕
主　　编	吴家英
责任编辑	刘　佳
项目编辑	林青荻
特约审读	郑　月
责任校对	樊　慧　时东明
装帧设计	卢晓红

出版发行	华东师范大学出版社
社　　址	上海市中山北路 3663 号　邮编 200062
网　　址	www.ecnupress.com.cn
电　　话	021-60821666　行政传真 021-62572105
客服电话	021-62865537　门市(邮购)电话 021-62869887
地　　址	上海市中山北路 3663 号华东师范大学校内先锋路口
网　　店	http://hdsdcbs.tmall.com
印 刷 者	上海龙腾印务有限公司
开　　本	787 毫米×1092 毫米　1/16
印　　张	18.75
字　　数	180 千字
版　　次	2023 年 9 月第 1 版
印　　次	2023 年 9 月第 1 次
书　　号	ISBN 978-7-5760-3916-0
定　　价	58.00 元

出版人　王　焰

(如发现本版图书有印订质量问题,请寄回本社客服中心调换或电话 021-62865537 联系)

丛书编委会

主　编
吕　锐　罗　禹　杨四耕

副主编
吴家英

编　委
（按姓氏拼音排序）

陈慧芹	陈　坤	陈求丽	陈人珊	陈仕泽	陈先光
董时平	高福明	何　婷	黄　炳	黄　俊	黄小龙
黄泽诗	蒋　旗	黎公权	李　学	李　媛	林　俊
林元华	刘顺泉	刘燕红	卢丽燕	罗　娟	罗秀诗
宓　奇	欧哲尔	蒲日芳	任秀荣	苏儒平	苏天新
王迎春	吴　革	邢翠睿	邢国英	邢海珍	闫学忠
颜振蓉	杨善杰	曾启宏	曾卫红	张光宁	张　玲
张艳玲	赵伟琦	钟王群	周灿文	周　康	周　阳
周一帆	周　莹	朱凤春	朱海燕	朱玮雪	朱允诚

本书编委会

主 编
吴家英

编 委
陈 坤　朱海燕　刘启琴　李俊杰　覃雪琴
钟王群　董 洋　欧哲尔　刘 钰　黄小龙
李永菊　陈丹玲　刘燕红　邢国英　蓝慧娇
　　　　何 婷　刘怡坤

丛书总序

《义务教育课程方案(2022年版)》指出:学校依据省级义务教育课程实施办法,立足本校办学理念,分析资源条件,制订学校课程实施方案,注重整体规划,有效实施国家课程,规范开设地方课程,合理开发校本课程。

联合国教科文组织在《处于争论和教育改革中的课程问题——为21世纪的课程议题做准备》的文件中指出:课程不仅仅是课程要素设计的技术问题,更是教育目标实现的价值问题。因此,良好的课程应该实现两个方面的平衡:一是量的平衡,即课程要素的比重是合适的;二是质的平衡,即各类要素的价值汇合度是最高的,应根据教育的最终价值来确定这种平衡。

因此,坚持素养导向,落实课程育人价值,实现良好的课程愿景,课程改革可以在两个维度上着力:一是量的维度,这是横向的要素设计维度;二是质的维度,这是纵向的价值聚合维度。在课程改革过程中,横向维度和纵向维度通过课程实践出现在同一个时空:横向上,课程要素布局,包括各领域课程的平衡、学科课程与活动课程的平衡、不同学科之间的平衡以及课程内在要素的平衡;纵向上,各类课程要素的价值汇合,包括课程的内在逻辑和价值的平衡、课程各要素之间的逻辑自洽性。

横向维度的"课程"和纵向维度的"课程"相融相合,要素布局与价值升华和谐地存在于课程变革实践的时候,课程改革便具有了高品质课程的整体涌现性。所谓整体涌现性,是指整体具有而其组成部分以及部分之和不具有的特性,一旦把整体还原为它的"组分",这些特性便不复存在。在一定意义上,整体涌现性是系统的根本特征。很明显,这是课程改革的系统思维,这种思维强调横向要素的多元开放性、纵向逻辑的价值递进性,通过资源要素的横向关联和价值要素的纵向推进,形成横纵交织结构、横纵互馈状态、横联纵进效应的高品质整体涌现性。课程改革目标的实现,需要特定的课程要素集聚与价值生成,不同课程要素的不同组合,会产生不同的课程价值。课程改革的系统思维是由课程之"课"和课程之"程"构成的,其中课程之"课"主要是课程要素布局,具有丰富性、整体性、关联性和生成性;课程之"程"主要是课程价值生成，具有过程性、转变性、反思性和超越性。它们共同构成了课程的内涵、特征和方向，诠释了课程作为"跑道"和"奔跑"的全部含义。

《义务教育课程方案(2022年版)》指出：学校要加强课程内容与学生经验、社会生活的联系，强化学科内知识整合，统筹设计综合课程和跨学科主题学习，注重培养学生在真实情境中综合运用知识解决问题的能力，强化课程协同育人功能，充分发挥实践的独特育人功能。课程在任何时代都受制于社会政治经济和文化状况以及受教育者个体状况。因此，从课程价值角度分析，课程改革的系统思维可以从社会学与心理学角度进行分析。从社会学角度分析，课程改革的系统思维反映了社会意义上的课程平衡。这一层面的平衡是要在学校所提供的课程中寻求一定的平衡。它关系到学科的设置、各种学科与活动的时间分配和时间长度，以及教育辅助设施的使用等。课程平衡与社会发展和科技进步有关，课程改革必然要对学校所服务的社会和学校在社会中扮演的角色给予充分的考虑。从心理学角度分析，课程改革的系统思维也反映了学习者个体意义上的课程平衡。这个意义上的平衡，是从儿童身心发展特点角度来考虑的。良好的课程应该是，当个体在课程中的每个领域发展到最佳能力水平时，这种由个体所经验的课程也就达到了平衡。换言之，学校课程应能满足儿童欲在社会立足所需要的技能的、价值的、情感的、审美的、创造的需要。学校课程的平衡与否要看它是否能尽可能使儿童最大限度地发展；满足儿童各方面需要的课程，就是平衡的课程。归纳为一句话就是，课程改革的系统思维要求课程开发在社会要求和个体需要之间保持平衡。儿童在学校中所体验的课程，必须有助于他调整自己以适应这个世界，这些课程能赋予他一定的知识、情感和意志，这些知识、情感和意志将使他有能力去改变那些需要改变的东西。

总之，高品质课程具有整体涌现性、要素平衡性和价值生成性。近些年来，三亚市推进"品质课程"项目，恪守过程性课程改革逻辑，秉承平衡性课程思维方式，采取整体性课程要素平衡方法和聚焦性课程价值聚合策略，多维度深度推进课程改革，获得了许多扎根经验，取得了许多看得见的成效，可喜可贺！

杨四耕

2023年3月20日于上海市教育科学研究院

目　录

总论 / 1
　　一、学校整体课程实施的多维观点　/ 3
　　二、学校整体课程实施的运作过程　/ 4
　　三、学校整体课程深度实施的实践模型　/ 6

第一章　意义的生成性　/ 11

　　学习是认识世界、结交伙伴和洞察自我的对话实践，意义的生成性是学校整体课程深度实施的重要标志。促进意义生成性的实践是在教师引导下，学生围绕不断生成的任务进行课程学习，自主参与、体验、获得发展的过程。在深度实施中取舍、完善课程内容，善用创设关联学生社会生活、真实学习情境的项目化、体系化课程，构建意义生成性课程与过程性、反思性、创造性学习评价体系是其具体实践策略。

　　一、意义的生成性　/ 12
　　二、促进意义生成的实践策略　/ 13

　　深度创意　"5T"课程：开启每一个孩子的至诚之心　/ 15

第二章　内容的统整性　/ 63

　　统整是课程内容的调整和重新组合过程，是对课程内容进行调整、更新、关联、去重，以减少课程内容之间的重复、重叠。课程内容的构建是由很多元素组成的，内容的统整可以有效解决在课程构建时学科内容范畴的界定、办学理念、课程理念、育人目标、课程实施、课程评价等众多概念的交叉混杂、相互脱节问题，从而构建出融通知识、联结生活的课程体系。

一、内容统整的意义 / 64
二、内容统整的有效策略 / 65

> **深度创意** "小叶子"课程：让每一片叶子朝着萃美而生 / 68

第三章 活动的境脉性 / 97

构建有主题、有逻辑、有连续性的脉络化情境，促进深度学习的发生，是学校课程深度实施的重要表征。基于境脉的学习，本质上是学习者内部世界与外部世界发生意义，建立相应的联系，从而建构自己新的知识结构。活动的境脉性促进策略有情境创设策略、活动驱动策略、深度参与策略、资源整合策略、激励评价策略等。

一、何谓活动的境脉性 / 98
二、活动的境脉性促进策略 / 99

> **深度创意** 七彩光课程：向着阳光奔跑 / 101

第四章 任务的协同性 / 141

学校课程深度实施以任务的协同性为前提，协同促进系统有序化发生，它不断推动系统在开放中进行信息与能量的交换。学校课程是一个复杂的整体系统，课程实施的过程就是在真实情境中观照系统整体性而实现课程动态生成的对话过程。研究者不仅要关注课程实施的外部环境，也要关注课程系统内部各主体的能动自主性和各要素之间的整体协同性。

一、任务协同理论的一般分析 / 142

二、任务的协同性增进策略　　/ 143

> **深度创意**　"小鲸灵"课程：让孩子在自由玩耍中获得成长　　/ 145

第五章　行动的自主性　/ 173

　　课程深度实施的自主性是课程实施的根基，也是课程实施深度发展的驱动力。人的自主性、人的自觉，是课程深度实施的必须也是必然。自主性强调课程行动的自主性、课程实施的自觉性，从课程发展历史中借鉴，找寻自主性的哲学思考，探究课程实施中人的自觉性，研究课程自主性的情境性指引。

一、课程深度实施之行动自主性研究　　/ 174
二、自主性课程深度实施之治理模式　　/ 175

> **深度创意**　相遇式课程：让每一个生命向着美好出发　　/ 176

第六章　课程的延展性　/ 219

　　课程延展性是对课程设置的模块和内容进行延伸和拓展，以拓展课程涉及的领域和涵盖的内容，提升课程内容的丰富性。学校课程要延展，就需要课程走出课堂，延伸学科知识，培养学习技能，开阔学生视野，增强学习体验。学校可以从时间空间、重点问题、活动形式、学以致用四个方面进行课程延展。

一、何为课程的延展性　　/ 220
二、促进课程延展的策略　　/ 221

> **深度创意**　"小白鹭"课程：让每一个孩子向着和美生长　　/ 222

第七章　评价的嵌入性　／ 255

　　评价的嵌入性优势有利于学生直面真实的课程情境，有利于评价在学习过程中动态生成，有利于发挥评价主体的多元化优势，对学生个体的成长给予热忱的关注。这种由教师主导、学生参与、与课程深度实施同时发生、动态地反馈学生真实的学习过程和真实的学业成就的评价，促进了自主探究学习的氛围生成和学习模型的构建，具备了更优质的育人导向功能。

一、评价的嵌入性对课程深度实施的意义　／ 256
二、评价的嵌入性促进课程深度实施　／ 257

深度创意　"小旗手"课程：在儿童心田耕耘美好生活　／ 258

后记　／ 289

总　论

整体课程兴起于20世纪80年代末的北美,主要倡导者是《整体教育评论》的创刊人罗恩·米勒和《整体课程》的作者约翰·米勒,他们在人本主义教育理论的基础上,倡导"整体教育"。整体教育在美国虽然不是主流的教育学派,但这一思想传播广泛,欧洲和东亚地区也有学者展开研究。整体教育的内涵比较难界定,正如创始人罗恩·米勒所说"没有一种'课程'(现代教育者所用的术语)能够最好地表达整体主义世界观……整体的世界是如此地广阔、复杂、多维和彼此联结,解释它本质的任何企图都只能是部分地达成。"[1]基于此,安桂清通过对整体课程特征的描述来把握整体课程的实质,认为整体课程包括"联结、转变、灵性"三个特征。[2] 汪霞在研究了现代与后现代的课程后,提出后现代课程观对我国基础教育改革的启示之一是"整体联系的课程"。[3] 杨四耕关注整体课程的规划与实施,认为"学校整体课程是学校为实现育人目标,整合包括国家课程、地方课程和校本课程在内的课程之总体,也就是学校的所有课程,内蕴学校层面的课程情境、课程哲学、课程目标、课程框架、课程实施、课程评价以及课程管理等完整课程要素"。[4]

基于以上研究,我们认为,整体课程的理念与时代的发展要求和普遍联系的社会现实相适应,与促进人的全面发展的培养目标相契合。整体主义的课程观在主体上尊重受教育者的主体性和整体性,把个体和学习的过程看作一个复杂的系统;同时尊重教育者的本性,使教育者的内在教育理念和外在教育行为契合。在中观的运作过程中追求学科之间、学习者之间的关联,注重内容与过程、过程与方法、过程与评价之间的平衡。在微观的实践操作层面关注各部分之间的联系和整合,注重整体性,用整体性的知识和能力提升取代支离破碎的知识点。整体课程正成为当今课程开发和课程改革的趋势。

学校整体课程实施是将编制好的课程计划完整地付诸实践的过程,是将课程情境、课程哲学、课程目标、课程框架转化为课程实践的活动,是实现预期的理想课程、达到预期课程目标的基本途径。

---

[1] 安桂清.整体课程研究[D].上海:华东师范大学,2004:20—21.
[2] 安桂清.整体课程研究[D].上海:华东师范大学,2004:29.
[3] 汪霞.课程研究:从现代到后现代[D].上海:华东师范大学,2002:307.
[4] 杨四耕.学校整体课程规划[M].上海:华东师范大学出版社,2022:总论,第1页.

一、学校整体课程实施的多维观点

学校整体课程实施可以从两个维度考量：一是课程实施的取向，二是课程实施的程度。富兰把课程实施的取向概括为：得过且过、互相调适和忠实三种取向；辛德等将其归纳为忠实、互相调适和缔造三种取向。得过且过是对课程实施的一种消极和被动的态度，不清楚方向且不在意结果。忠实取向是实施者忠实地按照设计者的意图行事，将专家制定的课程被动地付诸实践。互相调适取向强调的是课程设计和课程在实施过程中的互相调适，在这一过程中实施者的心态是主动的，能够根据理解和实践进行调整。缔造取向关注的是师生的课程建构问题，认为师生是课堂的创造者、课程中问题的生发者和解决者。[1] 在此取向中，个体的主动性得到充分的调动，是在充分理解课程设计者意图之上的创新，能够有效推进课程理念和课程实施。

衡量课程实施品质的重要指标是课程实施深度。从研究情况看，目前衡量课程实施的模式主要有以下几种：

(一) 使用层级：关注为本采纳模式

关注为本采纳模式(Concerns Based Adoption Model)，核心是关注教师为实施新课程材料和教学方式所经历的改变过程的测量、描述和解释，以及这一过程怎样通过干预促进改变过程中的个体行为。关注为本采纳模式包括三个诊断维度：关心发展阶段、课程实施水平和革新构造。关心发展阶段包括：0 意识、1 信息、2 个人化、3 操作、4 结果、5 合作、6 再聚焦七个阶段；课程实施水平包括：0 不实施、1 定向、2 准备、3 机械实施、4 例行化、5 精致化、6 统整、7 更新八个层级；革新构造是通过绘制革新图的方法促使实施者比照、发展实施水平。[2]

我们认为，当达到"精致化、制度化、更新"的层级时，课程实施走向深度阶段。在此阶段中，教师的反思能力、统整能力、创新能力能够很好地将理想的课程付诸实践，有助课程不断优化。

---

[1] 霍翠芳.课程实施研究理论综述[J].山西科技,2007(3):112—113.
[2] 姜荣华,马云鹏.关注为本采纳模式:课程实施程度评价的一种工具[J].教育发展研究,2008(Z2):115—118.

(二) 使用状态:主体模式

使用者概况模型(User profile)是基于特定课程设计蓝本的实施评价。利斯特伍德给出了10个课程向度,并绘制了关系图,在具体实施时,可以根据评价的意图选择相关的向度进行测量,比较适合于短期改革或阶段性改革的测量。[①]

此评价标准的特点在于不仅关注到教师的实施方面,也关注到"受教育者的理想形象""学生进入行为"和"学习结果"等涉及受教育者的方面。此外,这一标准还将"时间、内容、教学策略、学习经验、教学材料"等具体情境纳入评价中,这启发我们在衡量课程实施时要考虑到相关的情境因素。

(三) 使用结果:符合模式

课程联结理论认为,文本的课程与教师实施的课程之间的一致程度越高,教师的实施程度越高。因此,对课程实施程度的测量在很大程度上就是测量文本课程与教师运作之间的一致程度。这一研究主要使用课程绘图作为工具,根据内容矩阵编码,通过课堂观察、文件分析调查老师们过去一年在班级教学内容花费的时间和覆盖的内容,形成内容地图。在这一模式中,文本课程与教师运作之间的重叠程度越高,深度实施的程度就越高。[②] 符合模式的成果非常直观,能比较清楚地展示课程实施的程度。

综上所述,既往课程实施研究的优势在于对主体的实施程度进行了分析,并且提出了基本的判定层级,但是在对主体进行分析时,大多是从教师的角度进行分析,忽视了受教育者的获得和成长;此外,在研究课程实施时,仅从课堂教学的角度入手,忽视了对课程情境、课程目标、课程评价等因素的分析。因此,我们认为,学校整体课程的深度实施应当沿着忠实、互相调适和缔造的取向考虑课程创新的程度、课程实施的水平、课程实施的阶段,从学校、教师、学生三个维度入手,思考课程在实施过程中的多维属性。

二、学校整体课程实施的运作过程

学者们对课程实施的运作过程的分析大多着眼于实施过程中的不同层级。美国课程专家古德莱德在1979年提出课程实施的五个层级,即理想课程、正式课程、

[①] 史丽晶,马云鹏. 课程实施程度检测模型及思考[J]. 东北师大学报(哲学社会科学版),2016(1):146—150.

[②] 夏雪梅. 四十年来西方教师课程实施程度研究的回顾与评论[J]. 全球教育展望,2010(1):21—26.

知觉课程、运作课程和经验课程。后来,美国另一位课程专家布罗菲进一步发展了古德莱德的运作过程,他认为"决策者或实施者会对课程有不同的理解和诠释。课程在不同层级的运作中,当通过学校(我们可以将其看作是教师的群体)、个体教师或学生,可能有一部分被遗落、转化、增添、歪曲。因此,每一个层级的课程其实都不是上一个层级的课程,而是一个不断变革的过程"。[①] 我国的课程运作主要是从管理体制的角度来划分,实施国家、地方、学校三级管理体制。有研究表明,教育变革的过程可划分为三个阶段:(1)启动、动员、采用阶段;(2)实施、开始使用阶段;(3)持续化、常规化阶段。钟启泉先生在其《课程论》中分析了国外课程学者把课程实施工作区分为五个层面的改变:教材的改变、组织方式的改变、角色或行为的改变、知识与理解的改变、价值的内化。[②]

我们认为,学校整体课程深度实施的运作过程可以分为正式的课程、运作的课程和体验的课程三个阶段(见图1):

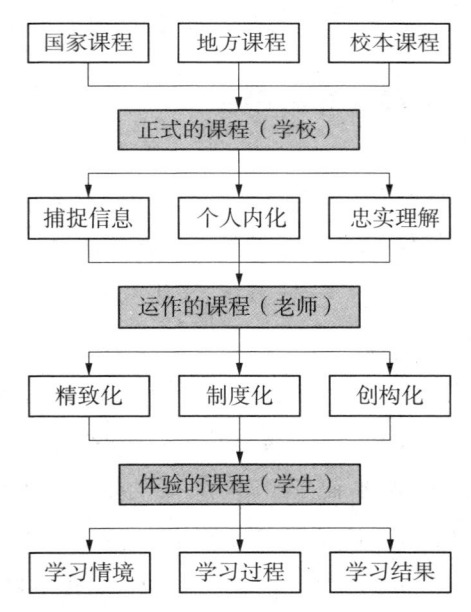

图1 学校整体课程深度实施的运作过程图

[①] 夏雪梅,崔允漷.学校课程实施过程互动理论模型的建构[J].教育发展研究,2013(24):1—5+10.
[②] 许翠冉.课程实施理论研究综述[J].教育科研论坛,2009(9):5—6.

上图中,各阶段具体运作如下:

第一阶段:正式的课程。正式的课程是由教育部门颁定的课程,在我国的三级课程管理体制之下,国家、地方和学校根据上一级的要求制定自己的课程规划。实施者对课程规划的信息进行捕捉,内化到思想观念中,忠实地理解有关的课程理念是推进深度实施的基础和前提。

第二阶段:运作的课程。运作的课程是教师实施的课程。在此环节,教师将自己对课程规划的理解付诸实践,能够达到精致运用、制度化和创构化。精致化是指教师深入理解概念、步骤,并能根据学情进行增删和调整。制度化是指能在具体的课堂教学中形成比较稳定的教学模式。创构化是在实践后综合学生的情况、教育同仁的意见进行反思,主动地解决实施中遇到的问题,在富有创造性的课程实践中促进更新。

第三阶段:体验的课程。体验的课程对应学生理解的课程,学生根据创设的情境,学习知识、提升能力,达到深度学习的效果。

三、学校整体课程深度实施的实践模型

如何对运作过程进行整体把握以达到深度实施的效果呢?在课程领域的研究中,《人是如何学习的Ⅱ》核心主张中包含两个层面的认识:其一,学习是一个复杂系统,学习者、境脉与文化交织于一体;其二,文化境脉既决定着学什么,也决定着如何学。[1] 深度实施的达成与境脉学习理论有着密切的关联。

境脉是情境和脉络的合称,源于情境但高于孤立情境,特指关联情境连串形成学习脉络主导课堂进程。[2] 20世纪80年代中叶,认知心理学中的"情境学习论"认为"学习不是个人头脑中的活动,而是浸润在社会文化情境之中的活动——是在特定的共同体与文化中同工具与他者的交互作用中产生的,强调了学习境脉的重要性"[3]。"当学生面对陌生、复杂程度高的真实情境时,能较快利用所学知识,迅速做

---

[1] 王美,郑太年,裴新宁,仝玉婷.重新认识学习:学习者、境脉与文化——从《人是如何学习的Ⅱ》看学习科学研究新进展[J].开放教育研究,2019(6):46—57.
[2] 黎加厚.创感时代的境脉思维[J].中国现代教育装备,2009(10):3—4.
[3] 钟启泉.深度学习[M].上海:华东师范大学出版社,2021:引言第1页.

出逻辑分析、整合思路形成具体的解决方案时,有意义的学习才能够发生,深度学习才能实现。"①在此理论的指导下,"课程变成了教师和学生共同成长与发展的过程,课程的客观性不断减少,而主观性和作为知识建构中介的角色变得尤为突出。课程实施从一种工具性行动变成情境性的实践"②。基于境脉学习理论,我们建立了学校整体课程深度实施的境脉学习模型(见图2)。

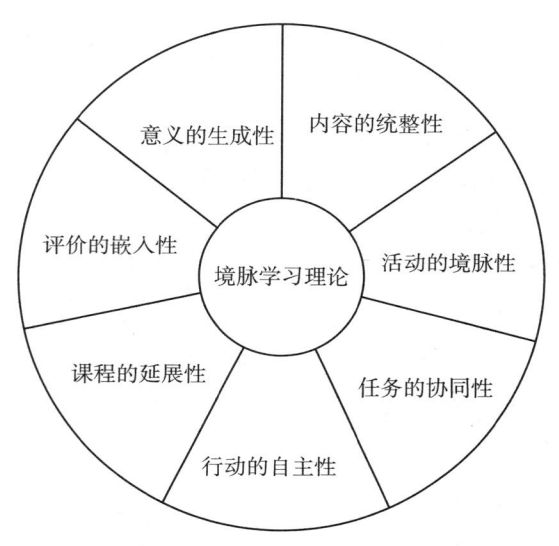

图2 学校整体课程深度实施的境脉学习模型

如上图所示,学校整体课程深度实施的境脉学习模型包含两个层面,第一个层面是整体课程深度实施的理论核心,即境脉学习理论;第二个层面是学校整体课程深度实施的七个特点,即意义的生成性、内容的统整性、活动的境脉性、任务的协同性、行动的自主性、课程的延展性和评价的嵌入性。学校整体课程深度实施的操作策略是基于境脉学习理论以及整体课程深度实施的学习特点。在具体实践中,我们应当关注具体的实施策略,以求丰富课程实施的层次,推动课程实施走向深入。

一是意义的生成性。生成性是伴随着学习过程的展开而产生的非预期但重要价值的课程实施。促进意义生成性的实践是在教师引导下,学生围绕不断生成

---

① 刘乐,李红.运用深度学习促进思想政治课议题式教学实施[J].教学与管理,2020(12):92—94.
② 夏雪梅,崔允漷.学校课程实施过程互动理论模型的建构[J].教育发展研究,2013(24):1—5+10.

的任务进行课程学习,自主参与、体验、获得发展的过程。在整体课程深度实施过程中,促进意义生成性的策略有:取舍与完善课程内容;善用创设关联学生社会生活、真实学习情境的项目化、体系化课程,构建意义生成性课程与过程性、反思性、创造性学习评价体系。

二是内容的统整性。统整性是取舍与完善课程内容,将学习内容或经验组合成一个有意义的整体课程的过程。在整体课程深度实施中,促进内容统整性的策略有:知识的统整,突出内容的完整性;与生活关联统整,体现教育价值;管理机制统整,促进学校课程不断优化。

三是活动的境脉性。活动的境脉性是在具体情境中提出或界定问题,以任务和问题为驱动,在与他人协同和合作中有效解决问题。在整体课程深度实施中,活动的境脉性的促进策略有:情境创设策略,活动驱动策略,深度参与策略,整合资源策略,激励评价策略。

四是任务的协同性。任务的协同性是各个主体打破隔阂,从而建立起立体化、有序化的协作关系的过程。在整体课程深度实施中,增进任务的协同性的策略有:宏观维度下的内外环境协同,中观维度下的内部组织协同,微观维度下的个体关系协同。

五是行动的自主性。行动的自主性是多主体共同参与的文化自觉过程,充分尊重主体的自主权,是自主性变革和追求心灵自由与解放的过程。在整体课程深度实施中,推动行动自主性的策略有:培养学生学习兴趣,鼓励学生在现实生活中获取知识;运用情境指引。

六是课程的延展性。课程延展性主要是指对课程设置的模块和内容进行纵向延伸和横向拓展,延伸课程的深度和广度,以拓展课程设计领域和涵盖的内容。在课程深度实施的过程中,促进课程延展的策略有:从时间、空间方面进行延展,从重点问题方面进行延展,从活动形式方面进行延展,从学以致用方面进行延展。

七是评价的嵌入性。评价的嵌入性是指评价伴随课程实施过程,将评价融入真实情境,通过真实问题,动态、真实地反映课程实施的程度和效果。评价的嵌入性的促进策略有:评价须立足于真实情境,评价标准客观并且具有可操作性;评价须伴随课程深度实施的全过程,促进学习路径动态生成;评价须关注多元主体效能,将师评、自评与互评有效结合。

以上七个方面的特征与境脉学习理论密切关联,整体课程的深度实施,离不开境脉学习理论的背景。本书以境脉学习理论为基础,围绕境脉学习理论的特征和七所学校的具体实施案例展开论述,将理论与实践相结合,对三亚市品质课程的阶段性成果进行总结和提炼。

(撰稿者:刘启琴)

第一章　意义的生成性

◇

　　学习是认识世界、结交伙伴和洞察自我的对话实践,意义的生成性是学校整体课程深度实施的重要标志。促进意义生成性的实践是在教师引导下,学生围绕不断生成的任务进行课程学习,自主参与、体验、获得发展的过程。在深度实施中取舍、完善课程内容,善用创设关联学生社会生活、真实学习情境的项目化、体系化课程,构建意义生成性课程与过程性、反思性、创造性学习评价体系是其具体实践策略。

佐藤学认为,学习是"与客观世界对话、与他人对话、与自我对话的交往实践"。① 他把学习看作是认识世界、结交伙伴和洞察自我的对话实践,即意义的生成性体现在文化实践、交往实践和伦理实践中。学校整体课程深度实施据此创设真实的学习情境,让学生在课程学习中完成文化实践、交往实践和自我综合能力的提升。意义的生成性是学校整体课程深度实施的重要标志,我们应深入探索其实施策略。

一、意义的生成性

教育是着眼于活动着的生成着的人,是着眼于走向全面的人与丰富的生活。② 费尼克斯的知识分类与课程编制理论在对人的分析和知识地图中发现了各种"意义范畴",他认为教育是帮助人成为人的手段。他提出人类"基本上是能够经验各种意义的生物,与其他生物不同的人类存在在于一种意义的形式。意义是人精神生活的体验"。③ 将佐藤学和费尼克斯的理论引入课程学,学校课程深度实施首先要关注"课程意义的生成性",关注学生与认识世界、结交伙伴和洞察自我的对话实践,在实践过程中探索不断生成的新的意义,关注学生全面成长,进行过程性评价,促进学生提升其综合学科素养及能力。

在课程深度实施中让学生主动认识世界。首先,从深度实施资源上讲,要在课程深度实施过程中将课程所选择的客观世界、文化方面的内容和国家、学校、学生的需要紧密联系在一起,与其他具体学习情境资源有效融合,促进课程目标顺利实施,推动课程实施动态创生。其次,关注认知客观世界意义生成性的目标,其在实践中具有动态性,会根据课程情境的变化而生成新的情境。境脉条件下意义的生成性赋予中小学师生个性化深度解读课程文本知识的权利,在文化实践中激趣,让学生主动参与课程实践项目。最后从具体实施教学本质意义上讲,意义的生成性在于要结合创设具体的社会教育经验来实践。

在课程深度实施中培养学生与他人交流的能力,在合作探究中结交伙伴。课

---

① 王晓丹,张荣伟. 佐藤学的学习观及其实践启示[J]. 福建教育学院学报,2021(9):117—121.
② 杨四根. 从"教学认识论"到"教学诠释学"[D]. 上海:华东师范大学,2003.
③ 陈彩燕. 费尼克斯的知识分类与课程编制理论述评[J]. 广东教育学院学报,2008(1):5—10.

程深度实施意义的生成性将教师从重现性地教与学生模仿性地学中解放出来;在课程学习中,对话交流不只是师生、生生间的交流与对话,更是教师引导、组织学习,学生从独立自学到小组分工合作学习、质疑、展示的过程,最终在潜移默化中提升学生与他人的交流能力。关注意义的生成性课程,不会刻意或无视课程中的突发事件,不会干扰、压制学生的自主生成;而会积极地、有创造力地灵活处理在课程中发生的事件,并有机结合应用在具体计划方案中,生成另一种完全符合课程特定的目标、适应教育实践活动情境变化需要,满足学生兴趣、需求、能力发展的生成课程。

在课程深度实施中帮助学生洞察自我,超越自我。从深度实施的课程目标内涵看,意义的生成性要求课程目标实施总体设计,多维度、多层次、有弹性,注重探索课程深入实施的基本环节与途径,注重在课程实施过程中学生不同的需求和特定的教育情境灵活生成。因此,深度实施的课程需要对学情进行调研,包括学生的年龄、爱好、家庭、参加课程的目的、已有的知识技能、学习风格等,还要动态分析学生的发展和需求。深度实施的课程培养尊重每位学生自由选择课程的意愿,调动学生的自主性和积极性,能进一步在课程实践教学活动中进行有效深入的实践,能真正激发学生对探索创造新课程的无限求知热情。这样的课程学习既确保了知识和学习活动的内在逻辑、效率,又能帮助学生审视自我,洞察自我,调整自我,与自我对话,和自我良好相处,从而帮助学生培养良好的个性,提升创造能力,超越自我。

二、促进意义生成的实践策略

促进意义生成的实践是在教师引领下,学生围绕具有挑战性的课程学习,认知客观世界、学习文化知识、全身心参与交流、体验成功、获得发展的有意义的课程实施过程。在实践过程中,学生认知核心知识,提高学科素养,理解学习过程,把握学科的本质,迁移运用方法,形成内在学习动机,拥有正确价值观,最终形成具有独立性、思辨性、创造性又有合作精神的终身学习者。[①] 促进意义生成的具体实践策略如下:

---

① 郭华.深度学习及其意义[J].课程·教材·教法,2016(11):25—32.

(一) 取舍与完善课程内容

取舍与完善课程内容,能够帮助学生高效地认识世界。在新创设的资源情境研究中,依据学生的身心发展阶段特点,选取相应的客观世界文化知识文本材料,有助于学生更好地认识客观世界规律;在课程内容实践中设计一些整体化、项目化的实践,能激发学生对客观世界的自主探索。我们必须注意对课程内容材料立场与作者观点、事实材料与科学结论、内容材料、现象特征和现象本质特点等因素进行一次次不断地研究比较,看一看哪些材料对文化实践生成研究是有真正的帮助,哪些研究根本没有研究价值,再做出更科学更合理的判断与取舍。我们还要在课程深度实施的过程中不断完善以下几点:(1)专业引领,科学制定活动目标;(2)根据学生的兴趣导向,灵活选择课程内容;(3)精心准备保障生成课程组织与实施。

(二) 善用创设关联学生社会生活、真实学习情境的项目化、体系化课程

善用创设关联学生社会生活、真实学习情境的项目化、体系化课程,能在实践中促进学生在交流与合作中结交伙伴,共同进步。具有意义生成性课程实施的情境教学要以生为主。首先我们应该正视生活情境,提升学生兴趣与课程内容的融合度。课程实施的内容要关联学生的社会生活和学习生活,让学生学之有味、学之有用、乐在其中,做到真正的深度实施。其次,我们应关注真实的课堂学习情境,进一步营造公平教学与和谐民主互动的课堂体系。正如毛思林、蓝方森所说"好的课堂,要问题让学生提,方法让学生悟,思路让学生讲,错误让学生析"。[①] 课堂上出现突发的问题是教师无法预设的,我们不能忽视,这正是学生需要解决的困惑,是提升课堂质量的关键。我们应引导学生交流讨论问题、解决问题,促进师生、生生之间多向交流。教师只是课堂的组织者,要充分发挥引导作用,让学生们在分组合作、交流研讨中相互促进,结交伙伴,共同进步。最后,意义生成性的课程在情境教学中创设的真实情境可以打破传统的实施场所,也可以在主题化的真实情境中,开发利用大自然和社会场所;学生能在其中轻松愉悦地合作交流,更好地认识自然、世界和社会。

(三) 构建意义生成性课程与过程性、反思性、创造性学习评价体系

构建意义生成性课程与过程性、反思性、创造性学习评价体系,使学生洞察自

[①] 毛思林,蓝方森.动态生成的课堂更有生命活力[J].现代中小学教育,2008(3):16—18.

我,课程持续生成。意义的生成性评价模式基于教学动态生成过程的特质分析和建构主义的学习过程理论基础,其关注的核心是受评者主体的发展,是持续的在学习场域中形成的,在教学活动中积极引导促进师生、生生共同发展。因此,我们需要努力构建具有开放式创新教学实践课程内容体系与学习实践评价环境体系,建构开放实用式创新课堂及课程,进而在情境中把握时机,促使学生自主学习、深入探讨,发现活动的价值,并转化为预设活动来源。在课程深度实施中科学运用评价,实践多元导向评价:关注学生发展,形成过程性评价;在课程深度实施中,启发学生的创造性,研究总结学生创新点是如何生成的,对其创造性进行评价;对整体课程的构建与实施进行反思,形成反思性评价;发现总结课程深度实施的创新点,促使未来课程动态生成,进一步深入实践。

总之,境脉学习下的"意义的生成性"课程不仅开拓了课程领域,丰富了课程理论,也为课程教学实践活动的有效开展提供了理论支持。伊丽莎白琼斯和约翰尼莫在《生成课程》中指出"课程是一个教育环境中实际发生的事情——不是理性上计划要发生的事情,而是真正发生的事情"。[1] 意义的生成性思维正是以不预设框架但又带有逻辑的方式推进着教育改革的进程,理清了追求原创性课程的思维方法。它是教师与学生在课程活动过程中通过合作创造对话交流而进行的知识构建、道德完善和自由体验,在教育生活中具有丰富的价值和独具的魅力,以及解放和创新的精神。

我们必须要更加彰显学校开放的个性化多元的现代化办学思想理念,培养可赋予师生创造性价值的多元个性化教育人才,提升教师学生的人文课程素养,培养研究型、反思探索型实践者。同时,基于情境的意义的生成性课程也需要关注课程的社会性和发展性。

(撰稿者:董洋)

深度创意 "5T"课程:开启每一个孩子的至诚之心

海南中学三亚学校是一所三亚市教育局直属完全中学。学校创办于1926年,

---

[1] 王静. 初中道德与法治课教学预设与教学生成的行动研究[D]. 兰州:西北师范大学,2021.

始设崖城宁远河畔鳌山书院，1955年迁至现址。1984年更名为三亚市第一中学。2005年，高中部迁出，初中部留在原址并更名为三亚市实验中学。2017年9月，三亚市教育局与海南中学签订合作办学协议，由海南中学全面托管三亚市实验中学，更名为海南中学三亚学校。学校文化底蕴厚重，师资力量优质。现有教职工301人，其中专任教师291人，教辅人员10人。专任教师中正高级教师4人，高级教师72人，中级教师121人。学校有省特级教师6人，市级以上学科带头人3人，骨干教师54人。学校现有教学班72个，在校生3 635人，其中高中24个教学班，学生1 198名，初中48个教学班，学生2 437人。学校近几年以来，取得了一系列的办学成果。2006年至今每年均被三亚市教育局授予"教育教学先进单位"称号，先后被评为"十五"全国家庭教育工作优秀家长学校、海南省普通初级中学规范学校、海南省文明单位、海南省基础教育课程改革实验工作先进集体、海南省现代教育技术实验优秀学校、海南省中小学德育工作先进集体、海南省毒品预防教育示范校、海南省五四红旗团委、海南省文明单位、海南省卫生先进单位、三亚市先进基层党组织、三亚市科技创新教育先进单位、三亚市学校体育卫生与艺术教育工作先进单位等荣誉称号。2019年7月，学校被评为海南省一级甲等学校。同年被评为海南省第一批教育科研基地、海南省首批中小学教学常规管理样本校。为了让海南中学三亚学校的学生真正成为课程的主体，让课程真正满足学生的需要，尊重学生感受，满足学生兴趣爱好，最终达到自我价值的实现，学校合理整合校内外资源，传承学校的办学优势，在"至诚教育"教育哲学的引领下，积极构建个性化、多样化的"至诚课程"体系。海南中学三亚学校关注课程意义的生成性，进行课程深入实施，不断推进课程建设。

第一部分　学校课程哲学

一　学校教育哲学

"诚"是海南中学三亚学校前身崖县县立中学校的校训。一直以来，有关"诚"的教育已经渗透到学校教育教学工作的方方面面。在总结以往有关"诚"的理论基础上，我们提出了"至诚教育"之哲学。

诚是内在品质。《说文解字》云："诚，信也。"其基本含义是真心实意，待人诚实讲信用，不阳奉阴违，不搞阴谋诡计。《礼记·中庸》说："诚者天之道也，诚之者人之道也。"书中认为"诚"是天的根本属性，努力求诚以达到合乎诚的境界则是为人之道。至诚是教育的价值追求和精神源泉，我校的"至诚教育"就是一种以诚为目的和手段的学校教育实践形态。

"至诚教育"是学校秉承的文化，是学校统领课程、课堂的核心。它致力于给学生提供一种全方位的、正规的、标准的礼仪和行为的引导，以启迪他们的心智，启发学生内心对于美好和高尚情操的追求。"至诚教育"以"诚"为校训，在长期的教育教学实践中，形成了"谦敬、质朴、自强、互助"的校风，"乐教、仁爱、精研、创新"的教风，"勤学、审问、善思、敏行"的学风，既体现了时代特征和现代办学理念，又使我们立足现实，不断在发展和反思中探寻新的足迹。学校遵循学生生长规律，顺应个体天性，致力于培养能够发挥自己潜能、建立自我价值、尊重自我意志的"至诚"少年。"至诚教育"传承文明、教书育人，让学生养成良好的学习习惯、生活习惯，善于协作、探究、感悟，勇于承担责任、积极向上、敢于创新，拥有良好的心态和正确的人生观、价值观，既要有经得起沉淀的文化修养，又要有质朴温和的性情；既要有蓬勃向上的朝气，又要有诚敏并行的素养，使每一位学子在智力、情感、道德、社会和身体方面都能充分发展。

我们的教育信条——
我们坚信，
诚是为人做事的初心；
我们坚信，
至诚是教育的价值追求；
我们坚信，
葆有至诚之心方能育直方睿达之才；
我们坚信，
向着至诚生长是学校教育最本真的姿态；
我们坚信，
开启每一个孩子的至诚之心是教育的神圣使命。

"至诚"是蕴藏在人性深处的希望和心灵深处的灯塔。基于"诚"字校训的内涵和外延,我们致力于打造"诚仁"教师队伍,我们坚信教师葆有至诚之心,方能育直方睿达之才。我们努力构建至诚仁爱的人际关系,塑造"诚敏"课程体系、"诚正"德育体系、"诚谨"研训体系、"诚慧"管理体系、"诚勤"后勤保障体系、"诚毅"艺体教育体系,为师生提供适合的发展平台,让师生实现智慧的成长。

二　学校课程理念

依据"至诚教育"的思想,学校实践以"开启每一个孩子的至诚之心"作为学校的课程理念。

课程即素养的培育。课程的目的是促进学生个人的发展,培养学生养成良好的学习习惯,提升学生的素养,最终实现终身学习。"至诚"学习倡导学校教育在实践活动中培养学生德、智、体、美、劳全面发展的综合素养;注重发展体育特长和社会实践劳动,"以诚健体"。身体是革命的本钱,有了强健的体魄,才能为学生全面发展打好基础,以"诚"培养学生健全的人格,为社会主义培养合格的接班人。

课程即灵魂的塑造。荀子曰:"君子养心莫善于诚!"明德明理,才能"以诚立德"。教师以诚立德,以诚修业,以身示范;用大爱去浸润学生,在潜移默化中感染学生,在课程中通过情境、活动,设计实践内容,激发学生的兴趣,感染学生,塑其灵魂。学生在"至诚"教育中感受中国文化的精髓,感受科学家的奉献精神、探索精神。以诚为先、以诚为本,润物无声处,铸造中华民族魂。引导学生在追求诗意栖居的同时,能够思考社会的发展,将自己的追求和未来与中国梦结合在一起,铸造中华民族魂。

课程即文化的感悟。天地有大美而不言,万物有成理而不说。"诚者",天之道也,"诚之者"人之道也,"诚"是天地间最根本的属性。"至诚"教育则是通过探寻天道、人道的规律,让学生葆有本心,葆有初心,感悟天人合一,人与自然融合的生命境界。"至诚教育"是传统精神的延续,是探寻宇宙,学以致用的创新。不忘初心,葆有"诚"心,才能执着追梦。这是"至诚修业"的人文之心。

课程即生命的探索。生命是有限的,我们无法拓展生命的长度,但是可以拓宽生命的厚度。人是社会的人,脱离不开在社会当中的行走与成长;教育的意义就在于生命的传承、延续和创新,我们在合作、分享、交流中,追求"至诚"的体验;

"以诚修业",在"至诚"课程中体验生命的美好,感悟生命的真谛,探索什么是真正的幸福。

基于学生全面发展、绽放青春和"诚己成人"的追求,我们构建学校的"至诚"课程。我们坚信,"以诚健体"是"至诚"的根基;"以诚立德"百年树人是教育的终极目的;"以诚修业"坚守至诚之心是生命的崇高价值。向着"至诚"生长是教育最本真的姿态。"至诚"是学生行走在天地间的坚守与执着。"至诚"是教师葆有仁爱之心育直方睿达之才的源泉。开启每一个孩子的"至诚"之心是学校教育最神圣的使命。学校崇尚"至诚",方能为师生提供适合的发展平台,实现师生智慧成长。

为了更好地凸显我们学校的课程的价值追求,我们将学校课程模式命名为"5T"课程。学校为每一个学生设计可选择的课程,这些课程有五个基本特征:丰富性(Teeming)、延伸性(Tensive)、履历性(Trip)、主题性(Theme)和意义性(Telepathy)。学校"5T"课程具有点亮心灵的性质,是灿烂精神世界的课程。

第二部分　学校课程目标

一　育人目标

我校的育人目标是培养"至诚仁爱,直方睿达"的至诚少年,具体内涵如下:

至诚仁爱:至诚无息、仁爱为本、强健体魄;

直方睿达:公正端方、智慧通达、新益求新。

我们期望,至诚少年至诚无息,不息则久,久则征,征则悠远。我们期望他们极真诚地去热爱生活、仁爱为本、强健体魄;极诚恳地去努力学习、智慧通达、新益求新;极忠诚地热爱祖国、公正端方、坚守正道,每一位独具个性的至诚少年都能在智力、情感、道德、社会、身体各方面得到充分发展。

二　课程目标

课程目标规定某一教育阶段的学生通过课程学习后,在发展品德、智力、体质等方面期望实现的程度,是育人目标的具体化。我们根据育人目标,依据各年级段学生的年龄和身心特点,分别形成初中、高中年级的课程目标(见表1-1)。

表 1-1 海南中学三亚学校课程目标表

总目标＼年级	初一、二年级	初三年级	高一、二年级	高三年级
至诚无息	1. 极真诚地去热爱生活，极诚恳地去努力学习，极忠诚地热爱祖国。懂得基本的做人道理，养成良好的行为习惯，关心社会环境。 2. 自觉约束自己，举止言行以诚信为本，尊重自我，热爱生活，奋发向上，敢于指出和抵制有悖于诚信的思想行为。懂得为人处世的基本准则，树立正确的人生观、价值观，关心集体，乐于奉献。	学生认真学习诚信建设的重要内涵，从自身做起，从小事做起，以自己的实际行动践行重信守诺的良好道德品质。	1. 至诚无息，带着极真诚、极诚恳、极忠诚的最高标准，热爱生活、热爱社会，永不停息。 2. 诚者一也，带着一心一意，专一的态度刻苦学习，热爱祖国。 3. 诚者信也，带着诚信的准则，对他人和社会诚信。模范遵守社会公德，维护社会正义，不做违法乱纪的事；积极参加社会实践、社区服务和社会公益活动。	学生树立正确的世界观、人生观、价值观，营造"诚信待人、诚信处世、诚信学习、诚信立身"的校园氛围。
仁爱为本	1. 对待他人极真诚，宽容慈爱，对弱小抱有爱护、同情的感情。学生关爱身边的人，如亲人、老师、同学、邻居等。 2. 学生学会移情，对学生爱心的培养，可以通过这种方式让他们感同身受。	感知仁爱，不断主动和自主地改造自己的品德，不断实践达到仁德。践行仁爱，在活动中学习、体验，做仁爱思想的践行者。	1. 学生能极真诚地践行仁义道德的规范，而且要求道德修养努力达到"仁"的精神境界。 2. 注重个人礼仪，有爱心、乐助人，文明礼貌，团结同学，尊敬师长，热爱集体。 3. 能够积极参与校园文化的塑造活动，感知仁爱、践行仁爱。	拥有人与人、人与社会乃至与万物的友爱和谐关系。人人自爱、互爱，爱护生存环境，爱惜所用之物。爱民众，天下为公，将仁爱升华为新的境界。

续 表

总目标＼年级	初一、二年级	初三年级	高一、二年级	高三年级
强健体魄	1. 掌握基本体育技能。 2. 增进身体健康。学生能够提高对身体和健康的认识。	提高心理健康水平。学生能够培养坚强的意志品质。	1. 能掌握基本体育技能，如篮球、排球等。 2. 有较强的安全意识，并引导其他人有安全意识。	走下网络，走向操场。充分利用课余时间进行户外运动。
公正端方	敢于面对各种困难和挫折，自觉培养不畏艰难、顽强奋进的意志品质，拥有积极的拼搏精神。形成极忠诚的爱国主义情感和集体主义观念。	体会、领悟公平正义是美好社会应有的价值追求，是法治社会的核心价值。提高学生在学习和生活中体验公平、守护正义的实践能力。	增强民主和法治观念，养成遵纪守法的意识，树立正确的价值观和道德标准。形成极忠诚的爱国主义情感和集体主义观念，具有主人翁的责任感，能够树立为祖国社会主义现代化事业做贡献的理想。	掌握维护公平正义的方法和途径。
智慧通达	养成极诚恳的学习态度。有责任感，有进取心。基本能处理好德、智、体、美、劳五育的相互关系。	学习积极努力，能正确对待所学的各门功课，没有因认识和态度上的因素造成的严重偏科现象。	1. 极诚恳地努力学习。学习积极主动，对自己有自信，能独立思考，表达自己的感受和观点。在学习的过程中，形成举一反三的能力。 2. 学习有一定的计划性，时间利用率高，自习课遵守纪律，不浪费时间。	学习意志较坚强，能持之以恒、勤奋刻苦地对待学习，有钻研探索的精神，在成绩和挫折中能正确总结经验教训，有自我反思的能力。

续　表

年级＼总目标	初一、二年级	初三年级	高一、二年级	高三年级
新益求新	学会思索，能对日常常见事物提出"是什么""为什么"的问题。善于观察和思考，敢于质疑，善于质疑。努力学习科学文化知识，培养自主探究的学习能力。	学生一起交流、一起研究问题，营造出平等、和谐的课堂氛围，让学生敢于发言，善于交流，勤于质疑，从而让学生在提问、交流、争辩的过程中获取知识，培养创造力。	1. 拓宽思维，多角度思考问题。 2. 提高观察能力，进行创造性思维。	1. 敢于向传统挑战、向权威挑战。 2. 培养动手能力，积极参加社会实践。

第三部分　学校课程体系

根据以上课程目标，学校课程设计要为孩子指引明确的发展方向，要体现学校的实践历程，在学校现有文化基础上进一步完善学校课程框架，实现学校的发展愿景。

一　学校课程逻辑

学校课程是一个完整的体系，体现为基础课程和学科拓展型课程的有效整合，体现在三个年级段课程目标的整体布局、分步实施上（见图1－1）。

二　学校课程结构

根据加德纳的多元智能理论，我们将课程设立为"诚语课程、诚智课程、诚创课程、诚健课程、诚美课程、诚德课程"六大类，每一类所涵盖的课程对应指向于语言与表达、逻辑与思维、科学与探索、运动与健康、艺术和审美、社会与交往六大类课程群（见图1－2）。

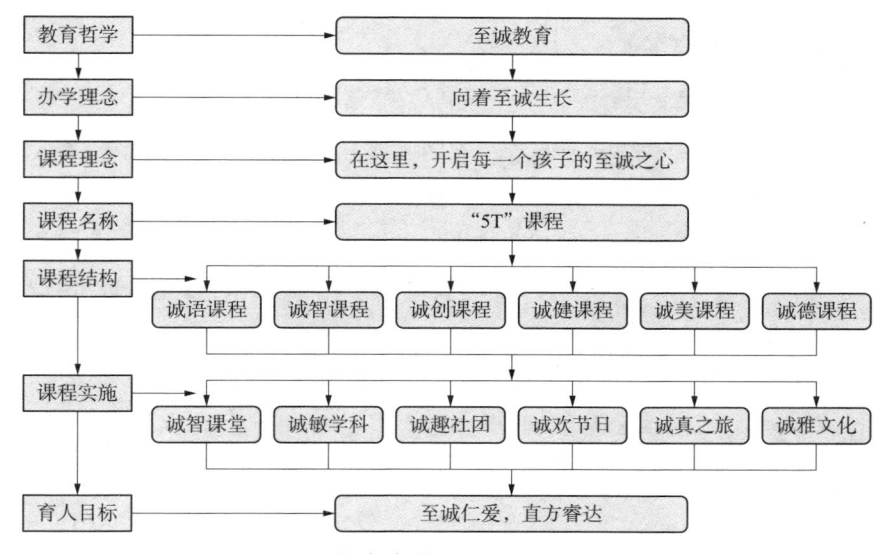

图 1-1　海南中学三亚学校课程逻辑图

图 1-2　海南中学三亚学校课程结构图

上图中,各领域课程如下:

(1)诚语课程,包含"邂逅《论语》""《史记》智慧""自然拼读""英语词根记忆"。

(2)诚智课程,包含"几何的魅力""函数的魔幻""数学家的故事""图形化基础课""萝卜圈虚拟机器人""Mixly编程"。

(3)诚创课程,包含"创意地理""趣味化学""走进物理""生物进化史"。

(4)诚健课程,包含"特色足球""魅力篮球""激情排球""活力游泳""速度短跑"。

(5)诚美课程,包含"剪纸艺术""版画艺术""乐理知识""视唱练耳""演唱技巧""声部训练"。

(6)诚德课程,包含"生涯规划""三亚乡土历史""中外思想家""世界政坛风云人物""时事政治论坛"。

三　学校课程设置

根据"至诚"课程结构图,结合学校课程资源现状,我们对课程的内容体系进行系统构建,具体如下。

(一)诚语课程

诚语课程是以语文、英语为课内实施,开设"语墨书香""E语惊人"等系列语言表达类特色课程,以提高学生的语言表达能力和综合素养(见表1-2)。

表1-2　海南中学三亚学校"诚语课程"设置表

年级	课程册别	语墨书香			E语惊人			文本
^	^	国家课程	课程名称	课程内容	国家课程	课程名称	课程内容	^
初一	初一年级上	语文	《论语》之"学"	《论语》学习方法篇	英语	自然拼读法(初级)	元音字母a, e, i, o, u发音规则	书虫(初级)
^	初一年级下	语文	《论语》之"学"	《论语》学习态度篇	英语	自然拼读法(初级)	辅音字母发音规则	书虫(初级)
初二	初二年级上	语文	《论语》之"友"	《论语》交友篇	英语	自然拼读法(中级)	元音音标20个	书虫(中级)
^	初二年级下	语文	《论语》之"诚"	《论语》诚信篇	英语	自然拼读法(中级)	辅音音标28个	书虫(中级)

续 表

年级	课程册别	语墨书香			E语惊人			文本
^	^	国家课程	课程名称	课程内容	国家课程	课程名称	课程内容	^
初三	初三年级上	语文	《论语》之"教"	《论语》教育篇	英语	思维导图单词记忆	动词、名词、数词、介词分类记忆	书虫(高级)
^	初三年级下	语文	《论语》之"修身"	《论语》修身篇	英语	思维导图单词记忆	形容词、副词、连词、代词分类记忆	书虫(高级)
高一	高一年级上	语文	邂逅《史记》	阅读《史记》中的人物传记	英语	英语单词词缀记忆	名词、动词的词缀和单词记忆	典范英语7
^	高一年级下	语文	邂逅《史记》	阅读《史记》中的人物传记	英语	英语单词词缀记忆	形容词、副词的词缀的单词记忆	典范英语7
高二	高二年级上	语文	魅力《史记》	阅读《史记》,研习经典	英语	英语单词词根记忆	动词、名词、数词、介词类思维导图	典范英语8
^	高二年级下	语文	魅力《史记》	阅读《史记》,研习经典	英语	英语单词词根记忆	形容词、副词、连词、代词类思维导图	典范英语8
高三	高三年级上	语文	《史记》智慧	探究式阅读《史记》	英语	英语合成词记忆	复习1600基础词汇以及课本词汇	典范英语9
^	高三年级下	语文	《史记》智慧	探究式阅读《史记》	英语	英语合成词记忆	复习3500高中词汇以及拓展词汇	典范英语9

（二）诚智课程

诚智课程是以数学、信息技术为基础课程，追求学科知识的"逻辑链"和学生头脑中的"思维链"相互融合和提升，关注学生的真切体验，使学生的思维在不断的探索和碰撞中得以深化和提升（见表1-3）。

表1-3　海南中学三亚学校"诚智课程"设置表

年级	课程 册别	生活中的数学之花			信息技术课程		
^	^	国家课程	课程名称	课程内容	国家课程	课程名称	课程内容
初一年级	初一上	数学	整式与方程就在你身边	整式在生活中的应用	信息技术	图形化基础课1—4	编程猫平台的使用方法与积木脚本的查找和拼接；重复执行系列积木脚本的应用方法；坐标知识与更改中心点的知识与用法；"广播"积木使用方法。
^	初一下	数学	^	方程与生活	信息技术	图形化基础课5—8	"如果"积木、"如果……否则……"积木的知识与使用方法；绘制素材与"声音"积木脚本用法及添加声音素材，画板用途，绘制图形及改变旋转中心。
初二年级	初二上	数学	几何之美无处不在	几何的魅力	信息技术	图形化基础课9—12	运用"广播、如果、循环"等知识结合画笔积木创作作品；了解"变量"积木的含义，掌握"变量"积木的基本用法。
^	初二下	数学	^	生活中的几何	信息技术	图形化基础课13—15	"克隆"积木的搭配；理解"链表"的含义以及"链表"积木脚本的基本用法。

续　表

年级	课程册别	生活中的数学之花			信息技术课程		
^	^	国家课程	课程名称	课程内容	国家课程	课程名称	课程内容
初三年级	初三上	数学	数形结合让生活充满遐想	函数的魔幻	信息技术	Python普及课1—4	Python中的input和print函数用法,逗号运算符;Python的for循环和range函数。
^	初三下	数学	^	函数对生活的影响	信息技术	Python普及课5—8	割圆法和绘制圆形的程序算法;Python中的列表和使用方法,Python中的求模运算和使用方法;图片模式的灰度值术语,Python中的图片转字符原理。
高一年级	高一上	数学	数学家的故事	中国数学家的故事	信息技术	萝卜圈虚拟机器人	下载安装萝卜圈;构建机器人;编写控制程序;基础试玩;飞行器的设计。
^	高一下	数学	^	国外数学家的故事	信息技术	萝卜圈虚拟机器人	无人驾驶(基础版);无人驾驶(进阶版)。
高二年级	高二上	数学	数的形成与发展	整数、分数、有理数的形成与发展	信息技术	Mixly编程	时钟信息获取;OLED显示模块;点亮LED灯;浪漫的呼吸灯;可调电位器的应用;灯带输出。
^	高二下	数学	^	无理数、实数、复数的形成与发展	信息技术	Mixly编程	光敏传感器;温度传感器;声音传感器;蜂鸣器输出;超声波传感器;按钮有线遥控小车。

续 表

年级	课程册别	生活中的数学之花			信息技术课程		
^	^	国家课程	课程名称	课程内容	国家课程	课程名称	课程内容
高三年级	高三上	数学	信息技术在数学中的应用	《几何画板》技术软件在数学中的应用	信息技术	Python编程	Python语言基础：Python命令和程序；变量与赋值；顺序程序；分支程序；Python函数；循环程序；用Python语言设计作品。
^	高三下				信息技术	Python编程	Python语言进阶：幸运大抽奖；画正方形螺旋线；画彩色螺旋图；画五角星和国旗；画正多角星；电话号码簿；恺撒密码；用Python语言设计作品。

（三）诚创课程

诚创课程是以地理、生物、物理、化学课程为依托，以培养学生勤于思考、善于动手、乐于探究为核心，通过"创意地理""生物进化史""走进物理""趣味化学"等课程的学习，全方面培养学生科学探究精神、动手创作能力（见表1-4）。

（四）诚健课程

诚健课程是以体育课程为基础课程，结合体育特色课程《足球》而设立的系列课程。诚健课程，追求对健康体格的理解和感受，增强学生强身健体的意识和能力，帮助学生掌握一定的运动技能，促进人的全面发展，为学生的身心健康储备能量（见表1-5）。

（五）诚美课程

诚美课程是以音乐、美术课程为依托，以"剪纸版画""学唱合唱"课程为特色，旨在培养学生兴趣爱好，提高学生审美品位，陶冶学生艺术情操，展示学生的艺术魅力，通过创建"剪纸艺术""版画艺术""乐理知识""视唱练耳""演唱技巧""声部训练"等校本选修课程，提升学生的艺术审美能力，培养学生热爱艺术、热爱生活、热爱传统的优秀品质（见表1-6）。

表1-4 海南中学三亚学校"诚创课程"设置表

年级	课程册别	创意地理			生物进化史			走进物理			趣味化学		
		国家课程	课程名称	课程内容	国家课程	课程名称	课程内容	国家课程	课程名称	课程内容	国家课程	课程名称	课程内容
初一年级	初一上	地理	地理模型制作(上)	发现三亚之旅游业(上)	生物	动植物细胞的绘图与建模	动植物细胞的绘图方法和要求及细胞建模						
	初一下	地理	地理模型制作(下)	发现三亚之旅游业(下)	生物	血液止血包扎	血液化验单及止血包扎						
初二年级	初二上	地理	绘图高手(上)	发现三亚之海	生物	植物的扦插繁殖	植物的扦插繁殖	物理	趣味物理(上)	走进生活中的物理			
	初二下	地理	绘图高手(下)	发现三亚之气象	生物	预防传染病	常见传染病的预防措施	物理	趣味物理(下)	走进生活中的物理			
初三年级	初三上							物理	魅力实验(上)	用实验解释现象	化学	趣味化学(上)	走进生活中的化学

续 表

年级	课程册别	创意地理 国家课程	创意地理 课程名称	创意地理 课程内容	生物进化史 国家课程	生物进化史 课程名称	生物进化史 课程内容	走进物理 国家课程	走进物理 课程名称	走进物理 课程内容	趣味化学 国家课程	趣味化学 课程名称	趣味化学 课程内容
初中年级	初三下							物理	魅力实验（下）	用实验解释现象	化学	趣味化学（下）	走进生活中的化学
高中年级	高二上	地理	制作热力环流演示仪（上）	发现三亚之红树林	生物	软体动物	单板纲:新蝶贝 无板纲:龙女簪 多板纲:石鳖 腹足纲:东风螺 掘足纲:角贝 瓣鳃纲:巴菲蛤 头足纲:乌贼	物理	物理与生活（上）	用物理知识解决生活中的问题	化学	化学与生活（上）	用化学知识解决生活中的问题
高中年级	高二下	地理	制作热力环流演示仪（下）	发现三亚之交通	生物	有孔虫、棘皮动物	海百合纲、海星纲、蛇尾纲、海胆纲、海参纲	物理	物理与生活（下）	用物理知识解决生活中的问题	化学	化学与生活（下）	用化学知识解决生活中的问题
高中年级	高三上	地理	制作晨昏线演示仪（上）	发现三亚之农业	生物	节肢动物	肢口纲虾蟹类	物理	物理故事（上）	物理学史的趣闻故事	化学	魅力实验（上）	用实验解释现象

30

续表

课程册别	创意地理			生物进化史			走进物理			趣味化学		
年级		国家课程	课程名称	课程内容	国家课程	课程名称	课程内容	国家课程	课程名称	课程内容	国家课程	课程名称	课程内容
高三年级	高三下	地理	制作晨昏线演示仪（下）	发现三亚之环境问题	生物	鱼类、两栖类		物理	物理故事（下）	物理学史的趣闻故事	化学	魅力实验（下）	用实验解释现象
	高三上	地理		小论文比赛	生物	爬行类		物理	物理实验教具制作	设计和制作教具	化学	化学实验探究（上）	熟悉实验原理，会实验设计
	高三下	地理		小论文比赛、辩论赛	生物	哺乳类		物理	物理实验教具制作	设计和制作教具	化学	化学实验探究（下）	实验方案评价

31

表1-5 海南中学三亚学校"诚健课程"设置表

年级	课程册别	国家课程	特色足球课程	
^	^	^	课程名称	课程内容
初一年级	初一上	体育	游戏比赛	足球游戏、足球比赛
^	^	^	球感	踩球、拉球、拨球、扣球、跨球、挑球、颠球
^	^	^	技术	脚内侧、脚背正面、脚背外侧运球、脚背内侧踢球
^	^	^	^	运球、传球、接球组合
^	初一下	体育	知识	足球比赛方法、规则的介绍
^	^	^	身体素质	柔韧性、灵敏性、协调性、平衡能力
初二年级	初二上	体育	游戏比赛	足球游戏、足球比赛
^	^	^	球感	踩球、拉球、拨球、扣球、跨球、挑球、颠球
^	^	^	技术	运球过人、传、接、运球以及射门组合
^	^	^	^	脚背正面射门、正面、侧面抢截球
^	初二下	体育	知识	足球竞赛规则
^	^	^	身体素质	柔韧性、灵敏性、协调性、平衡能力
初三年级	初三上	体育	技术	脚底、脚内侧接反弹球、大腿接球
^	^	^	^	传球、接球、运球、射门组合
^	初三下	体育	战术	2vs1、3vs1等攻防
^	^	^	知识	运动饮食、营养与卫生
^	^	^	身体素质	灵敏性、协调性、平衡能力、速度素质
高一年级	高一上	体育	技术	脚背接空中球、胸部接球
^	^	^	^	前额正面头顶球
^	^	^	^	传球、接球、运球、射门组合
^	高一下	体育	战术	3vs2、3vs3等攻防、比赛
^	^	^	知识	伤害预防、自我保护
^	^	^	身体素质	灵敏性、协调性、平衡能力、速度素质
高二年级	高二上	体育	球感	活动中的综合球感
^	^	^	技术	运球及运球过人、结合射门的组合技术
^	^	^	^	活动中的踢、接地滚球、空中球、反弹球

续 表

年级	课程册别	特色足球课程		
^	^	国家课程	课程名称	课程内容
高三年级	高二下	体育	战术	1vs1、2vs2、3vs3等攻防
^	^	^	^	角球、任意球攻防、比赛
^	^	^	理论知识	足球理论概述
^	^	^	身体素质	速度素质、耐力素质
^	高三上	体育	球感	活动中的综合球感
^	^	^	技术	运球及运球过人、组合射门
^	^	^	^	活动中的踢、接地滚球、空中球、反弹球
^	高三下	体育	战术	1vs1、2vs2、3vs3等攻防
^	^	^	^	角球、任意球攻防、比赛
^	^	^	理论知识	足球文化
^	^	^	身体素质	速度素质、耐力素质

表1-6 海南中学三亚学校"诚美课程"设置表

年级	课程册别	剪纸版画			学唱合唱		
^	^	国家课程	单元内容	课程内容	国家课程	单元内容	课程内容
初一年级	初一上	美术	剪纸——贴窗花过大年	认识剪纸艺术的艺术美	音乐	吸气吐气训练	气息训练
^	初一下	美术	剪纸——贴窗花过大年	认识剪纸艺术的艺术美	音乐	基本练声训练	发声练习
初二年级	初二上	美术	剪纸——美丽的图案	认识剪纸的语言和表现方法	音乐	音乐基本要素学习	乐理知识
^	初二下	美术	剪纸——美丽的图案	认识剪纸的语言和表现方法	音乐	节拍节奏训练	乐理知识
初三年级	初三上	美术	剪纸——我会剪窗花	采风寻找素材，尝试剪纸的创作	音乐	简谱视唱听音训练	视唱练耳
^	初三下	美术	剪纸——我会剪窗花	采风寻找素材，尝试剪纸的创作	音乐	五线谱视唱听音训练	视唱练耳

33

续 表

年级	课程\册别	剪纸版画			学唱合唱		
		国家课程	单元内容	课程内容	国家课程	单元内容	课程内容
高一年级	高一上	美术	版画之初体验	版画的基础知识,木刻版画临摹的制作	音乐	高低音演唱方法训练	演唱技巧
	高一下	美术	版画之初体验	黑白木刻的创作,户外写生创作	音乐	男女生两个声部训练	二声部训练
高二年级	高二上	美术	多样式的版画设计	认识综合版画、彩拓版画、套色版画的基础知识	音乐	高中低三声部训练	三声部训练
	高二下	美术	多样式的版画设计	版画小样综合创作	音乐	男女高低四声部训练	四声部训练

（六）诚德课程

诚德课程是以生涯规划、历史、政治课程为依托,以"生涯规划课程""三亚乡土历史""中外思想家"为特色的课程,重在培养学生职业管理能力、责任感（见表1－7）。

表1－7 海南中学三亚学校"诚德课程"设置表

年级	课程\册别	生涯规划课程		三亚乡土历史			中外思想家		
		单元内容	课程内容	国家课程	课程名称	课程内容	国家课程	课程名称	课程内容
初一年级	初一上	适应初中,了解环境	了解中学学习和生活	历史	三亚的历史名人	走近三亚古代历史名人	政治	中国古代思想家	了解思想家的生平故事及重要影响
	初一下					走近三亚近现代历史名人			

34

续 表

年级	课程册别	生涯规划课程 单元内容	生涯规划课程 课程内容	三亚乡土历史 国家课程	三亚乡土历史 课程名称	三亚乡土历史 课程内容	中外思想家 国家课程	中外思想家 课程名称	中外思想家 课程内容
初二年级	初二上	自我意识	有自我意识的概念，学会审视和观察自己	历史	三亚的建筑文化	三亚居民建筑探究	政治	中国近代思想家	了解思想家的生平故事及重要影响
	初二下					三亚城市建筑探究			
初三年级	初三上	中学分水岭	对自己的学习状态有清晰认识，了解中职、中专和高中	历史	三亚的民俗文化	三亚黎苗文化知多少	政治	外国古代思想家	了解思想家的生平故事及重要影响
	初三下					三亚回汉文化知多少			
高一年级	高一上	自我探索选学选考	对自我性格、能力和价值观等的探索；对大学、专业和职业有清晰认识	历史	三亚的历史沿革	三亚古代历史变迁	政治	外国近代思想家	了解外国近代史上有代表性的思想家的生平故事，探究其有代表性的思想论述
	高一下					三亚近现代历史变迁			
高二年级	高二上	人物访谈职场体验	体验职场生活，培养生涯意识	历史	三亚的革命斗争史	革命时期的英雄人物事迹介绍	政治	中国近代史上政治人物论坛	了解中国近代史上有代表性的思想家的生平故事、革命生涯，探究其对我国的重要影响
	高二下					三亚红色文化介绍			
高三年级	高三上	用行动成就梦想走进象牙塔	明确梦想需要行动来实现，给中学生活做总结回忆	历史	三亚发展新貌	三亚光辉奋进的三十年历程	政治	西方近代史上政治人物论坛	了解西方近代史中有代表性的政治人物，了解其主要成就，探究其有代表性的思想论述对世界的重要影响

第四部分 学校课程实施与评价

为了实现上述课程目标,学校通过建构"诚智课堂"、建设"诚敏学科"、创立"诚趣社团"、设计"诚欢节日"、推行"诚真之旅"、创设"诚雅文化"等方式,推进各类课程有效实施。我们谨遵"诚"字校训,开启每一个孩子的至诚之心,敢于创新,五育并举,在开足开齐国家课程,促进学生全面发展的基础上,开发我校品质课程。

一 建构"诚智课堂",有效实施学校课程

学科课程的实施,需要通过"诚智课堂"来落实有效教学。"诚智课堂"是教师通过课堂教学活动,让学生在诚睿中感受到人性的善良、精神的高贵以及情感的真挚,从而形成培育自身的美的课堂教学形态,成为师生教学活动系统生成整合的课堂实践过程。

(一)"诚智课堂"的内涵与操作

"诚智课堂"的呈现要求:教学理念是开放的,教学目标是饱满的,教学内容是丰富的,教学过程是立体的,教学方法是优化的,教学评价是多元的。

"诚智课堂"是开放的课堂。开放,是至诚课程的中心。以符合新课标的教学理念注重培养学生的核心素养;有开放的教师观和学生观,以生为本,将更多的学习主动权交给学生;面向全体开放,张扬个性,关注个体差异,让每个孩子都能得到相应的发展。

"诚智课堂"是饱满的课堂。饱满,是至诚课程的主旨。以学生自主学习意识、能力发展为目标、以发现、解决问题为主要学习目的;以合作、探究为主要学习方式,追求乐学、高效、成长,让学生的生命得到尊重;使学生实现精神上的成长,价值上的引领,人性上的养育。

"诚智课堂"是丰富的课堂。丰富,是至诚课程的方向。建立丰富、盈实、立体的课堂,意味着课堂教育的视野不仅仅拘泥于技能的传授,而是带着鲜活气息的内容和主题走进课堂,有更多的机会面对深度思考和创新实践的挑战。至诚课程,学生以敏行为本,积极、主动地把学到的知识和技能运用到实践中去,并通过实践去促进自己的反思与成长。

"诚智课堂"是立体的课堂。立体,是至诚课程的引领。整个至诚课程的层次

梯度、六年规划都将是立体的,逐层深入的。教学过程层次清晰,布局合理;根据不同层次的学生选择不同的知识进行传授。学生在不断地学习过程中能获得一个完整的知识体系以及良好的情感体验和思维体验,促进学生长效发展。

"诚智课堂"是优化的课堂。优化,是至诚课程的手段。根据教学实际,教师灵活运用合理的教学手段,让高科技服务于课堂,服务于学生;教师优化教学内容、优化教学方式、优化教学语言,注重科学性和艺术性相结合;学生选择适合自己的学科从而优化课堂,让师生都能相互促进、相互成长。

"诚智课堂"是多元的课堂。多元,是至诚课程的追求。教师立足课堂、探索教学,关注学情,生本相依,学有所长。学生在开放的环境中自由生长、思维质疑、群学优化。师生教学相长、融合创新,能力得到不断提高。

在"在这里,开启每一个孩子的至诚之心"课程理念引领下,学校转变教师教育理念,改进学生学习方式,培养学生学习能力,提升学科核心素养,使学生在基础课程学习中得到滋养和智慧的成长。"诚智课堂"是目标丰盈、内容灵敏、过程灵动、方法灵活、主体互生、文化灵妙的课堂。"至诚课堂"内涵来自师生在课堂上互启智慧、教学互生的精彩演绎。因此,"诚智课堂"的实施推进,立足"教"与"学",以学生学习为中心,以教科研为驱动,以校本教研为保障,尝试多样方式培育学生素养,实现"至诚课堂"高效高质的最终目的。

我们把"诚智课堂"的课型分为综合课、自学课、展示课、反馈课。如果课题是一课时来完成的,那就要在一课时内整体呈现自学、展示;如果课题是需要两课时完成的,可以根据实际情况设计成自学课、展示反馈或者自学展示课、反馈课;如果课题需要三个课时,一般为自学课、展示课、反馈课,但也有自习课作为两个课时呈现,展示和反馈作为一课时展示,这要根据具体需要灵活调整预习、展示、反馈的不同组合。

追求教学方式的多样化是至诚课程的基本要求。适合学生的就是最好的。随着教育信息化的发展和至诚课堂文化建设的深入进行,学校的教学方式必然更加灵活多样。"翻转课堂""主体式课堂""体验式课堂""探究式课堂""合作式课堂""问题式课堂"等新教学方式推动至诚课堂走向纵深。学校必然从关注"教"走向关注"学",培育学科核心素养,全面提升课堂品质,让课堂生态更加富有生命气息、思维张力和精神滋养,更加融入国际视野、理性精神和家国情怀,更加强化信息技术参与、多样态呈现和交互式应用,打造绿意盎然、千姿百态的课堂风景,描绘鼎智教育创新、智慧和谐的课堂图谱。

(二)"诚智课堂"的评价标准

根据"诚智课堂"的内涵和实践,我校制定"诚智课堂教学评价表"引领课堂发展方向(见表1-8)。

表1-8 海南中学三亚学校中学"诚智课堂"评价表

授课教师		学科		班级	
课题		时间		观课人	
评价指标	评价因素			分值	评价结果
教学理念:开放	1. 符合新课标的理念,注重培养学生的核心素养。 2. 有开放的教师观和学生观,以生为本,将更多的学习主动权交给学生。 3. 面向全体,张扬个性,关注个体差异,使每个学生都能得到相应的发展。 4. 教学相长,以情化人,以爱育人。			15分	
教学目标:饱满	1. 依据课标,符合学情,表述准确,内容具体,体现学科特点。 2. 能培养价值取向正确、勇于担当、具有责任感的有为少年。 3. 能培养学生良好的学习品质,具有适应终身学习的技能和方法。			10分	
教学内容:丰富	1. 教学内容有层次、有梯度,注意适度拓展,使不同程度的学生各有发展。 2. 立足学科本质,教学中善于找到知识的本源,能结合地方文化和社会资源,打通知识之间的联系。 3. 正确把握教材,并能创造性地使用教材,根据教学需要来开发课程资源,丰富教学内容。 4. 根据学生的认知过程和能力特征,唤起学生的发展经验,使学生主动参与学习,具有自己的特色。 5. 注重学生学科能力的培养,体现出对学生智力、自学能力、创造能力的培养。			20分	

续 表

评价指标	评价因素	分值	评价结果
教学过程：立体	1. 教学过程层次清晰，布局合理，衔接自然，限时讲授适当。 2. 能充分体现师生互动、民主平等；生生合作，活动充分；鼓励质疑。 3. 能发挥教师的主导作用和学生的主体作用，激发学生的学习主动性。 4. 课堂实施有致有章，张弛有度，富有教学机智，智慧处理预设与生成的关系。 5. 课堂评价多角度，能体现激励性和发展性原则，能关注学生不同阶段的成长。 6. 课堂自有节律，教和学自然发生。 7. 学生获得良好的情感体验和思维体验，能促进学生长效发展。	25分	
教学方法：优化	1. 根据教学实际，灵活运用合理的教学手段，提高教学效率。 2. 注重启发式教学，教学语言精当，富有诱导性。 3. 合理运用电教等现代化手段，板书合理，突出重点，有点拨强化之效。 4. 注意教与学的应变调节，科学性和艺术性相结合。	15分	
教学评价：多元	1. 重视教学情况的创设。 2. 课堂气氛活跃、和谐，师生感情融洽。 3. 教学措施得到落实，学生各方面表现出色。 4. 教得实、学得活，即时效果好。 5. 教学任务完成，课业负担减轻，教学效率提高。	15分	
总体评价	亮点		
	建议		

二　建设"诚敏学科"，推进学科课程建设

学校以基础课程为原点，根据学科特点、学生需求以及学生实际，深入探索学科延伸课程模式,创造性地开发具有校本特色的"1+X"学科课程群,激发学生的学习兴趣和创新能力。其中,"1"指基础性课程,即学科本身的知识素养,该课程内容体现的是"用教材教而不是教教材"的教学思想;"X"指的是个性化发展的拓展型课程,教师要根据本地实际和学生特点,善于鉴别、积累、利用和开发各类学科资源,在教学实际中不断增强课程资源意识,提高课程开发的能力;"+"不是做简单的加法,而是促进"1"与"X"两者相辅相成,达成平衡。我们希望通过这些课程的开发,培养学生学习兴趣,开发学生潜能,以学科带动课程整体发展。在此过程中,我们借助课程的力量将散落在教师身上的智慧和精华——采撷,智慧的老师们搜集了大量的课程,提供了多样的课程思路,保留了和学科紧密相关的课程和具有学校特色的课程,然后分门别类,进行重组。在课程中心的再次提炼下,原本点状的学科"1+X"课程,逐渐形成体系、归纳有序,最终成为一体。

"诚敏学科"建设理念来源于师生在课堂上的互启智慧,教学互生的精彩演绎,因此,"诚敏学科"的实施推进,立足"教"与"学",以学生学习为中心,以教科研为驱动,以校本教研为保障,编制学科素养双向细目表,尝试多样方式培养学生素养,实现诚智课堂高效高质的最终目的。

1. "墨书语文"课程建设方案

我校语文学科校本化实施的思路是以激发和培育学生热爱祖国语文的思想感情为基础,通过诵读、感悟、研习和探究经典,让学生在学习中继承和弘扬中华优秀传统文化。《论语》是中国文化传统中最重要的一部经典,穿越了两千多年的历史隧道,至今熠熠生辉,散发着智慧之光。《史记》是我国纪传体史学的奠基之作,也是我国纪传体文学的开端,标志中国古代史传文学的发展已经达到高峰。我校将其作为品质课程资源,充分挖掘文本内容,整合资源,按照课程目标,安排教学内容,通过诵读、赏析、研习和探究经典,引导学生在构建语言的过程中不断提高相关能力,提升语文素养。

课程由两部分构成,一部分是以诵读、感悟文本为主的集体面授式教学;另一部分是由学生组织、老师协助展开的书法、读书分享等课下活动。本科课程属于校本选修课程,每学年申报一次,每个学生至少要在一年内选修一门课程;选修课程学生可根据自己的爱好和指向,在教师的指导下对课程进行自主选择。根据课程的实施,语文组设置了课程评价表(见表1-9和1-10)。

表1-9 海南中学三亚学校各个学期语文课程评价体系

年级	学科			
初一年级上	语文	诵读	诵读比赛	校园读书节
初一年级下	语文		诵读比赛	校园读书节
初二年级上	语文	阅读	阅读分享会	书香校园
初二年级下	语文		阅读分享会	书香校园
初三年级上	语文	写作	征文评比	征文大赛
初三年级下	语文		征文评比	征文大赛
高一年级上	语文	诵读	方法交流会	校园读书沙龙
高一年级下	语文		文言文阅读竞赛	校园读书节
高二年级上	语文	阅读	阅读分享会	书香校园
高二年级下	语文		阅读分享会	书香校园
高三年级上	语文	写作	论文评比	书香校园
高三年级下	语文		论文评比	书香校园

表1-10 语文学习过程展示单

	评价内容	自评	互评
语言技能	能正确地朗读课文		
	能够正确地断句		
	朗读节奏把握准确		
语言知识	积累重要实词		
	掌握相关虚词		
	掌握特殊句式、句法		
	意译文本		

续 表

评价内容		自评	互评
情感态度	感受历史人物光辉的人格魅力,提高个人的思想道德修养		
	激发对文化经典阅读的兴趣		
	促进对传统文化的关注,激发阅读同类经典著作的兴趣		
学习策略	反复诵读,营造背诵氛围,在读中理解、领会其内涵		
	结合相关注释,准确理解文本的内涵		
	积极探究、质疑,与同学、老师分享阅读成果		
	积极运用各种途径,获取更多相关信息,运用大量资源,在丰富、深化认识的同时,形成个性化阅读理解成果		
文化意识	了解、学习儒家文化		
	扩大阅读范围,了解道家、法家等文化,通过比较,加深对儒家文化的理解		
	继承和弘扬中华优秀传统文化,不断增强文化自觉性、自信心		
	思考传统儒家文化的重要时代意义		
教师综合评价			

2. "生活数学"课程群建设

我校数学课程实施的思路是数学来源于生活,最终也要服务于生活,引导学生关注身边的数学模型和数学问题,以培养学生善于观察、勤于思考、乐于探究的能力,让数学的魅力能在生活中完美利用与展现,并且更好地发展。

课程实施内容主要由整式与方程就在你身边,几何之美无处不在,数与形的完美结合——函数让你的生活充满遐想,数学家的故事,数的形成与发展,信息技术在数学中的应用六大模块组成。具体有"设计家庭账本""对地板的图案镶嵌进行研究并做出研究报告""预想函数对未来生活的影响""数列概念的推广与应用""向量概念的推广与应用""圆锥曲线的光学性质及其应用"等课程,激发学生学习数学的兴趣,增强数学学科的直观性,培养学生数学的逻辑思维能力和应用数学的能力。根据课程的实施,数学组设置了课程评价表(见表1-11)。

表1-11 海南中学三亚学校数学学习过程评价表

	评价内容	自评	互评
数学技能	能搜集生活中的数学模型		
	能运用数学知识分析数学模型的特性		
	能用文字、图形等方式分析生活中的数学		
	能在具体的时空条件下,形成认识数学人物、数学事件的能力		
	能进行数学分析,研究事物的发展过程,掌握解决问题的方法		
数学知识	了解数与式的基本知识		
	了解几何图形的性质与判定		
	了解函数及其图像的基本知识		
	了解数学性质定理的产生与发展		
	了解整数、分数、有理数、无理数、实数、复数的产生与发展		
	了解信息技术在数学中的应用		
情感态度	从历史的角度认识数学家,更热爱祖国的伟大成就		
	从历史的角度认识数的产生与发展,热爱数学,探索数学,树立积极进取的人生态度		
	了解信息技术在数学中的应用,感受文化的多元性		
	关注数学的最新成就,用数学眼光看世界		
学习策略	通过实地调查、影像资料、网络或其他途径查找相关资料		
	通过小组合作,共同探究问题		
	根据需要自学相关知识		
教师综合评价			

3. "E语惊人"英语课程建设

课程设置主要分为2个部分：一部分是以词汇和绘本阅读为基础的语言知识性学习，另一部分是英语短片欣赏以及中国元素英语说为主要内容的拓展部分。

词汇部分包含自然拼读、词性分类、词缀学习等。通过对单词系统的整合学习，形成网状结构，而不是学习一个又一个孤立的单词，词汇学习到了高级阶段可以见字猜音和见字猜意。

阅读英语绘本可以积累词汇和句型，帮助学生形成语感。绘本中所包含的故事不仅可以让学生学得丰富、有趣的知识，还可以帮助学生发挥想象力拓展思维。英文短片欣赏及中国元素英语说，则是通过一场视觉、听觉的盛宴激发学生学习英语的动机，当学生在欣赏动画短片和中国文化短片，感受动画短片和文化短片带来的愉悦的同时，他们也开拓了眼界，增长了见识，了解到东西方文化的文化习俗和风土人情。根据课程的实施，英语组设置了课程评价表（见表1-12）。

表1-12 海南中学三亚学校"E语惊人"英语学习过程学生评价表

评价内容		自评			互评		
		非常满意	满意	不满意	非常满意	满意	不满意
语言技能	能识别不同句式的语调						
	能根据语调变化，体会句子意义的变化						
	能在课堂活动中用简短的英语进行交际						
	能正确地朗读课文						
	能用短语或句子描述系列图片，编写简单的故事						
语言知识	了解语音在语言学习中的意义						
	根据读音规则和音标拼读单词						

续 表

评价内容		自评			互评		
		非常满意	满意	不满意	非常满意	满意	不满意
	了解英语词汇，包括单词、短语、习惯用语和固定搭配等形式						
	了解常用语言形式的基本结构和常用表意功能						
情感态度	有明确的学习目的，能认识到学习英语的目的在于交流						
	有学好英语的信心，敢于用英语进行表达						
	对祖国文化能有更深刻的了解，具有初步的国际理解意识						
学习策略	根据需要进行预习，在学习中集中注意力、善于记要点						
	明确自己学习英语的目标，明确自己的学习需要，制定切合实际的英语学习计划						
	了解和反思自己学习英语中的进步与不足						
	在课内外学习活动中能够用英语与他人交流						
	能通过音像资料丰富自己的学习，能使用简单的工具书查找信息						
文化意识	恰当使用英语中的称谓语、问候语和告白语						

续表

评价内容	自评			互评		
	非常满意	满意	不满意	非常满意	满意	不满意
对别人的赞扬、请求、致歉等做出恰当的反应,用恰当的方式表达赞扬、请求等意义						
关注中外文化异同,加深对中国文化的理解						
能初步用英语介绍祖国的主要节日和典型的文化习俗						
教师综合评价							

4."创意美术"课程群

真正的教育持续创新在于学校,有效性课程的理念与实践只有在学校才能真正落到实处,学校课程的管理实施对确保基础教育课程目标的实现具有重要的意义。剪纸是我国传统的民间艺术,是一枚美丽的瑰宝,应当发扬传承传统艺术的美。如今每逢佳节,剪纸渐渐回归到现代家庭的生活中,其中包含的美感及意义深受大家喜爱,为此,以剪纸作为活动项目,中学生也会非常感兴趣。

而版画艺术是在各种版材上制作,并可以反复印刷的一种绘画形式,是一项实践性很强的活动,对于高中生来说,更能提高学生的兴趣和创作。

因此,以剪纸(版画)作为课程活动,不但能让学生了解其基础知识,掌握基本技能,更重要的是能培养个体差异学生的兴趣和特长,充分挖掘我校学生在美术特长方面的潜力,提高学生的学习积极性、创新能力。要确保学生审美目标的实现,为培养创新人才奠定基础。根据课程的实施,美术组设置了课程评价表(见表1-13)。

表1-13 海南中学三亚学校美术学习过程学生评价表

年级	评价内容及方式	自评 （我学会） ☆	互评 （我们学会） ♡	教师评 （你们学会） ☺
初一年级上	了解剪纸的发展，初步进行剪纸基本技能"剪"的练习			
初一年级下	能够运用自己的知识赏析剪纸的南北不同风格，尝试临摹作品			
初二年级上	能够剪刻各种纹样：月牙纹、波浪纹等，并尝试组合练习			
初二年级下	掌握剪纸的各种手法：剪、刻，尝试组合练习			
初三年级	学会寻找生活中各种图案作为素材，并尝试创作作品			
高一年级	掌握版画的基本知识，欣赏和分析不同时期画家创作的版画			
高二年级	学会处理不同材料的制版手法，研究其中的刀法运用，尝试创作			
高三年级	分析研究版画的知识，深入探讨刀法的创新方式，设计创作			

5."图说天下"地理课程群

我校充分利用现有的师资优势，对地理这门学科，采取了国家课程的校本化实施。通过对现有资源的整合与二次开发，创编了一套三亚乡土地理的校本教材——《地理大发现》，内容包括发现三亚之旅游业、发现三亚之海洋、发现三亚之气象等现行教材中没有的知识，让学生充分了解自己所生活的城市。课程设置根据学生的情况，采用灵活多样的教学方法来吸引学生的注意，努力营造玩中学、学中玩的教学情境，让学生在轻松的环境中拓展地理知识，提高地理学习能力。

　　课程设置主要分为 2 个部分：一部分是以识图和观察模型为基础的观察类学习，另一部分是以演示实验操作和学具制作为主的实践类学习。识图和观察类包含了世界地图和中国地理中主要的自然要素的认识和观察，如世界的地形和气候，中国的地理山脉、地形以及气候。通过这部分学习，学生掌握读图的方法和技巧，读懂地图的语言。实践类主要包括模拟实验的演示和学具的制作，这些是建立在识图和观察的基础上的。只有具备了一定的观察和学习能力，学生才能动手操作实验，甚至自己制作和改进实验器材，这也是地理学习的探索和升华。根据课程的实施，地理组设置了课程评价表（见表 1-14）。

表 1-14　海南中学三亚学校"图说天下"地理学习过程学生评价表

	评价内容	自评	互评
地理技能	能识别不同地形、地貌		
	能绘制等高线地形图		
	能识别不同地质构造		
	能熟练绘制平面图		
	能明确知道进行地理调查研究的基本过程和方法		
地理知识	了解各种地形、地貌的特点		
	了解中国气候的特点和分布		
	了解世界气候的特点和分布		
	了解中国主要地形区的分布		
	了解热力环流基本原理		
	了解昼夜长短及其变化规律		
	了解三亚旅游业发展现状		
	了解海底地形及海洋资源的相关知识		
	了解天气预报的制作过程		
	了解三亚动车站、汽车站区位选择的影响因素及其利弊		
	了解三亚存在的主要环境问题		
	了解三亚人口现状及人口流动、人口迁移的影响		

续　表

评价内容		自评	互评
情感态度	初步形成善于思考、勤于动手、乐于探究的意识		
	通过小组合作完成探究任务,学会沟通、交流、合作		
	关注身边的地理现象和地理问题,用地理的眼光看世界		
	关注环境问题,树立正确的环境观、资源观		
	对三亚能有更深刻的了解,更热爱自己的家乡		
学习策略	根据需要进行相关知识的学习或自学		
	根据需要通过实地调查、网络或其他途径查找相关资料		
	同学互助,及时解决学习过程中出现的问题		
教师综合评价			

6."图形化程序设计"课程建设方案

图形化编程的学习旨在通过课程训练,培养和提升学生的创新思维、计算思维和编程思维,帮助他们更好更正确地掌握科学世界的底层逻辑,从而更好地应对解决未来人生的各种问题。相比传统的代码编程,图形化编程更加简单、易读、易上手。为学生建立基础编程概念和计算思维,能提高学生的逻辑思考能力和分析问题、解决问题的能力。图形化的程序设计教学目标不能局限于课堂所学的内容,应拓展教材,鼓励学生大胆尝试与创新,利用所学知识,创作出与众不同的作品来。同时以参加创意编程大赛活动为推手,形成学习编程的浓厚氛围。目前,学校开设了"编程猫平台的使用方法与积木脚本的查找和拼接""积木的知识与使用方法""Python 中的 for 循环和 range 函数""Python 中的图片转字符原理""Microduino 硬件和 Mixly 编程平台的学习""源码编辑器和海龟编辑器的视频学习"等课程。根据课程的实施,信息技术组设置了课程评价表(见表 1-15)。

表1-15 海南中学三亚学校图形化编程课程学习过程评价单

评价内容		自评	互评
主旨清晰,风格向上(20%)	作品创意须与大赛主题高度契合,主题明确,风格积极向上。明显偏离大赛主题的参赛作品,将直接失去晋级的资格		
探索精神和创新性(30%)	充满想象力的思考,清楚明了的表达,用开放的心态持续学习新知识。充分表现想象力,积极发挥创造力,有很强的自我学习能力及自主创作精神		
程序思维和技术负责性(30%)	程序流畅运行,概念理解准确,指令使用熟练,程序运行流畅高效无Bug,角色、变量及消息等命名准确易读,考察选手实际运用编程的能力		
艺术审美和用户体验(20%)	角色造型、动画、音乐及音效优美协调,程序排列整齐美观,无垃圾指令。作品界面整齐美观,角色造型生动优美,动画效果协调自然,音效使用恰到好处		

三　打造"诚趣社团",浓郁学校课程氛围

"诚趣社团"是诚敏课程体系中的一个重要环节,在学生的成才和成长过程中发挥着重要的作用。社团活动是育人的一个重要载体,丰富多彩的社团活动可以活跃学校的学习氛围,丰富学生的课余生活,使学生开阔视野,提高全方位的素质和能力,为将来走向社会打好基础。社团活动为了充分发挥育人功能,开展的所有活动都要充分发挥自我管理功能、素质教育拓展功能、校园文化建设功能、促进个体社会化功能。社团活动始终坚持与知识技能拓展和思想政治教育紧密结合,与创新思维和社会实践紧密结合,与全面发展和个性发展紧密结合,引导学生在多元文化冲突中树立正确思想,为校园文化建设注入活力,促进校园文化与社会文化的互动发展。

(一)"诚趣社团"的主要类型与管理办法

学校依据学生综合素养,广泛调查学生兴趣,充分挖掘学生潜能,开设学科拓展类、综合类、科学创新类和文体类社团,实现学生人格力、智慧力、健康力、审美力、创造力的提升,满足学生学习的差异性和个性化需求。学校创立了16个社团(见表1-16)。

表1-16 海南中学三亚学校"诚趣社团"名单

社团类型	社团名称	指导老师	社长	活动地点
学科拓展类	魔力化学社	李丽梅	叶堂凯	科技馆化学实验室
	海贝文学社	陈彦西、张海娣	黄海霖	二栋5楼走班教室1
	英语社	李春平	何婉玉	一栋5楼走班教室4
科技创新类	创意编程社	王雪芳、李素兰	戴书波	科技馆2楼多媒体教室1
	机器人社团	黄辉、苏骏	宋文涛	科技馆5楼机器人教室
	科技模型社团	谭静彬、梁榕玲	宋文涛	科技馆6楼阶梯教室旁
文体类	律动音乐社	苏致伊	陈悦	科技馆4楼阶梯教室
	剧本推理社	杨芳芳	俞天齐	科技馆5楼阶梯教室
	hiphopyears流行舞社	苏致伊	温冰怡	报告厅后面
	18°N(摄影社)	谭静彬	赵鲜	一栋5楼走班教室3
	星锋羽社	林少华	林彦汝	运动场
	hero-king搏击社	陈志雄	郭荣耀	文化广场
	A+Z动漫社	(暂无)	刘善水	二栋6楼走班教室2
	书画班	孙韶菁		科技楼一楼国学馆
	珠江影视基地校表演培训	武沐阳		科技馆5楼录播教室
综合类	爱心助学会	黎婉念	李月曲	爱心助学会办公室

学校加强对学生社团产生、建设的全过程引导与管理,保证社团正确的发展方向。学校还创造各种有利条件,给予社团必要的指导与支持,保证社团健康发展。

(1)制度保障。学校先后制定了《学生社团管理办法》《社团考评细则》等管理制度,从制度上保证学生社团活动的开展。社团每月召开一次社长例会,团委认真听取各社团管理工作汇报,解决存在的问题,并及时拟定各类方案,帮助社团健康成长。

(2)管理保障。学校对社团的成立、运行、考核进行全过程管理与指导。一是制定了严格的社团成立条件。二是规范了成立社团的审批条件与流程。三是实行导师制。采取"学生聘请、教师自荐和学校任命"相结合的方式,在教师的具体指导和督促下开展活动。四是广泛宣传。学校为学生社团的宣传提供便利与强有力的支持。五是科学评价考核。团委对学生社团行使监督职责，指导老师负责对各社团社员进行指导，社团负责人负责对社员的管理并进行考评。团委对在社团工作和活动中取得突出成绩的先进集体和先进个人进行表彰，授予"优秀社团""社团活动先进个人"和"优秀社团干部"等称号，并给予奖励。

（二）"诚趣社团"的评价要求

完善的评价激励制度是社团管理的重要部分。在对社团的评价上，我校主要遵循素质培养的原则，对社团课程和社团学生进行全面、科学的评价。

（1）对学生的评价主要考虑三方面的因素。一是学生学习该课程的学时总量，不同的学时给予不同的分数；二是学生在学习过程中的表现，如态度、积极性、参与状况等，由任课教师综合考核后给出一定的分值；三是学习的客观效果，教师可采取适当的方式进行考核。三个方面的因素中以学生参与学习的学时量的考核为主，过程与结果为辅，但最终的学分要把三方面的因素综合起来考虑。

（2）学校统一给各个社团配发《社团活动手册》，指导社团建设、开展活动和资料整理。根据日常活动、文字资料、有形成果、参赛获奖、宣传影响等方面情况，评选优秀社团和优秀社团辅导教师，由学校进行表彰和奖励。同时学校积极搭设平台，给社团活动更多的展示机会，打造社团活动周，为学生社团活动提供一个表现和传播的平台（见表1-17）。

表1-17　海南中学三亚学校社团评价表

评价维度	评价内容	评价标准	评价方式
社团筹备	社团主题	主题健康积极，课程资源丰富，准备充分。	1. 阶段性评价与过程性评价相结合。 2. 过程性评价：活动过程记录、活动成果展示。 3. 评价方式多元化：自评、互评、组评、师评、家长评相结合。 4. 社团成果展评，评出优秀社团，参加星级社团评比。
	活动方案		
活动过程	特长发展	积极参与社团活动，发展自我特长。	
	活动过程		
活动效果	社团学习成果	能形成自己的学习成果，积极参与社团成果展示交流。	
特色创新	活动亮点	社团成果展示有特色、有创新、有亮点。	

四 特色"诚欢节日",浓郁课程实施氛围

"诚欢节日"是在"至诚"教育理念指引及"诚敏"课程体系规划下开设的形式多样、面向全体,具有时代特征及地域特色的各种校园活动课程。依托"诚欢节日",围绕海南中学三亚学校"立德睿达,身心和谐"的育人目标,在坚定理想信念、厚植家国情怀、加强品德修养、增长见识、培养奋斗精神、增强综合素质等方面下功夫,为学生终身发展奠基。通过活动创设积极向上的氛围,实现人人参与,尽显青少年学子昂扬舒展之美,传承传统,激发使命,使校园成为学生成长欢乐健康的阵地。

(一)"诚欢节日"设置与实施

"诚欢节日"以不同节日为契机,开展风格多样的特色课程,以实现文化育人、活动育人、实践育人之目的。海南中学三亚学校"诚欢节日"设置"经典节日"和"特色节日"两大板块。"经典节日"通过营造隆重、庄严、神圣的环境氛围,产生强烈感染力以实现教育目的,其中的仪式课程在特定时间、环境、场景中综合展示,融合知、情、意、行为一体,多角度调动参与者的情感与思维,产生共鸣,净化心灵,陶冶情操。"特色节日"则通过设置学校独有的情景,整合多方资源,鼓励学生参与、互动、展示、实践,实现理论与实践的融合,理想与现实的融合,对学生产生综合影响,让学生尽显生命灵动之美(见表1-18)。

表1-18 海南中学三亚学校节日活动课程安排表

诚欢节日	课程名称	实施方式
经典节日	传统课程	端午节、中秋节:举行主题活动 儿童节:初一、初二同学联欢,初二退队 清明节:为烈士扫墓缅怀先烈 劳动节:劳动技能大比拼 建党节:永远跟党走活动 教师节:感恩教育活动 国庆节:爱国主义教育

续 表

诚欢节日	课程名称	实施方式
仪式课程	仪式课程	升国旗仪式课程:每周一升旗仪式、国旗下讲话
		入团仪式:每年青年节举行入团仪式
		开学、散学典礼:期初和期末举行活动
		入学礼:新生入学活动
		成人礼:高三年级举行
		送考礼:高考、中考前誓师和送考活动
		毕业礼:初三年级举行
特色节日	书香节	书香节启动仪式、图书义卖、读后感征文评比活动、演讲、经典诵读比赛
	科创节	科创小讲堂、科创小发明,通过综合实践、成果展示、科创大赛实施
	综合实践节	开展研学旅行、组织职业体验、开展生涯讲座,通过综合实践实施
	体育艺术节	合唱比赛、文艺汇演、美术作品展、书法作品展、摄影展、运动会,通过班级联赛、主题展览、成果展示实施

(二)"诚欢节日"评价

学校活动是校园文化建设的主阵地,活动课程引入科学的评价模式、评价体系,能真正有效地促进学生的素养发展。"诚欢节日"采用过程性和效果性综合的方式,结合学生在活动过程中的表现和最终呈现的成果给予最终的评价。在评价导向上,我们注重提高学生自信、自立的品格,注重提升综合素质、润泽品格,助力每个学生精神世界的构建(见表 1-19)。

表 1-19　海南中学三亚学校活动课程评价要求

评价维度	评价内容	评价标准	评价方式
学习态度	在活动中的参与情况	态度积极，参与认真，有良好的学习辅助行为	通过自评、互评、组评、师评的方式，对学生参与活动进行评价。通过个人申报表、活动记录表、互评打分表、小组总结等形式进行评价。
学习方法与过程	师生、生生之间有效互动	能够在活动课程中自主学习、合作探究，针对不同仪式、节日要求，感受活动带来的成长	
	参与课程的次数和参与度		
	学习中熟练掌握知识和节日的行为要点		
	课程中形成解决问题的能力，掌握相关方法		
学习效果与体验	在活动中获得情感体验，领悟精神内涵	达到课程目标，感受课程传达的精神，培养继承创新的精神	
	学生个人特长和综合能力展示		
	形成创新意识和合作探究精神		

五　探寻"诚真之旅"，推进研学旅行课程的有效实施

伴随《关于推进中小学生研学旅行的意见》政策的出台，我校已经将"诚真之旅"研学旅行活动纳入学校课程计划。实践和体验在人的成长过程中有着重要的作用，教育家陶行知"教学做合一"的教育思想，以及"读万卷书，不如行万里路""纸上得来终觉浅，绝知此事要躬行"等经典论述，都强调了"知"与"行"的关系。

开展研学旅行，有利于促进学生培育和践行社会主义核心价值观，激发学生对党、对国家、对人民的热爱之情，同时促进书本知识和生活经验的深度融合，提高学生综合素质。我校"诚真之旅"研学旅行活动，全面贯彻落实了教育部门相关文件精神，实现"寓教于乐"，让学生跟着书本去旅行，拓宽知识视野，让学生带着目的去游学，带着眼睛去游学，培养学生探究意识和实践能力，增长见识、阅历，真正达到研学目的。区别于千篇一律的模式化观光旅游，研学旅行重点体现"在学中游，在游中学，游学结合"，以此激发学生对科技发展、人文自然的兴趣。

（一）"诚真之旅"课程设计

我们希望学生的研学旅行从认识家乡开始，在旅行中去认识和了解家乡的农耕文化、传统文化、风土人情；自觉传承属于海南的非物质文化遗产，使其产生热爱家乡的高尚情感，从而逐步提升学生的素养水平。

"诚真之旅"基于海南黎苗文化与农耕活动的不同维度设计了两个主要的研学旅行课程，分别是"访黎苗风情、传非遗文化"和"南繁大课堂"。研学导师根据不同的活动目标与内容，从不同维度去引导学生参与研学旅行活动。

"诚真之旅"安排在每年的11—12月之间，初二年级和高二年级集中集体出行，通过团队文化构建，建立团队文化体系，提高学生的团队合作意识。感受海南特色黎苗文化，感受黎苗风俗民情，感受少数民族生活，加强学生民族团结意识。了解非物质文化遗产，体验扎染、藤编技艺，提高学生动手实践能力，树立非物质文化遗产保护和传承意识。通过参观南繁农业科普馆，了解南繁的发展历史、南繁的贡献、南繁在农业科研的重要地位和作用；了解农作物从种子至成熟收获的成长周期，激发学生对现代农业的兴趣；更深刻地体会"粒粒皆辛苦"，养成勤俭节约的好习惯；了解城市微农业的好处，提高城市土地利用率。通过了解南繁科学家的科研精神，学习科学家甘于奉献、吃苦耐劳的精神，培养坚持不懈的优良品质；弘扬科学家坚持不懈地学习以及科研的精神。采用体验式教学，让学生参与精心设计的情境和活动之中，实现体验、感悟、磨炼、成长的自我突破。通过研究性学习，强调培养学生的探究能力，增强学生信息、数据收集及整理能力；培养学生的动手能力、创新能力、分析和解决问题的能力。

（二）"诚真之旅"的课程评价

"诚真之旅"评价标准

表1-20 "诚真之旅"评价标准表

评价阶段	教师指导	学生学习	学生学习评价方式
行前： 获取间接经验阶段	方式多元，如通过讲座、视频、网站、学生作品等方式了解知识及知识的形成过程；选择的方式能够调动学生积极性	了解知识要点；知道知识脉络及形成过程；明确自身需要关注的重点知识	可以通过学生的听课状态、学案学习、学习任务规划等进行评价

续 表

评价阶段		教师指导	学生学习	学生学习评价方式
行中：获取直接经验阶段		活动形式与场馆资源和环境契合，活动内容指向课程目标，活动方式有趣；能观察学生状态，适时进行指导	多感官观察、感知情境；识别和辨析情境中的多种信息；理解情境中的各种信息及关系，提出问题	可以通过学生的听课状态、学案学习、学习任务规划等进行评价
行后：整理经验阶段	对经验本身进行概括与提升	用适当的形式激活学生体验；组织不同经验的深度交流；诊断并指导学生完善自己的经验	对信息进行梳理，形成观点或作品；分享自己的观点或作品；吸纳他人的观点或作品，完善自己的经验。依据标准对自己和他人做出适切的评价，对评价标准能提出个人见解	可以通过学生的作品、交流表达、参与程度和学案学习等进行评价
	对学习过程结果进行评价	构建学习过程与结果的评价表，比较不同价值观并做出归纳和总结，适当指导学生的评价		可以通过学生的交流表达、参与程度、对标准修改完善的重要贡献度进行评价
应用：检验经验阶段		适时指导学生的应用		

表 1-21 "诚真之旅"课程评价表

	主要内容	评价
研学旅行活动整体评价	本次活动与教学知识有较高的契合度、主题明确，具有挑战性、持续研究性、真实性。	
	本次活动合理利用资源、绿色环保。	

续 表

主要内容		评价
	本次活动对生活学习意义重大,能解决生活学习中的问题。	
	本次活动任务明确,研学目标明确,课程设置合理。	
	本次活动研学服务机构安排合理,服务到位。	
教师研学教学过程评价	行前教师准备充足,有完整的计划方案、实施步骤及技术解决方案。	
	行中组织学生严格按计划实施项目,加强过程监控和管理,学生参与面大,效率高。	
	行后有评价标准,对项目作品点评到位,指出优缺点。	
	整体表现经验丰富、教学娴熟、态度端正。	
学生研学活动评价	行前资料搜集完整,认真完成了老师布置的作业。	
	行中明确任务,积极参与活动,本人在小组内有明确的分工,承担一定的工作任务。	
	行中团结合作,遇到问题主动与同学老师沟通,解决技术问题。	
	行中运用有效的技术和方法达成项目目标,实现技术创新。	
	行后展示作品,汇总总结,成果达成预期目标。	
	整体态度端正,知识吸收较好,能力有较大提升。	
备注	非常符合:5;比较符合:4;符合:3;比较不符合2;非常不符合:1	

表1-22 "诚真之旅"学生自我评价表

一级指标	二级指标	评价内容	分值	得分
自我管理 (30分)	文明素养	公众场所使用文明用语,不大声喧哗,维护公共秩序。	3	
		参观讲解时,专心倾听,仔细观察,不妄加评论。	3	
		人多时,按顺序边走边看,不推不挤,不妨碍他人。	3	
		爱护公共财物,保护古迹,做文明参观者。	3	

续　表

一级指标	二级指标	评价内容	分值	得分
	遵规守序	遵纪守法,安全意识强,遇事冷静,不侵犯他人隐私。	3	
		遵守行程要求,不随意离队,服从带队管理。	3	
		时间管理强,遵守时间节点,不影响活动流程。	4	
	生活能力	注意饮食健康,不乱吃零食。	4	
		生活有序,管理好自己的物品,不丢三落四,合理消费。	4	
实践活动 (40分)	实践能力	能够依据活动主题,自主选择恰当的活动方式开展活动。	6	
		学会用多种方法搜集、处理信息。	6	
		能够在自主探究的学习中,运用所学知识解决实际问题。	8	
	参与意思	参与活动踊跃,敢于尝试,乐于发表自己独到的见解。	5	
		认真对待小组分工,善始善终。	5	
		不怕困难,思维灵活,恰当选择解决问题的方法。	5	
		及时完成活动,积极参与交流分享。	5	
协作精神 (30分)	合作精神	小组成员团结协作,合理分工,乐于分享。	8	
		认真倾听同学的观点和意见,对小组学习做出贡献。	7	
	合作态度	关心同学,互相尊重,发挥优势,优劣互补。	7	
		主动承担组内工作,不推诿,有责任意识。	8	
合计			100	

六　创设"诚雅文化"

学校还创设"诚雅文化",引领学生在欣赏中逐步成为优雅生活者,使学生学会欣赏卓越之美,欣赏他人之美,要有包容心,注重生活的品位和细节,给生活和他人带来美的感受。学生拥有了对生活的品位感,才能将自己未来的生活创造得更美好,通过自身存在带给这个社会向善向美的变化,从而展现出优雅的素养。一个善于捕捉美、发现美、记录美的孩子,他的一生一定是灿烂温暖的一生。为了让学生沉浸在教育最美的姿态中,诚雅文化课程涉及美术、音乐、语文阅读。

美术课程有"剪彩人生""指尖艺术""贝壳艺术""剪纸——贴窗花过大年""赏析与创作版画"等。音乐课程,以"合唱"课程为特色,旨在培养学生兴趣爱好,提高审美品位,陶冶学生艺术情操,展示学生的艺术魅力。通过创建"乐理知识""视唱练耳""演唱技巧""声部训练"等校本选修课程,提升学生的艺术审美能力,培养学生热爱艺术、热爱生活、热爱传统的优秀品质。经典阅读课程,以阅读文学经典名著为主,让学生领略读书的价值和意义,提高学生人文素养和人文精神,其中包含"读名著、品人物""小说群文阅读""戏剧群文阅读"等课程。根据课程的实施,学校设置诚雅课程评价表(见表1-23)。

表1-23　海南中学三亚学校"诚雅课程"评价表

年级	评价内容及方式	自我评价	教师评价
初一年级上	1. 掌握基本发声练唱,准确地演唱考试曲目。 2. 了解剪纸的发展,初步进行剪纸基本技能"剪"的练习。 3. 介绍一些自己最近读过的书。		
初一年级下	1. 掌握基本发声练唱,准确演唱不同音域的考试曲目。 2. 能够运用自己的知识赏析剪纸的南北不同风格,尝试临摹作品。 3. 学生优秀的读书笔记。		
初二年级上	1. 通过测试检查演唱技巧了解程度。 2. 能够剪刻月牙纹、波浪纹等纹样。 3. 读书名言。		
初二年级下	1. 通过测试检查演唱技巧学习程度。 2. 掌握剪纸的各种手法:剪、刻,尝试组合练习。		

续　表

年级	评价内容及方式	自我评价	教师评价
初三年级	1. 视唱练耳考试，演唱初级考试作品，检验掌握学习程度。 2. 学会寻找生活中各种图案作为素材，并尝试创作作品。 3. 读书方法介绍。		
高一年级	1. 视唱练耳考试，演唱中级考试作品，检验掌握学习程度。 2. 掌握版画的基本知识，欣赏和分析不同时期画家创作的版画。 3. 给古诗配上优美的画面。		
高二年级	1. 视唱练耳考试，演唱高级考试作品，检验掌握学习程度。 2. 学会处理不同材料的制版手法，研究其中的刀法运用，尝试创作。 3. 出一期《读书报》（手抄报）。		
高三年级	1. 视唱练耳考试，演唱高级考试作品，检验掌握学习程度。 2. 分析研究版画的知识，深入探讨刀法的创新方式，设计创作。		

总之，"诚"是海南中学三亚学校前身崖县县立中学校的校训。"诚者天之道也，诚之者人之道也"，就是说：诚，是天的根本属性；追求诚，是为人的品质。近百年来，我校以培养学生"诚实""诚信"的品质为己任，将"诚"作为学校的价值追求与精神源泉，敦促师生以诚立德，以诚修业，以诚健体。当前，学校的课程建设和实施处处体现着校训的思想引领。

（撰稿者：钟王群、陈世荃、董洋、成丹、李春平、闫翀、高峰、高海慧、黄辉、李春花、苏骏、李纪镜、孙韶菁、龙文杰）

第二章　内容的统整性

◇

　　统整是课程内容的调整和重新组合过程，是对课程内容进行调整、更新、关联、去重，以减少课程内容之间的重复、重叠。课程内容的构建是由很多元素组成的，内容的统整可以有效解决在课程构建时学科内容范畴的界定、办学理念、课程理念、育人目标、课程实施、课程评价等众多概念的交叉混杂、相互脱节问题，从而构建出融通知识、联结生活的课程体系。

"境脉学习"源于境脉主义哲学观,关注事物全部情境的整体把握。"境脉之'境'是情境在时间和空间上的延伸,更接近于真实世界;境脉之'脉'是意义之上的关系建立。"[1]将"境脉学习"引入学校课程内容的构建便可形成境脉引领,我们认为课程内容的构建是由很多元素组成的。境脉引领的构建就是将各个元素间的链接通过情境作为脉络来实现。事实上,很多较为复杂的情境本身内部就潜藏着一定的逻辑关系。依据境脉理论,我们发现在学校课程建设上,通常会出现两种现象,一是传统的学校课程体系把构建的内容仅限定在学科内容范畴内。二是学校在确立教育哲学、确立课程构建方向的过程中,往往会出现办学理念、课程理念、育人目标、课程实施、课程评价等众多概念的交叉混杂,相互脱节问题,缺乏逻辑性。因此我们认为,统整学校课程内容尤为必要。要建立起完整而丰富的课程体系,要以情境脉络为引领,在统整理论下构建出融通知识、联结生活的课程体系。

一、内容统整的意义

"统整"一词在我国多被译为整合、综合化、使整体化。古德莱德认为"课程统整是课程内容的调整和重新组合过程,是对课程内容进行调整、更新、关联、去重,以减少课程内容之间的重复、重叠"。[2] 课程统整本身含义比较丰富,但本质上要求基于一定的逻辑,由"分化"走向"统整",因此我们认为古德莱德对课程统整的理解是符合当今世界基础教育课程改革的主流趋势的。基于以上统整理念,课程内容统整有一定的意义价值依据。

(一)促进学科间协调共生

在课程实施过程中,需要解决的是课程内容过分割裂所导致的经验与知识、学习与运用、学校与社会相脱节,以及学科分离化、孤立化等众多问题。因此,善于把分化的、零碎的课程进行统整就是有意义的整体课程,是一种有别于分科课程的课程开发方式。它从课程目标、课程框架、课程实施、课程评价等层面出发,使得原本分化、零碎的课程内容形成有机整体,再与未分化的经验、知识形态融入学校课程内容构建中

---

[1] 杨砚宁."境脉引领-互动生成"教学模式的建构及实践反思[J].化学教与学,2022(5):7—11+31.
[2] 张凤莲,李桢.基于统整理念的学校课程构建[J].教育科学,2019(1):39—42.

来,使之高度融合,相辅相成,促进各学科之间的协调创生,从而构建出统整化的课程体系,促进学生整体全面的发展。好的课程内容给学生提供成长和发展的机会。

(二) 助推学校办学特色的发展

我们知道要办成一所高水平优质学校,仅仅实施好国家课程是不能满足现在多元化社会需要的。只有把国家课程、地方课程以及校本课程三级课程相互融合、共创共生,让学校课程之间形成有机联系与互补的关系,才能体现出学校的特色。建构系统完整的学校课程新体系,传统的课程要转化成一种有机整体的形式,使学校教育教学系统中分化了的各要素及其各成分之间形成有机联系的课程形态,从而完整呈现出学校课程目标及学校办学理念,逐步发展成为学校的特色,促进学校的特色发展。

(三) 发挥学校管理机制与教师专业引领功能

学校以分学科教学为主,教师普遍认为只要做好自己的教学工作,只对自己的学科和部门负责就可以了,对学生的整体发展不关心,对学校的课程规划,特色发展不积极参与等等。这种各自为政的现象,直接导致学科与学科之间、学科与管理部门之间缺乏合作的意识与有效机制。教师的专业素养也得不到提高。课程内容统整将打破学科的局限,教师在共同开发统整课程的过程中,积极探究其他学科内容,合作意识增强,与其他教师交流交往机会增多,专业视野更开阔。学校管理部门和教师共同肩负课程统整的责任,让彼此成为知识分享者、资源提供者和共同实施者。教师专业能力得到有效发展的同时,学校办学能力也得到助推。

二、内容统整的有效策略

内容的统整要以学生为根本,以学校为基础,以社会为背景不断引领学生的生命成长,彰显独特的学校底蕴,体现学校课程体系鲜明的时代特征。基于此,我们认为可以从以下几个方面来推动学校课程体系构建。

(一) 知识的统整,突出内容的完整

"境脉"的"脉"强调知识的系统性,"包括学科知识系统的系统性、条理性;学习者已有知识结构与新学知识的系统与衔接性"。[1] 因此,这里所说的知识统整首先

---

[1] 王水莲."境脉学习模式"的构建与实施[J].语文教学与研究,2017(23):73.

不能脱离原有的经验。传统意义上的课程内容较侧重于以学校的意志进行设置，轻视学生和教师的经验，这样既影响教师对于学校整体课程的参与度，又影响学生对于课程内容的接受度。因此，要想课程内容达到整体性、系统性，要把学校、教师、学生三者经验统整为一体，进行一体化、系统性建设，以实现知识、社会与个体经验的意义整合。

教育的任务就是育人，而"全人发展"是教育追求的终极目标。为学生打造一个更为丰富和宏大的知识图谱，单一的分科教学已然不能满足现代化教育的要求。知识原本为一统一体。随着追求知识的全部开始成为新的需求，詹姆斯·比恩曾以"拼图游戏"来说明统整课程的深刻内涵："想象一下玩拼图游戏的情景，当一堆图块呈现在眼前，通常人们必须先有一个图像作为指引。个别的图块也许毫无意义，只有当这些图块被组合起来时，它们才会显现出意义来。"[①]学校课程内容的统整，即通过统整各种课程，包括已经形成的统整课程，以知识统整为核心，强调知识的关联。在教育实践领域，一般意义上的课程统整即为科内统整、跨学科统整与超学科统整，课程为知识服务，而不是知识为课程服务。知识统整正是回归知识的统一，即将碎片化的课程知识从源头进行系统整合。多学科的高度融合设计，更加突出了知识整合和关联。例如三亚市第四小学的"1+X"课程体系中，为了协调各学科教学知识的贯通和联结，推动跨学科整合，教师以本学科知识为主，尽可能统整其他学科的相关知识或学习资源，引导学生探究学习。如用学校自主开发的劳动基地"空中菜园"与学科整合。教师以语文学科知识为主，统整学科综合实践课程的相关知识或学习资源，引导学生探究学习。语文课到"空中菜园"劳动基地进行实地实物观察并撰写成文，将语文课运用于综合实践课之中，从课堂延伸到生活实际，不仅提高了语文课教学质量，而且让学生体会到了综合实践课的魅力。与数学课程整合，可以测一测、量一量；与美术课程整合，可以描一描、画一画。基于此，不仅是语文学科，数学、美术、音乐、品德等学科在内容上也可以跨越传统学科界限。因此，以寻课程内容之脉，通过充分发挥和融合统整各个学科的知识，达到知识的完整、系统。

---

① 原左晔.统整理念下的学校课程体系构建研究[J].教学研究，2022(2)：32—38.

（二）与生活关联统整，体现教育价值

"境脉"的"境"指的是情境。即在学习过程中必须创情境，并以之制定计划、引起学习动机、实施学习计划、评价学习成果。学校是为社会培养人，培养对国家对社会有用的人。基于以上观点，学生的学习情境，不仅仅只有学校，为实现育人目标，学习情境还包括学校内部要素和学校外部要素。学校内部要素是指学校范围内的所有课程，即国家课程、地方课程和校本课程三级课程的课程目标、课程内容、课程实施、课程评价等学校教育。课程外部要素，指的是地域资源、社会资源等家庭教育与社会教育。课程也不是学校单一的产物，在学校闭门造车是行不通的，而是要融合家庭、社会等生活资源。学校和生活不应该是分离脱节的，两者应紧密联系。课程内容的统整，要在基础型课程的基础上开发拓展型课程和探究型课程。这也为课程与生活相关联提供了实现的可能。学科内容与家庭教育、生活的地域文化、自然生态共创共建。只有内部要素和外部要素的融合统整，才能实现学校教育价值与社会价值。

（三）管理机制统整，促进学校课程不断优化

在复杂多元的教育情境之下，我们如果要完善学校课程统整，既需要有完整的课程统整方案，还需要协调团队关系，开发课程资源，进行课程体系建设。学校领域是主要课程实施领域，教师是主导。课程内容的统整很难由教师个体单独来完成建设。因此，对课程统整来说，建立健全一个含有技术、资源、文化、制度多方面支持的健康有序的支持系统是非常重要的。首先，要培养教师的统整意识，提高教师的专业素养，需要改变传统的教育模式，在实践中不断学习，为教师提供深入了解课程统整概念和方法的机会。提高其课程统整实践能力，把被动变成为主动。其次，加大教师间的合作力度。课程统整需要教师间的合作来完成，这就需要在学校、行政部门共同的配合下构建教师共同体，尤其要构建基于课程统整的教师团队，扩大教师间的合作范围，加大其合作力度。只有不同专业背景的教师齐心合力、步调一致地规划统整课程的组织架构，才能实现课程统整的目的，使其进行良性互动，为有效实施课程统整打下坚实基础。

总之，以境脉为引领，在统整理念下整体构建学校的课程体系，才能形成融合共生、具有鲜明独特的办学特色的学校课程体系。

（撰稿者：蓝慧娇）

深度创意　　"小叶子"课程：让每一片叶子朝着萃美而生

三亚市第四小学位于河西解放三路育德巷,是天涯区的一所完全小学。学校创建于1952年9月,至今已有六十多年的历史。它原是三亚市第一小学设在儋州村的一个教学点。1957年改为"儋州村初级小学",1971年又改为"儋州村完全小学",直到1986年经市委市政府正式批准,更名为"三亚市河西区第四小学"。2015年初天涯区成立之后,正式更名为"三亚市第四小学"。我校是三亚市天涯区"青少年帆船帆板运动特色学校",也是"中华优秀传统文化教育研究实验学校"。学校占地面积9700平方米,现有教职工69人,学生1500余人,共设有29个教学班。校园绿树成荫,文化氛围浓厚。在教育发展的新时代,学校在保证课堂教学质量稳步向前的同时,正在努力探索符合教育发展规律、具有创新精神、形成鲜明办学特色的教育新途径。学校秉持"文化立校、品质强校、和谐建校"的管理理念,结合学校的区位优势,精心构想,努力打造"绿色品牌",下气力办好社会需要的好学校,办好百姓满意的好学校,为培养五育并举、有创新精神的社会建设人才打下扎实的发展基础。我们以三亚市推行品质课程建设为契机,依据教育部《关于全面深化课程改革落实立德树人根本任务的意见》《中共中央国务院关于深化教育教学改革全面提高义务教育质量的意见》《海南省义务教育地方课程和学校课程设置指导意见》等政策文件精神,推进我校的课程建设,成效喜人。

第一部分　学校课程哲学

融合我们的地方特色,学校为学生的健康成长量身打造丰富多彩的课程平台,让学生在这里快乐成长,度过自己难忘的童年。六年精心培育,六年任性挥洒,六年绿意盎然,学校执着地为学生的未来发展打上别样的人生底色。他们散发萃美因子,走上新的充满希望的成长之路。

一　学校教育哲学

结合学校实际以及对校情的思考,我们确立了"萃美教育"之哲学。我们认为,"萃美"是采众之英,集众之美,以助益成长,助力发展。萃美象征着生命的活力、学

习的快乐、成长的智慧、开放的视野、卓越的文化和明日的希望。在我们看来,"萃美教育"有其独特的内涵:

"萃美教育"是绿色教育。绿色原指生机盎然的生态环境之色,常被引申为生命和希望,绿色再进一步引申,可被视为健康旺盛的生命活力和可持续发展的象征。我们认为办一所绿色学校并不单指学校是绿色的,更是指激发师生生命活力,让学生接受绿色教育熏陶,将"自主管理、文化底蕴、社会实践"等核心素养落地生根,在学生的心田中播下一粒"绿色的种子",萌发明天的希望。

"萃美教育"是审美教育。我们开发建设与之相适应的课程,主要是在师生中、在校园里营造一种"绿色精神",这种精神包含"健康向上、热爱学习、崇尚科学、尊重自然、真诚友善"等美好的人生价值与个性品格。让学校的教育教学过程"培养全面发展的人",让"每一个儿童享受学校生活"。

"萃美教育"是环保教育。海南岛是一个生机勃勃的亚热带绿色岛屿,是闻名全国的健康岛,环境保护既是自然之义,又是社会责任。我们致力于环保教育,并以此指导学校的课程设置,开展课程活动。教授环保知识,在校园中建立浓烈环保氛围,确立环保、节约意识,建立一种自然和谐、优美优雅的教学生活环境;以环保评价建立全面质量观,开展多元评价与个性评价,尊重差异,营造自主管理环境,全面落实立德育人的绿色教育理念。

"萃美教育"是生长教育。我们为学生的成长精心规划,根据不同的年级段设计不同的个性发展目标,并精心记录他们的成长过程,用爱心去关注一片片绿色的小叶子怎样成为一棵大树,成为一座森林,记录、分享他们卓越生长的传奇故事。

基于对"萃美教育"之哲学的理解,我们确立自己的办学理念:让每一片叶子都萃美。由此,我们形成了如下教育信仰:

我们坚信,
学校是与美相遇的地方;
我们坚信,
教育是生命对生命的美学呈现;
我们坚信,
每一个孩子都是一片独特的叶子;

我们坚信，

教师是向美而生的引领者和示范者；

我们坚信，

让每一片叶子朝着萃美而生是教育最美的姿态。

二　学校课程理念

根据"萃美教育"之哲学，学校形成了"每一片叶子都朝着萃美而生"的课程理念。其具体内涵如下：

课程即自由呼吸。我们将课程视如雨露，施予雨露可以使"小叶子"呼吸到新鲜空气，吸收到有用养分，因此保持自由畅快的呼吸尤为重要。课程的意义，在于与时俱进，为学生提供即时新鲜的成长元素，满足学生学习发展的需要。我们不是拘泥于现有条件，而是努力创新课程思路，不是局限于现有资源，而是努力拓展资源利用空间，使课程时效性最新化、最大化。为学生提供最新资源，实现学生自由生长，是我们的不懈追求。

课程即个性发展。我们将课程视如阳光，播洒阳光可以使"小叶子"吸收到生长需要的光和热。学生的成长呈现出个性多样化的特点，秉性不同，天赋不一。因此课程开发为学生提供多元化的服务，满足学生个性发展的需要。为了实现这一目标，学校以课程统整为突破口，针对教育生活中小学生的求知兴趣、审美需求、解决问题的需要，建构响应小学生学习生活需要的生本课程，在课程建设中着重调用丰富多样的资源，满足小学生的求知愿望，鼓励学生的个性追求，促进学生的个性化发展。

课程即生活原色。我们将课程视如绿叶，育肥绿叶可以使"小叶子"自带生长器。自然、生活是最丰富的教科书，有取之不尽的知识之源，自然、生活是最生动的活教材，有用之不竭的成长经验。开发带有自然野趣、生活原味的课程，让学生走进自然、热爱自然，认识环保的积极意义并投身环保；让学生体验生活，从生活中来，到生活中去，在实践中接触生活的底色，领悟生活的真谛，感悟成长的艰辛与畅快，学会用生活的原色去描绘生活，从而获得成长所需要的经验与勇气。把自然、生活视为最好的课程，可以培育学生的自然情怀和生活情怀，培养学生的环保精神和生活自我管理能力，这对成长中的学生来说尤为重要，堪称成长亮点。

课程即生命美学。我们将课程视如枝叶,开枝散叶可以使"小叶子"茁壮成材。孩子是父母最好的原创,学生是老师最美的作品。培养什么样的人,不仅关乎我们的教育目标,也关乎我们的课程方向。课程开发实际上就是追求最接近生命本源的合理化教育。课程是有生命的,它把握学生需求,还原生命体验,欣赏生命的呼吸与生长;教育是有生命的,它热爱生命,通过对学生的引导和培育,欣赏生命的丰盈与饱满;生命是美好的,我们通过课程教育促进生命的成长,并欣赏生命成长过程中的活力与优雅。课程赋予了我们欣赏生命的新视角。

总之,我们以"萃美教育"作为课程建设的哲学底蕴,秉承"每一片叶子都朝着萃美而生"的课程理念,遵循"仁爱尚学,向美而生"的育人目标,"善教乐学,文化活力"的校风,"以人为本,尊重个性"的教风与"快乐学习,精彩成长"的学风。我们以打造"萃美教育"为目的,以改革创新为动力,以提高质量为核心,以科学发展为要求,以构建和谐为保障,坚持以人为本,走内涵发展、特色发展之路,深入实施素质教育,深化教育教学改革,提高教育教学质量。因此,基于对"萃美教育"的品质追求,我们建构"小叶子课程",让学生沐浴教育的灿烂阳光,感受课程的盎然绿意,立志于学,茁壮成长。

第二部分　学校课程目标

课程是学校教育的主要载体,是培养目标实现的主要内容和途径。"小叶子课程"是落实萃美教育思想的主要载体。结合小学阶段学生的年龄特点、三亚地域文化、自然生态教育指向,多种课程整合,学校从总目标到阶段性目标的分层递进,对"小叶子课程"目标进行规划。

一　育人目标

我们的育人目标是培养"仁爱尚学,向美而生"的萃美学子,使其生长为"懂仁爱,有礼貌;尚学习,勇探索;爱运动,勤健体;习才艺,扬个性"的小叶子,具体内涵如下:

懂仁爱,有礼貌:仁爱即宽容慈爱,是个人修养的外在彰显。中国具有五千年的文明史,素有"礼仪之邦"之称。作为萃美学子,应该有价值追求,要成为有理想、有道德、有礼貌的新一代的好少年,不仅要养成良好的生活习惯,待人处世要有谦虚的态度、容让的涵养,具备必要的处事条件,有正确的价值取向,树立正确的人生观价值观。

尚学习,勇探索:学习是人类自古以来获取知识和生存能力的重要手段,培养学生成为热爱生活,善于学习的人,具有探索精神的好品质,让学生有机会体验发现的乐趣,养成不屈不挠、敢于冒险、保持好奇、勇于创新的人生态度。

爱运动,勤健体:运动是一切生命的源泉。体育运动可以增强体质、增进健康及培养人的各种心理品质。让学生积极参加体育活动,把学生培养成为顽强的性格、超越自我的品质、迎接挑战的意志和承担风险的能力,有助于培养人的竞争意识、协作精神。

习才艺,扬个性:艺术活动最重要的是带给人审美快乐。从小培养和关注孩子的才艺兴趣,能够对孩子将来的学习和生活起到至关重要的作用。兴趣爱好可以开阔小学生的眼界,使他们胸襟豁达,朝气蓬勃,个性得到充分发展,精神境界高尚。

二 课程目标

我们将育人目标转化为学校课程目标,明确育人目标的低、中、高年级的具体要求(见表2-1)。

表2-1 三亚市第四小学"小叶子课程"分年级目标表

育人目标 \ 年级	低年级	中年级	高年级
懂仁爱 有礼貌	初步培养良好的学习及生活习惯。能遵守学校纪律,知道自己是集体中的一员,讲文明,懂礼貌,能与同学友好相处。	逐步建立起良好的学习及生活习惯。懂得最基本的做人的道理,自己的事情自己做,开朗自信,有责任心,懂得谦让,认真做好自己的事情,能与同学友好合作。形成爱国家、爱家乡的情感。	形成良好的学习和生活习惯。树立正确的人生观,有自信心、懂得安排自己的时间,开朗自信,有责任心。明辨是非,懂得感恩。正面对待挫折,积极向上。关心集体,乐于奉献,具有爱国家、爱家乡的情感。

续 表

育人目标＼年级	低年级	中年级	高年级
尚学习 勇探索	掌握低年级文化课程标准规定的要求,遵守课堂纪律,上课专心听讲,积极发言,喜欢阅读。初步养成仔细观察的习惯,愿意亲近大自然,喜欢动手制作。	掌握中年级文化课程标准规定的要求,逐步养成自主学习的好习惯。坚持阅读,会做读书笔记,对待事物有自己的观点。热爱大自然,喜欢动手制作,乐于尝试、探究、创新,相信自己。	掌握高年级文化课程标准规定的要求。能制定自己的学习计划,有良好的学习习惯及方法,善于思考,阅读名著。善于观察,善于动手制作,喜欢创新,思维活跃,敢于提出问题并解决问题。
爱运动 勤健体	养成健康的生活习惯。热爱体育运动,懂得列队,认真上好体育课。会玩1—2项体育类游戏活动。	养成健康的生活习惯,爱体育爱运动。基本掌握1—2项运动技能,如跳绳。积极参与各项实践体验类活动。通过国家体质健康测试。	养成健康的生活习惯。爱体育爱运动,形成协调、力量和耐力等良好的身体素质,掌握2—3项体育运动技能,如篮球、足球等。了解青春期的卫生保健,通过国家体质健康测试。
习才艺 扬个性	初步了解艺术基础型课程,参加乐器演奏、舞蹈、朗诵等艺术活动,培养学生的审美意识和艺术特长。	掌握艺术基础型课程,学习合唱,学习聆听名曲,体会艺术作品表达的情感。培养学生的审美意识和艺术特长。敢于表现自己,情绪饱满,乐于参加各项艺术活动和比赛。	立足于艺术基础型课程,体会艺术作品表达的情感。培养学生的审美意识和艺术特长。接触中外优秀作品,接受民族艺术熏陶情操,培养一项自己的艺术爱好,敢于表现自我。积极参加各项艺术活动和比赛。

第三部分 学校课程体系

为了实现我校育人目标,我们建构了"小叶子课程"体系。

一 课程逻辑

我们从学校实际情况与办学特色出发,根据学校的育人目标、课程目标、课程理念,构建符合第四小学办学特色素质教育课程,形成完整的"小叶子课程"体系(见图 2-1)。

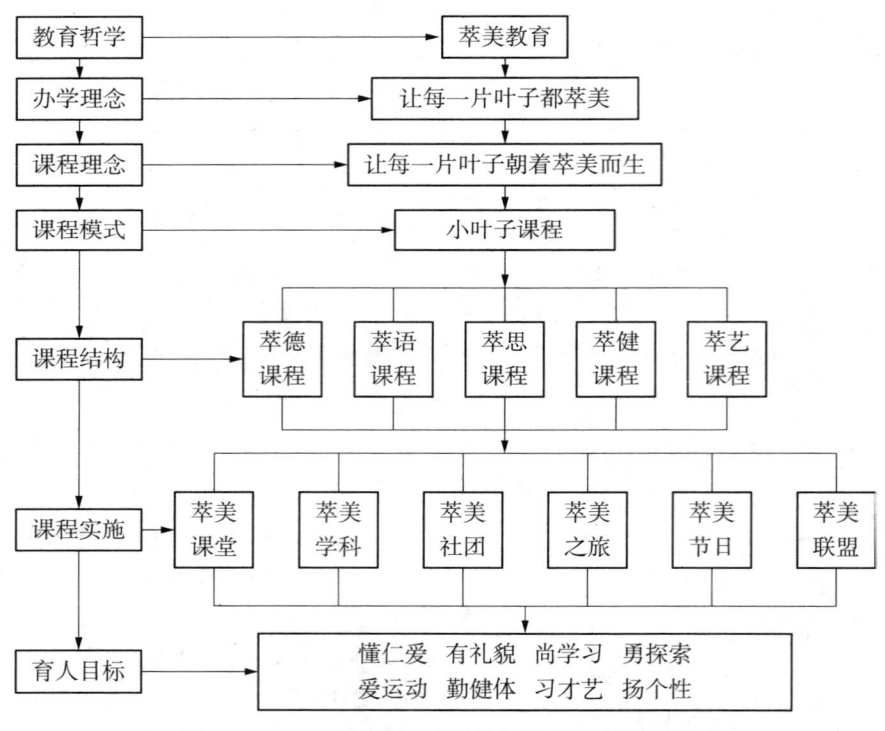

图 2-1 三亚市第四小学"小叶子课程"逻辑图

二 课程结构

依照加德纳的"多元智能"理论,我校从各学科的逻辑体系出发,关注教师的教与学生的学以及课程内容与社会需求的关系,以学生发展为核心,构建了"小叶子课程"体系,形成五大类课程群:萃德课程、萃语课程、萃思课程、萃健课程、萃艺课程。这五大类涉及多方面多维度,从办学理念、课程理念、育人目标到课程的设置都相互融合,相辅相成,共同促进学生的全面发展。让学生在校园的滋养中,快乐地学习,形成自我发展,成为一个具有健康人格的人。其结构如下(见图2-2)。

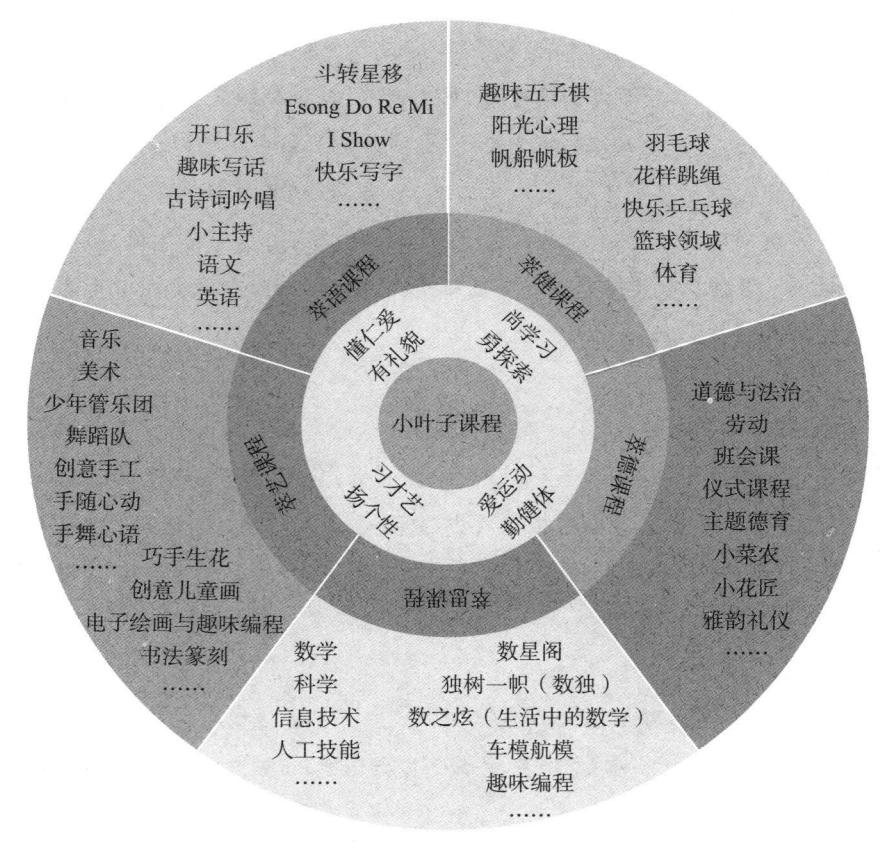

图2-2 三亚市第四小学"小叶子课程"结构图

上图中,各板块课程具体所指如下:

1. 萃德课程

指向社会与交往,展现学生的道德礼仪修养。旨在把学生培养成热爱祖国,懂得仁爱精神,讲文明、懂礼貌的学生。引导学生学会热爱生活、创造生活,在服务自我、他人和集体的行动中,学会关心、学会做人,主动探究,发展创新意识和实践能力。引导学生形成良好的品德和行为习惯,培养学生良好的公民道德素质和勇于探究的创新精神与实践能力,在充满探究与创造乐趣的童年生活中,为学会生活、学会做人打下基础。

2. 萃语课程

指向语言和表达,培养学生的沟通表达能力。鼓励学生自由表达,引导学生丰富语言积累,培养语感,发展思维,初步掌握学习的基本方法,培养良好的学习习惯,具有适应实际生活需要的阅读能力、写作能力、口语交际能力,促进学生和谐发展,使他们提高思想道德修养和审美情趣,逐步形成良好的个性和健全的人格。学生在实践中学习获得积极体验,形成对自然、社会、自我之间内在联系的整体知识,从中学会解决问题的方法,使学生发展良好的科学态度、创新精神和实践能力,具有良好的社会品质。重在培养学生的创新精神、创造能力,进而提高学生的动手能力和团队合作精神。

3. 萃思课程

指向逻辑和科学,挖掘学生的逻辑思维潜质,激发学生的创新探索潜能。充分挖掘每个学生的潜能,以促进学生素质的全面提升,使学生掌握必备的基础知识和基本技能,培养学生抽象思维和推理能力,促进学生在情感、态度与价值观等方面的发展。通过重视学生动手动脑亲身经历等实践活动,强化学生各方面的学习能力,塑造学生良好的科学态度,使学生的思维在碰撞中不断得到提升。

4. 萃健课程

指向运动和健康,彰显学生的蓬勃生命张力。学生通过运动产生丰富的生活体验,获得自身的发展。本课程旨在增强学生的体能,传授体育知识、技能,为学生终身体育奠定基础,它与其他学科相互配合,共同实现促进学生身心全面发展的目标。

5. 萃艺课程

指向艺术和审美,展示学生的艺术审美素养。本课程旨在以审美为核心,以兴趣为引导力,注重学生的个性发展。学生在听听、唱唱、看看、画画、想想、乐乐的审美体验中,感悟音乐和美术,净化心灵,培养学生对音乐和美术的兴趣与爱好,培养学生对美的鉴赏能力,提高审美的情趣和高尚的思想情操。通过创建多彩社团课程,提升学生的艺术审美能力,增强自信心,愿意表现,敢于表现,培养学生热爱祖国传统的优秀品质。

三 课程设置

基础型课程按照国家规定的课程计划开设。此外，我们从学校实际情况与办学特色出发，提供丰富而个性的课程，使学校课程结构更合理，学校特色更鲜明，开设了系列拓展型课程。我们设置分年级段课程如下（见表2-2）：

表2-2 三亚市第四小学"小叶子课程"设置表

年级	课程名称	萃德课程	萃语课程	萃思课程	萃艺课程	萃健课程
一年级	上	品德与生活 班会课（德育） 仪式课程（入学仪式） 主题德育 小菜农小班 小花匠小班 萃美研学 ……	语文 绘本阅读 快乐书吧 写字书法 英语 海南国际旅游岛少儿英语 英语演唱： Do Re Mi 写字书法 ……	数学 独树一帜（数独） 科学 ……	音乐 美术 巧手生花 ……	体育 健康教育 快乐乒乓球 羽毛球 花样跳绳 ……
	下	品德与生活 班会课 仪式课程（入队礼） 主题德育 小菜农小班 小花匠小班 ……	语文 写字书法 绘本阅读 快乐书吧 英语 海南国际旅游岛少儿英语 英语演唱： Do Re Mi ……	数学 独树一帜（数独） 科学 ……	音乐 美术 巧手生花 ……	体育 健康教育 快乐乒乓球 羽毛球 花样跳绳 ……

续 表

年级 / 课程名称		萃德课程	萃语课程	萃思课程	萃艺课程	萃健课程
二年级	上	班会课 仪式课程 主题德育 小菜农小班 小花匠小班 ……	语文 写字书法 趣味写话 绘本阅读 快乐书吧 古诗词吟唱 小主持 英语 海南国际旅游岛少儿英语 英语演唱： Do Re Mi……	数学 科学 独树一帜（数独） 数星阁 电子绘画与趣味编程……	音乐 美术 巧手生花 创意儿童画 少年管乐团 舞蹈队 手舞心语 （手势舞） ……	体育 健康教育 趣味五子棋 篮球领域 花样跳绳 快乐乒乓球 帆船帆板 ……
	下	品德与生活 班会课 仪式课程 主题德育 小菜农小班 小花匠小班 ……	语文 写字书法国学 趣味写话 绘本阅读 快乐书吧 古诗词吟唱 小主持 英语 海南国际旅游岛少儿英语 英语演唱： Do Re Mi……	数学 科学 独树一帜（数独） 数星阁 电子绘画与趣味编程……	音乐 美术 巧手生花 创意儿童画 少年管乐团 舞蹈队 手舞心语 （手势舞） ……	体育 健康教育 趣味五子棋 篮球领域 花样跳绳 快乐乒乓球 ……
三年级	上	道德与法治 班会课 仪式课（成长礼） 主题德育 小菜农大班 小花匠大班 雅韵礼仪 综合实践劳技 ……	语文 写字书法 斗转星移 古诗词吟唱 快乐写字 快乐书吧 小主持 开口乐 英语 I Show ……	数学 独树一帜（数独） 数星阁 科学 科学生态海洋 信息技术 电子绘画与趣味编程 车模航模	音乐 美术 创意手工 手随心动 巧手生花 书法篆刻 创意儿童画 少年管乐团 舞蹈队 手舞心语 （手势舞）	体育 健康教育 趣味五子棋 篮球领域 快乐乒乓球 帆船帆板 阳光心理

续 表

年级\课程名称		萃德课程	萃语课程	萃思课程	萃艺课程	萃健课程
	下	道德与法治 班会课 仪式课（成长礼） 主题德育 小菜农大班 小花匠大班 雅韵礼仪 综合实践劳技 ……	语文 写字书法 斗转星移 古诗词吟唱 快乐写字 快乐书吧 小主持 开口乐 英语 I Show ……	数学 独树一帜（数独） 数星阁 科学 科学生态海洋 信息技术 电子绘画与趣味编程 车模航模 ……	音乐 美术 创意手工 手随心动 巧手生花 书法篆刻 创意儿童画 少年管乐团 舞蹈队 手舞心语（手势舞） ……	体育 健康教育 趣味五子棋 篮球领域 快乐乒乓球 帆船帆板 阳光心理 ……
四年级	上	道德与法治 综合实践劳技 班会课 仪式课程（成长礼） 主题德育 小菜农大班 小花匠大班 雅韵礼仪 ……	语文 国学经典 写字书法 开口乐 斗转星移 古诗词吟唱 快乐书吧 快乐写字 小主持 英语 英语课本剧 I Show ……	数学 科学 科学生态海洋 信息技术 独树一帜（数独） 数之炫（生活中的数学） 电子绘画与趣味编程 车模航模 ……	音乐 美术 创意手工 手随心动 书法篆刻 创意儿童画 少年管乐团 舞蹈队 手舞心语（手势舞） ……	体育 健康教育 阳光心理 篮球领域 快乐乒乓球 帆船帆板 ……
	下	道德与法治 综合实践劳技 班会课 仪式课程（成长礼） 主题德育 小菜农大班 小花匠大班 雅韵礼仪 ……	语文 国学经典 写字书法 开口乐 斗转星移 古诗词吟唱 快乐书吧 快乐写字 小主持 英语 英语课本剧 I Show ……	数学 科学 科学生态海洋 信息技术 独树一帜（数独） 数之炫（生活中的数学） 电子绘画与趣味编程 车模航模 ……	音乐 美术 创意手工 手随心动 书法篆刻 创意儿童画 少年管乐团 舞蹈队 手舞心语（手势舞） ……	体育 健康教育 阳光心理 篮球领域 快乐乒乓球 帆船帆板 ……

续 表

年级 \ 课程名称		萃德课程	萃语课程	萃思课程	萃艺课程	萃健课程
五年级	上	道德与法治综合实践劳技 班会课 仪式课程（成长礼） 主题德育 小菜农大班 小花匠大班 雅韵礼仪 ……	语文 英语 国学经典 写字书法 开口乐 斗转星移 英语课本剧 I Show 古诗词吟唱 快乐写字 快乐书吧 小主持 ……	数学 科学 科学生态海洋 信息技术 独树一帜（数独） 数之炫（生活中的数学） 电子绘画与趣味编程 车模航模 ……	音乐 美术 创意手工 手随心动 书法篆刻 创意儿童画 少年管乐团 舞蹈队 手舞心语（手势舞） ……	体育 健康教育 阳光心理 篮球领域 快乐乒乓球 帆船帆板 ……
	下	道德与法治 综合实践劳技 班会课 仪式课程（成长礼） 主题德育 小菜农大班 小花匠大班 雅韵礼仪 ……	语文 英语 国学经典 写字书法 开口乐 斗转星移 英语课本剧 I Show 古诗词吟唱 快乐写字 快乐书吧 小主持 ……	数学 科学 信息技术 独树一帜（数独） 数之炫（生活中的数学） 电子绘画与趣味编程 车模航模 ……	音乐 美术 创意手工 手随心动 书法篆刻 创意儿童画 少年管乐团 舞蹈队 手舞心语（手势舞） ……	体育 健康教育 阳光心理 篮球领域 快乐乒乓球 帆船帆板 ……

续 表

课程名称 年级		萃德课程	萃语课程	萃思课程	萃艺课程	萃健课程
六年级	上	道德与法治 综合实践劳技 班会课 仪式课程（毕业礼） 主题德育 小菜农大班 小花匠大班 雅韵礼仪 ……	语文 英语 国学经典 写字书法 ……	数学 科学 信息技术 科学生态海洋 ……	音乐 美术 ……	体育 健康教育 ……
	下	道德与法治 综合实践劳技 班会课 仪式课程（毕业礼） 主题德育 ……	语文 英语 国学经典 写字书法 ……	数学 科学 信息技术 科学生态海洋 ……	音乐 美术 ……	体育 健康教育 ……

第四部分　学校课程实施与评价

学校从"萃美课堂""萃美学科""萃美社团""萃美之旅""萃美节日""萃美联盟"六个方面入手践行"萃美教育"，实施"小叶子课程"。通过课程评价对课程实施起着导向和质量监控的重要作用，让课程意识形态转化为老师和学生的行为，从而有效实现课程内在意义，进而凸显浓郁校园文化，提升学校办学品质。

一　建构"萃美课堂"，提升课程实施品质

课堂是育人的主阵地，是课程实施的主要方式。在"让每一片叶子朝着萃美而生"课程理念引领下,我校以建构"萃美课堂"为抓手,转变教师教育教学理念,改进学生学习方式,培养学生终身学习的能力,提升学科核心素养,使学生在基础课程中得到滋养,增长智慧。

(一)"萃美课堂"的实践操作

"萃美课堂"的实施推进,依托学科课程标准,立足"教"与"学",以学生学习活动为中心,充分发挥学生的主体地位,满足学生的求知欲。以评价手段为媒介,优化教学策略,通过多种方法培育学生学科素养,促进学生的发展,呈现课堂教学的真实性,体现教师教学的艺术性,实现高效课堂。

"萃美课堂"是扎实的课堂。课堂教学的目的,就是让学生获得知识技能,掌握学习方法,启发思维,形成学习能力。要达成这个目标,需要面向全体学生,让每一个孩子都能在课堂上扎扎实实地学到知识。

"萃美课堂"是激励的课堂。在课堂学习中,教师以欣赏、鼓励的目光看待学生一次次大胆的尝试,在激励引导的过程中,学生张扬个性,展现自我,智慧创造,激发学生朝着自己的梦想进发。

"萃美课堂"是灵动的课堂。课堂教学遵循儿童的天性,放飞孩子的心灵。解放学生,使学生真正成为学习的主人。让学生在灵动的课堂中交流、合作、探究,碰撞出思维的火花,并在思考中顿悟、升华。

"萃美课堂"是丰实的课堂。课堂要高效,一方面来自教师采用先学后教,问题导学的方式方法,另一方面要提前预设,灵活处理教学中生成的问题,并能合理转化成教学资源。

"萃美课堂"是真实的课堂。真实的课堂是生命成长的课堂,突出学生的主体地位,尊重学生的个性差异,因材施教。我们的课堂是不完美的,但一定是发展的,课堂要留足发展的空间,才能让学生的学习真实发生。

(二)"萃美课堂"的评价标准

根据"萃美课堂"的内涵特点,学校从教学设计、教学实施、教学效果、教师表现、教学特色等方面,制定"萃美课堂"评价标准,优化课堂教学,引导学生获得发展。具体评价标准如下(见表2-3):

表 2-3 "萃美课堂"教学评价表

评价项目		分值	评价要点	评价分数
教学设计 （10分）	教学目标	5	依据课标,结合学情;表述准确,内容具体;可操作,可评价;体现学科特点。	
	活动设计	5	内容选择合理,有利于目标达成; 问题设计恰当,有利于思维发展; 活动安排具体,有利于教学实施。	
教学实施 （40分）	教学组织	10	组织调控合理,限时讲授适当; 启发引导到位,教学秩序井然。	
	教学流程	10	思路清晰,层次清楚,衔接自然,科学合理。	
	教材处理	5	目标明确,突出重点,突破难点,整合教材,策略得当。	
	教学方法	5	采用先学后教,问题导学,合作学习等灵活多样的方式;体现信息技术与学科教学的融合。	
	教学机智	5	灵活处理教学中生成的问题,并能合理转化成教学资源。	
	教学评价	5	及时矫正,体现评价的激励性和发展性原则。	
教学效果 （20分）	学习状态	10	学生参与热烈,展示积极;兴趣浓厚,思维活跃。	
	目标达成	10	目标达成度较好,学习效率较高,教学效果良好。	
教师表现 （20分）	学科素养	5	教学理念先进,专业知识扎实,教学经验丰富。	
	教态仪表	5	仪表端庄,教态自然,和蔼亲切,举止文明。	
	板书设计	5	设计合理,重点突出;生动形象,书写美观。	
	操作能力	5	操作规范、准确、娴熟。	
教学特色 （10分）	特色创新	10	教学模式、教学设计、教学风格等有独到之处。	
总评				

二 建设"萃美学科",丰富学科课程内涵

"萃美学科"以学科基础课程为核心,贯彻"让每一片叶子朝着萃美而生"的课程理念,依据各学科课程标准要求,根据学生发展要求,对学科基础课程进行拓展,从而构建萃美课程群,帮助学生积淀学科知识,提升学科核心素养,提高学科学习能力,激发学生潜能与兴趣。

(一)"萃美学科"的建设路径

为了全面贯彻国家课程改革的精神,认真落实国家课程的新理念,注重培养学生良好的学科素养,切实有效地完成各学科的教学任务,凸显学校的文化特色,本校从办学水平实际出发,特制订本实施方案。各学科课程建构的模式是基础课程板块加拓展课程板块,拓展课程是基础课程的延伸,两者相辅相成,相得益彰,形成较为系统的学科课程群,体现课程形态的多样化,为学生提供多样的自主选择的学习平台,这是对以往传统课程理论与实践的重大突破。

"萃美学科"是将国家规定的基础课程和教师开发的拓展课程合在一起,形成"1＋X"学科课程群。"1"指的是一门基础课程,"X"指的是教师围绕基础课程自主开发的基于儿童需求,指向核心素养,突出学科特点的多门课程。

(1)"萃彩语文"课程群。学校结合小学生语文核心素养的培养目标,借助"萃彩语文"课程群,将学生引领到优秀传统文学的精神圣地。课程组依据课标,依托学情开发了丰富多样的语文课程群。

(2)"萃智数学"课程群。"萃智数学"是通过生活化、游戏化、实践化的手段,拓展数学的智趣空间。教学的形式、方法和途径是多元的、开放的,既有对数学史的探寻,又有对生活中数学的感知,让学生全方面感受数学的魅力。

(3)"萃灿英语"课程群。英语老师在教学过程中,发掘教材、生活中的素材以及相关的影像资源,通过由浅入深的方式,借助英语绘本、课本剧、英文歌曲演唱等平台,让孩子快乐学英语,成为明日最闪耀的一颗星。

(4)"萃健体育"课程群。"萃健体育"以学生健康成长为目标,让每一个学生都积极参与到体育活动中来。学生可根据自己的兴趣爱好选择体育项目训练,随时随地锻炼,培养自信,收获健康与快乐。

(5)"萃雅品德"课程群。"萃雅品德"通过班会课、仪式课程、主题德育、小菜农、小花匠、雅韵礼仪等课程,促进学生良好的品德形成,为学生认识社会、参与社

会、适应社会奠基,让学生成为具有爱心、责任心、良好行为习惯、举止优雅和个性品质的人。

根据学校教师特长,我校拟在语文、数学、英语、体育、品德等学科探索"1＋X"课程群(见表2-4)。

表2-4 "萃美学科"课程群设置表

学科课程群名称	目前计划开发的内容
萃彩语文	古诗词吟唱、开口乐、趣味写话、小主持、快乐写字
萃智数学	独树一帜(数独)、数星阁、数之炫(生活中的数学)
萃灿英语	斗转星移、Esong、Do Re Mi、I Show、快乐写
萃健体育	趣味五子棋、羽毛球、花样跳绳、快乐乒乓球、篮球
萃雅品德	班会课、仪式课程、主题德育、小菜农、小花匠、雅韵礼仪

(二)"萃美学科"评价要求

根据"萃美学科"的内涵特点,学校从课程纲要、教学方案、课程实施、课程效果等方面,制定"萃美学科"评价标准,具体评价标准如下(见表2-5):

表2-5 "萃美学科"课程评价量表

课程名称			任课教师			
评价项目	评价标准		分值			
			10—9分	8—7分	6—5分	4—1分
课程纲要(10分)	内容完整,包括课程名称、适用年级、课程简介、背景分析、课程目标、学习主题/活动安排、评价活动等。因地制宜,体现学校特色和学科特点。课程内容设计以学生为主体,富有活动性、趣味性。					
教学方案(20分)	目标内容	与课程纲要一致,依托学科素养,清晰可评,叙写规范。针对目标,整合已有的人力、物力、财力、时空、信息等资源。				

续 表

评价项目	评价标准	分值			
		10—9分	8—7分	6—5分	4—1分
课程实施（40分）	评价	评价任务设计与目标匹配,且镶嵌在教学过程中;教与学的方法选择与目标一致;环节设计有利于学生的主动学习。				
	学习目标	学生知道本课时的目标或任务,知道学什么,怎么学。				
	学习方式	具有多样化、适切性,学生能够经历听、说、做或演等多种学习方式。				
	学习活动	突出"在做中学""在研究中学",问题解决策略和过程清晰,学生参与度高。				
	学习评价	聚焦目标持续地实施多种评价方式,评价主体多元化。				
课程效果（30分）	学有所获	根据学生的听、说、做或演等情况判断,大多数学生学有所得。				
	学在过程	重视学生习得该知识与技能的过程与方法。让学生在活动中、体验中学有所得。				
	学得愉快	大多数学生表情愉悦,情绪良好,主动参与,积极性高。				
得分总评						

注:90分以上为"优秀",80—89分为"良好",60—79分为"合格"、60分以下为"不合格"。凡是合格以上等级的课程下学期才允许继续开设,"不合格"的课程需要重新修订。

三 创设"萃美社团",发展儿童兴趣爱好

社团课程是学校课堂教学的延伸,是学校文化建设的载体。学生不仅要学习更多的知识,更要多方面发展。为了丰富学生的课余生活,根据每个学生兴趣爱好的不同,学校开设了多种社团。考虑到我校学生的实际情况,大多数学生来自农民工子弟,很多学生没有拿得出手的特长,通过社团活动,有的学生能扎扎实实学到才艺,遇到机会展示的时候,他们敢于登台表现自己。"萃美社团"课程是满足孩子个性需求,发展孩子兴趣特长,实现孩子全面发展、阳光自信、快乐成长的重要平台。

(一)"萃美社团"的主要类型和实施路径

"萃美社团"分为"萃语课程""萃健课程""萃思课程""萃艺课程""萃德课程"五大类型,根据社团学科特点将社团分为语言类、艺术类、健康类、科技类、思维类、劳动类六大类。

(1)语言类社团包括小主持社团、古诗词吟唱社团、开口乐社团、英语话剧社团、英语歌曲社团等。

(2)艺术类社团包括少年管乐社团、舞蹈队社团、创意手工社团、手随心动社团、巧手生花社团、创意儿童画社团、电子绘画社团、书法篆刻社团等。

(3)健康类社团包括羽毛球社团、花样跳绳社团、快乐乒乓社团、篮球社团、趣味五子棋社团、帆船帆板社团、阳光心理社团等。

(4)科技类社团包括信息技术人工技能社团、趣味编程社团、车模航模社团等。

(5)思维类社团包括独树一帜社团、数星阁社团、数之炫社团等。

(6)劳动类社团包括小菜农社团、小花匠社团等。

社团课程采用跨年级走班上课的形式。每个周四下午是学校社团课开展的时间。实施过程如下:学校课程中心组成员指导学校老师们根据自己的兴趣特长,确定社团名称。由社团老师通过小程序发起招募信息,学生根据个人兴趣线上自主选择社团,再由社团辅导老师确定人数,组织学生参与社团活动,完成社团课程,记录成长轨迹。最后由课程组中心人员按课程类型分管监督指导。"萃美社团"以其思想性、知识性、趣味性、多样性的活动吸引学生积极参与。

(二)"萃美社团"的评价

"萃美社团"立足本校校情,结合学生学情,发挥教师特长引领。通过社团成员自评、社团成员互评、社团小组评、指导教师评、家长评,记录每一位学员的成长。学校从社团筹备、活动过程的监测、活动效果以及特色创新方面进行全方位、多角度的评价。确保学生活动的自主性、积极性得到提高,鼓励学生创新,力求活动的成效性,为推进素质教育发展,真正把社团办成学生的乐园,让社团成为孩子张扬个性的绚丽舞台,使社团活动的开设与发展成为学校的特色品牌。具体评价如下(见表2-6):

表2-6 "萃美社团"课程实施评价维度

评价维度	评价内容	评价标准	评价方式
社团筹备	社团主题	主题健康积极,课程资源丰富,准备充分。	1. 阶段性评价与过程性评价相结合。 2. 过程性评价:活动过程记录、活动成果展示。 3. 评价方式多元化:自评、互评、组评、师评、家长评相结合。 4. 社团成果展评,评出优秀社团,参加星级社团评比。
	活动方案		
活动过程	特长发展	积极参与社团活动,发展自我特长。	
	活动过程		
活动效果	社团学习成果	能形成自己的学习成果,积极参与社团成果展示交流。	
特色创新	活动亮点	社团成果展示有特色、有创新、有亮点。	

四 推行"萃美之旅",落实研学旅行课程

研学旅行是学校教育和校外教育相结合的创新形式,是教育教学的重要内容,是综合实践育人的有效途径。结合我校课程实际,通过"萃美之旅"研学活动,可以帮助学生体验不同的自然和人文环境,让学生在游中学、学中研、研中思、思中行,陶冶学生情操,提高学习兴趣,加深与自然和文化的亲近感,增加对集体生活方式和社会公共道德的体验,培养学生的人文底蕴、自理能力、创新精神、团队精神和实践能力,提高他们的社会责任感、创新精神和实践能力,为学生的终身发展打下坚实的基础。

(一)"萃美之旅"的课程内容

"萃美之旅"坚持以培养学生爱家乡、爱祖国的家国情怀和综合实践能力为核心进行课程设计。

(1)乡土乡情。三亚市是国际旅游城市,自然景观、人文景观丰富多样。有得天独厚的热带雨林自然资源以及特色的黎苗风情,以及海南千百年黎苗文化的发展土壤。学校可根据学生的年龄特点,组织学生到槟榔谷黎苗文化旅游区、黎寨中廖村、呀诺达热带雨林等研学基地,让学生饱览自然风光的同时,感受到新农村建设的自然美,以及独特的民族文化魅力,触摸鲜活的民族历史,还可以跟文化传承者面对面地交流。

（2）红色之旅。红色文化是三亚历史文化积淀极其重要的组成部分，承载着革命史迹与精神。这里红色资源丰富，如红色娘子军演艺公园、西岛女兵展览馆、梅山革命史馆、梅山烈士陵园等。学校可以组织学生到相关的红色基地开展研学活动，了解在艰苦条件下共产党员不屈不挠、英勇奋战的事迹。

（3）科技之光。我校通过寓教于乐方式，充分利用三亚市优质科技资源，开展相关主题的科技基地研学活动，如气象台、崖州科技城、南繁科普文化长廊、三亚水稻国家公园等，让学生近距离感受科技的魅力。

（4）阳光运动。三亚是一座魅力的旅游城市，享有"东方夏威夷"的美誉。阳光、沙滩、椰林、海韵成为三亚区别于其他城市的"别样风情"，形成了三亚发展体育产业的独特优势。一些国际体育赛事的举办成果亮眼，打开了三亚展示城市魅力的新窗口。学校可以组织学生到相关的体育赛事基地开展研学活动。如三亚湾路马拉松经典路线、海棠湾沙滩马拉松、半山半岛帆船比赛基地等，让学生穿越绿树婆娑的椰梦长廊，感受南中国的海岸风情以及海上运动的魅力。

通过旅游研学，学生近距离了解了三亚得天独厚的生态资源以及民族文化、革命历史，增强了守护绿水青山，共建美丽家园、传承文化的责任感和爱国主义精神。研学增强了青少年身体素质，让孩子们看到更加广阔的世界。

（二）"萃美之旅"的评价要求

（1）过程性评价。评价伴随课程实施的全过程。课程是以活动学习为主的体验式课程，教师需要关注活动中每个学生的表现，每一项任务完成后，教师可针对学生完成任务的情况，引导学生选择适合自己表达学习成果的方法。如通过画画、书法、习作、演讲、朗诵等方式表达自己研学体会。

（2）总结性评价。在研学任务完成之后，通过学生自评、同伴互评、教师评价等方式对每个学生的表现给予总体评价，最后形成学期综合评价，纳入学业报告单。除了针对学生个体的综合评价外，学校还有针对团体的评价，如评价团队合作的"快乐小分队"，以及指向个体单项的"创意小画家""诵诗小能手""十佳小作家"等专项评比。通过多元评价，激发学生参与"研学旅行"的积极性。具体评价如下（见表2-7）：

表2-7 "萃美之旅"的评价

评价内容		评价标准	评价结果		
			自评	互评	师评
时间观念	守时	按时集合、参观、乘车			
	出勤	不无故缺勤			
专注学习	学习态度	学习态度端正			
	学习准备	学习准备充足			
	学习过程	及时记录			
	合作学习	积极与组内成员展开合作学习			
	小组交流	与他人交流分享			
	学习收获	学习成果展示			
纪律意识	服从管理	服从组长管理			
	听从指挥	听从老师指挥			
	规范参观	按照安排有序参观			
文明礼仪	乘车	文明乘车			
	参观	文明参观			
	礼仪	注重礼仪规范			
	交往	和他人文明交往			
团队意识	组织	团队组织有效的活动			
	交流	小组内进行有效的交流			
	协作	团队内进行有效的协作			
	和谐	营造和谐的团队氛围			
	互助	主动帮助同学			

五 创意"萃美节日",浓郁课程实施氛围

学校是学生快乐成长的乐园,丰富多彩的校园文化活动,能展现学生自我,培养学生个性,发挥学生的主观能动性,陶冶学生情操,培养学生良好习惯,让学生感受到生活的仪式感,幸福快乐地成长。根据学生身心成长的阶段性需求,我校以"传统节日课程""现代节日课程""校园节日课程"为主题,搭建形式多样的学习平台,满足学生成长需求。通过节庆课程实践活动,促进学生在参与中获得体验,在活动中提升综合素质,涵养品格。

(一)"萃美节日"的具体操作

1. 传统节日课程

传统节日形式多样,内容丰富,是我们中华民族悠久的历史文化的一个组成部分,是对少年儿童进行思想政治教育的宝贵资源,具有较强的教化功能。深挖传统节日内涵建设,弘扬好节日文化,创新节日活动形式,发挥传统节日在思想政治教育中的功效,对少年儿童成长成才具有重大而深远的意义。我校"传统节日课程"设置如下(见表2-8):

表2-8 "萃美节日"之传统节日课程设置表

月份	节日	主题	活动
一月	春节	团圆情	包饺子、写对联、手抄报
一月	元宵节	思乡情	赏花灯、猜灯谜、手抄报
四月	清明节	思念情	祭英烈、手抄报、写征文
五月	端午节	爱国情	包粽子、念屈原、手抄报
八月	中秋节	民族情	手抄报、绘月亮、讲故事
九月	重阳节	敬老情	进社区、敬老人、献孝心

2. 现代节日课程

现代节日包含着人们对美好生活的寄托和希望,我们开展"现代节日课程",引导学生热爱生活,增强生活的仪式感。通过学生对节日相关主题活动内容的探究,拓宽学生的视野,增长见识,提高学习效率,培养学生自主、合作、探究发现的能力,提高学生的综合实践能力。我校"现代节日课程"设置如下(见表2-9):

表 2-9 "萃美节日"之现代节日课程设置表

月份	节日	主题	活动
一月	元旦	美好期盼	1. 布置班级、迎新年游艺会 2. 订下一个小小目标
三月	三八妇女节	尊重女性	1. 学习"赞美母亲、感恩母爱"的文章、诗歌 2. 为妈妈做一件力所能及的事
五月	劳动节	劳动最光荣	1. 我是社区服务小能手 2. 我是身边的劳动模范 3. 评选班级劳动小模范
六月	儿童节	我是优秀少先队员	1. 新少先队员入队仪式 2. 才艺展示
七月	建党节	拥党爱党	1. 学习党的历史 2. 学画党旗、党徽
九月	教师节	老师，您辛苦了	1. 手抄报评比 2. 说一句感谢老师的话
十月	国庆节	祖国妈妈我爱你	1. 爱国歌曲合唱比赛 2. 爱国主题征文活动
十一月	感恩节	学会感恩	1. 开展"感恩有你"主题班会 2. 为爱我的人做一件力所能及的事

3. 校园节日课程

校园节日是以学生的校园生活为依托的校园文化课程。"校园节日课程"充满仪式感、趣味性，能增强学生责任心和参与度。我校"校园节日课程"设置如下（见表 2-10）：

表 2-10 "萃美节日"之校园节日课程设置表

月份	节日	主题	活动
一月	心愿节	我有一个小心愿	1. 制作心愿卡 2. 收集心愿箱
三月	爱心节	我来学雷锋	1. "雷锋故事我来讲"故事会 2. 身边好人榜
四月	读书节	经典伴我成长	1. 每周一诗(词) 2. 阅读分享会 3. 经典片段剧表演、经典诵读汉字书写比赛
五月	环保节	我是环保小卫士	1. 垃圾分类我宣传 2. 节能减排我先行
六月	跳蚤节	我是小商人	将自己闲置的物品拿来义卖
九月	体育节	我是体育小健将	1. 花式跳绳比赛、足球、篮球班级联赛 2. 趣味运动会
十月	收获节	我是小小种植员	1. 展示种植的成果 2. 分享种植时的经验、心情
十二月	艺术节	我是艺术小明星	1. 合唱比赛、校园歌手大奖赛 2. 汉字书写比赛、美术书法作品展等各类比赛

(二)"萃美节日"的评价要求

"萃美节日"采用档案袋评定,即根据学生参与活动的态度、创新精神和实践能力的发展情况对学生、学习方法和研究方法、掌握情况设星级评比制,其评价结果放入学生成长记录袋内。具体评价维度如下(见表 2-11):

表2-11 "萃美节日"评价表

节日小天使		节日小分队	
	想一想,再涂色		议一议,再打分
参与星	☆☆☆☆☆☆☆☆	全程投入	
动手星	☆☆☆☆☆☆☆☆	实践能力	
创意星	☆☆☆☆☆☆☆☆	创造能力	
合作星	☆☆☆☆☆☆☆☆	合作能力	

六 共建"萃美联盟",推进家校共育课程

教育,不仅仅是学校的事,家庭和社会也应该承担相应的责任,只有家庭、学校、社会三者联合起来,才能形成合力,促进学生更好地发展。我校结合校情,通过建立家长学校共育课程,借助线上、线下交流平台,成立了家校共育"萃美联盟",旨在通过家校沟通、家校资源共享、家校共育建立优质、密切的家校关系,形成家校合力,促进学生健康成长。

(一)"萃美联盟"的实施过程

我校以家长学校为阵地,不断拓展家庭教育指导途径,通过以下七个途径来充分发挥家长学校的沟通职能。

(1)建立家长档案。跟踪研究家庭教育成功事例,探索家庭教育规律,指导家庭教育实践。

(2)开展家校互访。家访、校访是联系的重要途径,我们既倡导班主任主动到学生家上门了解情况,也设立了家长校访接待室,为家长到校了解学生情况、沟通解决教育问题提供方便。

(3)搭建网络平台,开辟家长园地。利用校园网站开辟家教专栏,将更多的家教经验、方法、体会传递给家长,班主任通过家长微信群,诚心诚意地和家长沟通。

(4)成立家委会。主要是以组织的形式使家长走进学校,关心、支持、参与教育,同时也使家长自身受到一定的教育。校家委会由校领导组成。校家委会主要负责学校、社会、家庭三方面结合的教育网的思想发动、组织落实、任务布置和效果检查。

(5) 定期召开家长研讨会。学校定期召开家长研讨会,家长代表们相互座谈交流学校教育和家庭教育中的成功做法及遇到的问题,进行经验介绍、个案分析,反馈学生的在校表现和在家表现,在学生的教育管理上形成共识。

(6) 设立家长开放日,开展家校联艺活动。如通过开展"家庭听课开放日""家庭运动会""争创五好家庭",参加"家庭知识竞赛""亲子诵读活动"等,密切家长与教师、家长与学校之间的关系,形成家长学校生动活泼的办学风格,而且还能使家长在活动中发现各自孩子的特长和闪光点,全方位认识学校教育成果,转变家庭教育观念,形成现代教育的家教氛围。

(7) 成立爱心家长志愿者护学岗。为进一步建立起维护校园安全稳定的长效机制,确保师生安全和学校稳定,促进学校教育事业持续、快速、健康、协调发展,学校成立爱心家长志愿者护学岗,发挥家长的力量,使他们参与创建安全、和谐的校园环境,让学校、社会、家庭、学生成为校园安全共同体,组成一张牢不可破的安全防护网,共同为所有家庭的幸福保驾护航。

(二)"萃美联盟"的评价内容

学校还建立了考核、评比、奖励和结业等制度。考核以"合格家长考核表"为依据。合格者发给"家长学校结业证书",在合格家长考核的基础上,评比优秀学员和"萃美家长",并进行各种形式的奖励。具体评价维度如下(见表2-12):

表2-12 "萃美联盟"评价表

项目	评价标准	评价分数
家长委员会建设 (30分)	参与学校管理。参与学校每项重大决策;督查学校重要工作的落实情况;积极宣传学校的办学思想、教育目标和教育成果。促进学校与社会沟通,丰富学校教育资源。	
	家长参与学校的民主决策,提出改进意见与建议,学校积极反馈并对合理的建议予以采纳。	
家校合作活动 (40分)	积极参加各级各类家庭教育培训、家庭教育大讲堂等活动。	
	积极参加家校合作活动,如家长开放日、家长会、家长论坛、家教活动、志愿者活动、亲子活动、家教展览活动。	

续　表

项目	评价标准	评价分数
家校合作效果（30分）	家长乐于参与学校的教育教学管理，积极参加学校教学开放日、教学节等活动，定期主动与班主任交流，配合班主任开展班级管理工作。	
	家长积极参与学校建设，为学校课程建设、活动等提供场所、服务、支撑，促进学校特色化发展。	

注：90分以上为优秀，80分合格。

总之，"萃美教育"作为学校的教育哲学，应融汇在学校课程建设的各个层面，引领课程建设，引领教师发展，引领学校文化。坚持以学生的发展为本，深入实施素质教育，充分利用学校和社会的课程资源，优化课程结构，全面体现办学理念的特色教育体系。

学校召开主题会议，从中层到学科组分层引领教师学习解读并领会"萃美教育"的精神内涵和"让每一片叶子朝着萃美而生"的课程理念，以各教研组为单位，结合学科特点，进行文化辐射，开发"小叶子课程"体系，建构"萃美课堂"模型。健全课程开发管理机制，制定课程项目实施办法、教师课程培训制度、教师课程申报、审议、更新、评价制度和学生选课、考核制度等，保障课程的良性运转和课程质量的不断提高。

（撰稿者：蔡英蕾、陈瑞玲、蓝慧娇、林丽燕、万丽丽、赵晶）

第三章　活动的境脉性

◇

　　构建有主题、有逻辑、有连续性的脉络化情境,促进深度学习的发生,是学校课程深度实施的重要表征。基于境脉的学习,本质上是学习者内部世界与外部世界发生意义,建立相应的联系,从而建构自己新的知识结构。活动的境脉性促进策略有情境创设策略、活动驱动策略、深度参与策略、资源整合策略、激励评价策略等。

在境脉活动中,学生处在一个立体网络的时空世界中,既存在空间上的"情境"要素,也有时间上的持续性的特征。因此,活动的境脉性是指在课程实施过程中,以一连串的有逻辑主线的、有推进序列的情境活动为脉络,并由此展开的教与学的活动。我们认为,境脉活动需要构建有主题、有逻辑、有连续性的脉络化情境,从而实现学生主动地、建构地在情境中学,在做中学,在学中做,从而促进深度学习的发生。

一、何谓活动的境脉性

境脉活动以学生的先验为起点,创设真实的情境,以任务和问题驱动,并通过学习活动产生师生、生生之间的有序交流及有效互动,境脉活动集自主式、情境式、探究式、合作式学习为一体。

我们根据学情和学习目标、学习内容等诸多的学习要素,引导学生在文化性、社会性、伦理性的活动中主动建构经验,在这个过程中境脉活动呈现出三个方面的特征:一是知识具有系统性。每个学生都具有原有的知识基础、认知水平,只有站在学生的原有起点上,创设符合学生认知当中的"境",学生在处理新的信息或知识时,才能与内部世界发生意义。境脉的活动性重视对学习者现有知识结构、学习动机、学习兴趣的分析,重视知识间的联结衔接与层层递进。二是活动具有情境性。即活动过程必须创设真实的情境,如个体的先验情境、环境的资源情境、群体的爱好情境、文本的文化情境,并根据情境制订相应的活动目标、活动准备、活动过程、活动延伸和评价活动的成果。三是活动的互动性、主动性。教师是学习活动的设计者、组织者和引领者。在境脉活动中,教师提供了学习活动的环境、活动条件和活动任务,学生根据任务选择适合解决任务的伙伴或成立学习小组,在知识内化中碰撞出思维的火花,化被动学习为主动学习。在这个情境中,师生、生生之间进行深度对话,促进了学习的对话性与交互性。

我们认为,由于活动的境脉性强调为学习者创设真实的学习情境,多样化的真实任务,使学生通过实践活动在"做中学",因此它是发展学生核心素养的一种重要途径;同时,由于在活动中注重学生的表达、合作、探索、反思等过程,学习者在参与活动的过程中主动地完成知识的构建;在境脉活动中,教师从学习者的兴趣角度出发构建知识体系,并不断丰富教学手段,这会提高学生的学习热情和积极性,从而营造出轻松活跃的教学氛围,促进活动的有效发生;境脉活动以学生为中心研究活动的过程,因此它注重学生的个体发展,也让学生在活动中学会学习、学会认知,从而成就终身学习。

二、活动的境脉性促进策略

基于境脉的学习,本质上是学习者内部世界与外部世界发生意义,建立相应的联系,从而建构自己新的知识结构。结构是由关系来联结的,整体理解知识间的关系是基于境脉学习的核心,因此在理论整合的基础上,我们认为活动的境脉性促进策略有:情境创设策略、活动驱动策略、深度参与策略、资源整合策略、激励评价策略。通过五大策略促进活动的有效开展和深度推进,学习就在"整体把握学习的全部情境"下发生建构意义的正向变化。

(一) 情境创设策略

课程是一种"境",学习活动也是一种"境"。著名教育学家杜威认为"思维起源于直接经验的情境"。[1] 李吉林也曾强调:"'情境教育'之'情境'是'有情之境',是'活动之境',是一个有情有趣的网络式的师生之间的广阔空间。它将教育、教学内容镶嵌在一个多姿多彩的大背景中。这是促使儿童能动地活动于其中的环境。"[2]学习者所掌握的知识是在情境中构建的,社会(生活)是在情境中显现意义,回归人的本质的。所以情境对于学习活动十分重要,因为知识源于生活,最终也将运用于生活。活动的境脉性强调构建真实的、源于生活经验的真实性场景,这种场景要根据学生的年龄特点、生活经验、学科特色、活动要求等,利用各种教学手段巧妙创设情境,激发学生的学习兴趣和情感体验,让学生在轻松愉快、民主和谐的情境中,化被动学习为主动学习。

(二) 活动驱动策略

所谓的活动驱动策略就是在创设了一定真实的教学情境后,学生在教师的指

---

[1] 孔凡成.情境教学研究的发展趋势[J].教育评论,2005(1):45—48.
[2] 李吉林.情境教育的诗篇[M].北京:高等教育出版社,2004:191.

导下,他们或自主或协同,紧紧围绕一个共同的任务展开实践活动。这种具有目标性和实景性的任务活动,能让学生不断深入探索知识的某一个领域,在这个过程中,学生的求知欲望会被激发,学生在活动中掌握学法,培养自主探索、勇于开拓的能力。

(三)深度参与策略

学生在学习活动过程中,由于处理信息的能力不同,会呈现出浅层和深层的差别。浅层学习策略是机械的、符号化的、偏重记忆的、脱离生活情境的,学生的学习是被动的。而深度参与策略就是让学生深度参与到教师创设的情境之中,深刻理解领悟所学的知识,并激发学生积极的情感体验。要促进学生的深度参与,我们要构建以学生先验为起点的文化情境,重视学生在新的文化情境当中的理解与运用情况;同时充分保障学生在活动探究过程中主体地位的呈现,让学生在主动参与中,高认知、高情感、高意志地投入学习当中;除此之外通过师生、生生合作探究等方式解决情境式问题,也能促使学生积极主动地参与活动中,从而保证学习的深度开展;从学生在活动过程中的情感体验来看,深度参与策略伴随着积极情感体验的教学,所以在境脉活动中,我们主张将学生对知识的理解与迁移能力与活动中的情感体验相关联,以达到文化"育人"的目标。

(四)资源整合策略

在课程实施过程中,学生的知识不仅仅来自校园、课堂和课本,它可能来自书本、社区、自然、社会等方方面面。因此资源整合策略即依托学科的优势,整合活动资源,积极拓展学生活动的外延空间,让学生在自然、社会、生活中去观察,去体验,这样既开阔学生的视野,为学生提供了更广阔的发展空间,也能使课程文化真正丰富起来。

(五)激励评价策略

人的一切行动都是由某种动机引起的,动机是一种精神状态,它对人的行动起到激发、推动、加强的作用。在境脉活动中,教师要注意激励学生参与活动的积极性,这需要教师关注学生的表现,及时肯定学生的进步,鼓励学生大胆尝试,自信表现。通过激励,促使学生自我分析自我总结,促进其主动地进行能力的拓展运用,构建新的学习思维脉络。

活动的境脉性主张为学生创设一个真实的情境,充分开展以工具为媒介的活动,让学生在情境中,与符号对话,与自己对话,与同伴对话,与老师对话,在一定层面,它拓展了个体的"边界",拓宽了学习的场景,使课程内容更加丰富多彩,形式多样。

(撰稿者:李永菊)

深度创意 **七彩光课程:向着阳光奔跑**

三亚市实验小学始建于1992年,是三亚市小学教育的窗口学校。学校地处三亚湾畔,坐拥阳光、沙滩、海韵、椰风。学校历任领导本着"团结、勤奋、求实、开拓"的校训,引领着一支朝气蓬勃、意气风发的精干团队,传承发展,推陈出新,勤勤恳恳开拓,兢兢业业办学,在现代化、规范化办学的道路上迈出了坚实的步伐。学校现有39个教学班,学生2052人,教职工115人。在全体教职工的努力下,学校的教学质量、教研成果、文化建设、课程改革等都取得了长足的进步,先后获得省教育现代化学校、海南省规范化学校、海南省美育示范校、全国足球特色学校等多项荣誉称号,成了三亚教育的一颗璀璨的明珠,得到社会各界的认可。为了保障课程改革的顺利实施,建构学校独特的课程模式,促进学生全面发展和特长发展,落实立德树人的根本任务,我们根据《中共中央国务院关于深化教育教学改革全面提高义务教育质量的意见》和教育部《关于全面深化课程改革落实立德树人根本任务的意见》,推进学校课程深度实施,成效显著。

第一部分 学校课程哲学

学校教育哲学是学校活动的灵魂,是学校行为的先导,它支配着学校的规章制度、组织结构、战略决策等,学校运行的每一环节、每一层次无不渗透着本校的教育哲学。

一 学校教育哲学

地处三亚湾的三亚市实验小学,背靠海岸线,尽享温煦阳光。独特的地理环境以及人文历史赋予了我校得天独厚的办学特色。在这里,我们用阳光培育生命,用热情期待未来,用温暖传递知识,用智慧启迪心灵,由此,我校的教育哲学是"阳光教育"。

"阳光教育"鼓励每个孩子走进阳光,在充满尊重、理解、赏识和激励的氛围得到熏陶;它倡导教师面向全体学生,顺从天性、承认差异、追求阳光、宽容失败,引导学生相信自己、鼓励自己、超越自己;它尊重每个学生的生命特质,挖掘每个学生的潜能,用真爱和真知为学生的幸福人生奠定基础。

"阳光教育"的核心要义可以概括为两点:一是让学生吸收"阳光",自由发展,成为有独立人格的人;二是让学生抑制"黑暗",规范发展,成为有健全个性的人。

总之,"阳光教育",充满诗意与温暖,蕴含力量与希望,象征生机与多彩,彰显自信与包容,诠释师爱与责任,代表美好与理想,"阳光教育"是个性的、快乐的、健康的教育。我校将以阳光教育为核心,秉承"让每一个孩子阳光灿烂"的办学理念,以"培育学生,成就教师,发展学校"为办学愿景,构建和谐奋进的校园氛围。在"阳光教育"下,让每一个孩子积极向上,放飞心中的梦想,开启未来的美好人生。

我们的教育信条——

我们坚信,

教育是阳光的事业;

我们坚信,

学校是激情燃烧的地方;

我们坚信,

教育让每一个生命绽放光彩;

我们坚信,

每一个孩子都应沐浴在阳光之中;

我们坚信,

向着阳光奔跑是学校教育最美的姿态;

我们坚信,

让每一个孩子阳光灿烂是教育的神圣使命。

二 课程理念

根据"阳光教育"之哲学,我校提出了"向着阳光奔跑"的课程理念。我们期待,以学校课程培养阳光灿烂的少年,提升学生的核心素养。在我们看来:

课程即成长方向。阳光的核心价值是八个字:温暖、光明、活泼、自信。通过课程学习,引领广大师生成长为正直、正义、正气、传播正能量的人,做到处世有风范,待人有胸襟。因此,我校致力于办有活力的教育,培养活泼健康的儿童,帮助他们自信地成长。尊敬老师,团结同学,爱班爱校爱家,在品德上做阳光少年;端正学习态度,提高学习成绩,在学习上做阳光少年;阅读欣赏优秀的书籍,拓宽自己的知识面,在内涵上做阳光少年。

课程即精神灿烂。课程是美好的荟萃。它通过有效的实施,让每一位参与课程的师生享受课程带来的愉悦、活力和美好。在实施过程中,每一位老师要每时每刻以文明的仪表影响学生,以广博的知识引导学生,以高尚的人格感染学生,以博大的胸怀关爱学生,不忘初心,以爱为源,携一缕阳光,用生命培育生命,用爱心滋养爱心,用温暖传递温暖,用智慧启迪智慧,从而让教师精神丰富起来,灿烂起来,成为阳光的教育者。学生也因为参与到课程活动之中,同学之间相互合作、探究、实践,丰富了学生的精神生活,增进了身心健康。

课程即内在生长。杜威说:教育即生长,生长就是目的,在生长之外别无目的。"教育即生长"言简意赅地道出了教育的本义,就是要使每个人的天性和与生俱来的能力得到健康生长。学校课程不仅仅局限于知识、技能的掌握,更重要的是注重心灵的和谐和沟通,它触及生命,充盈精神,构建人生。懂得了"课程即生长"的道理,我们也就清楚了教育应该做什么事。例如智育是要发展好奇心和理性思考的能力,而不是灌输知识;德育是要鼓励崇高的精神追求,而不是灌输规范;美育是要培育丰富的灵魂,而不是灌输技艺。教育者和受教育者是相生相助的生命结合体,教育者是发光体,受教育者同样是放光体,学校师生在课程的实施过程中交互生辉,共同生长。

课程即自由奔跑。课程要促进每一个孩子向阳而生,尊重孩子个性并且发展其个性。培养学生个性发展的过程具有重复性和渐进性,需要我们教师了解学生个性差异,尊重其特点并给予充分的耐心进行引导。所以在课程设置上要正确对待差异,实施分层教学,全面观察和分析每个学生,关注个体差异,灵活构建课程体系。教育的根本问题就是促进人的全面发展,人的全面发展学说是马克思主义的重要组成部分。促进学生个性全面发展就要在思想上真正尊重学生的独特性,在实践课程中发展和完善学生个性,从而培养出具有独立个性的新人。

总之,依据学校教育哲学,我们将学校课程模式命名为"七彩光课程",我们期望通过多样化的课程设置,为学生的成长提供适合个性发展的课程体系,让师生在课程变革过程中变得更加阳光灿烂。

第二部分 学校课程目标

富有学校特色的课程体系都是围绕学校育人目标来展开,尤其是学校课程在发展学校特色,促进学校内涵发展,提升学校文化形象和品位,培养有个性有特点的学生品性方面具有基础性的作用。

一 育人目标

我校致力于培养具有"阳光品性、阳光体魄、阳光智慧、阳光生活"的"阳光少年",这是学校的育人目标。具体内涵如下(见图3-1):

阳光品性:热爱祖国,团结友爱,人格健全。

阳光体魄:热爱运动,乐观开朗,积极进取。

阳光智慧:热爱学习,兴趣广泛,勤学好问。

阳光生活:热爱劳动,懂得审美,乐于分享。

图3-1 三亚市实验小学"七彩光课程"育人目标图

二 课程目标

为了达成我们的课程愿景,凸显学生课程需求,满足学生自主发展,鼓励学生充分参与,我们结合学生年龄差异,将课程目标划分为低中高三个层级的内容(见表3-1)。

表3-1 三亚市实验小学"七彩光课程"各年级课程目标

育人目标＼年级	低年级	中年级	高年级
阳光品性	1. 能遵守学校纪律。 2. 讲文明懂礼貌;会用"谢谢、请"等礼貌用语,不乱扔垃圾,见到垃圾自觉捡起来。 3. 主动亲近同伴;不打架,不骂人。 4. 主动向师长问好,主动帮父母做力所能及的家务。 5. 诚实守信,敢于表达内心感受。	1. 举止文明,坚守传统道德准则。 2. 与同学老师和睦相处,尊重他人,关心集体,热爱集体。 3. 会和他人沟通。 4. 能主动与他人友好合作。	1. 每周给自己定下小目标,主动反思自己的言行举止。 2. 能站在他人立场理解问题;学会理性思考,批判性地对待问题。 3. 善交朋友,孝敬父母。 4. 会感恩、能包容、善纳新、敢担当,具有积极向上的人生态度。
阳光体魄	1. 积极、愉快地上体育课和参加课外体育活动。 2. 知道所学运动项目或体育游戏的名称或动作术语,体验运动过程,并初步了解一些运动现象。 3. 初步了解饮食、用眼、口腔卫生等个人卫	1. 乐于参加新的体育活动、体育游戏和比赛。 2. 了解一些奥林匹克运动,完成多种基本身体活动动作,初步掌握多种体育活动方法,基本掌握体育活动、比赛和日常生活中的安全常识,表现出主动规避运动伤害和危险的意识	1. 认识到适当的体育活动是一种有效的积极性休息方式并付诸实践,感受体育活动和比赛中的乐趣,获得成功的体验。 2. 增加对奥林匹克运动知识的了解,了解多种运动项目的名称及其基本的健身价值,初

续 表

年级 育人目标	低年级	中年级	高年级
	生常识,知道正确的身体姿态,在日常生活和运动中注意保持正确的身体姿态,完成多种柔韧性练习、发展户外运动能力。 4. 认真完成体育学习和锻炼任务,体验体育活动中的情绪变化,在新的合作环境中愉快地进行体育活动和体育游戏,与同学友好相处,在体育活动中表现出对同学的关心与爱护,乐于帮助同学。	和行为。 3. 了解近视眼预防、食品卫生、主要营养的作用等有关知识、初步了解一些疾病的危害和预防知识,注意保持良好的体形,矫正不正确的身体姿势,了解体能的构成,通过多种练习发展柔韧性、灵敏性、速度、力量,适应寒暑、燥湿等气候变化。 4. 在有一定困难的体育学习和锻炼中坚持完成任务,在体育活动中保持高昂的情绪,主动与同伴进行交流与合作,初步了解体育道德,并注意规范自己的体育行为。	步具有自主学习、合作学习和探究学习的能力,经常观看现场或电视实况转播的体育比赛。 3. 知道运动系统的基本构成,了解一些疾病预防的基本知识和方法,了解食品安全的基本知识,了解青春期的生长发育特点及保健常识,保持良好的身体姿态,通过多种练习提高灵敏性、力量水平、速度水平,发展心肺耐力。 4. 在比较困难的体育活动中表现出自信和克服困难的勇气,正确认识自己及他人的身体条件和运动能力,在体育活动中遇到挫折能注意控制自己的情绪,乐意融入团队体育活动并完成自己的任务,对体育道德具有一定的认识并能努力实践,正确对待体育活动中的相对较弱者。

续 表

育人目标＼年级	低年级	中年级	高年级
阳光智慧	1. 热爱学习,掌握低年段文化课程标准规定的要求。 2. 养成良好的学习习惯。兴趣广泛,乐于探索自己的兴趣。课堂上能主动思考,发言积极。	1. 掌握中年级文化课程标准规定的要求。 2. 有良好的学习习惯。 3. 有自己的兴趣与爱好,能合理安排学习时间。 4. 坚持阅读,会做读书笔记。	1. 掌握高年级文化课程标准规定的要求。 2. 学习习惯良好。 3. 有浓厚的学习兴趣,能制定自己的学习计划。 4. 能熟练地将所学知识运用于实践,能自己探究感兴趣的问题。
阳光生活	1. 热爱劳动,积极参与班级卫生管理。 2. 懂得审美,对生活有强烈的好奇心,有一双发现美的眼睛。 3. 乐于分享,愿意与他人分享物品。	1. 热爱劳动,自觉参与劳动,不怕脏不怕累。 2. 通过各种方式了解生活,了解自然,有强烈的好奇心。 3. 乐于与他人分享物品或情绪。	1. 热爱劳动,自觉参与劳动,不怕脏不怕累。 2. 对自然生活中的新奇事物有强烈的探究欲望。能用科学的方式发现生活的美。 3. 乐于分享物品、情绪以及各种学习方法、生活技能等。

第三部分 学校课程体系

我校以"七彩光课程"为抓手,致力于培养具有"阳光品性、阳光体魄、阳光智慧、阳光生活"的阳光少年,并建构了"七彩光课程"课程体系。

一 学校课程逻辑

为了实施"阳光教育",我校结合校情实际,坚持理念创新,逐步构建起独具特色的"七彩光课程"体系,包含"红、橙、黄、绿、青、蓝、紫"七色系具体课程,通过"阳光课堂""阳光学科""阳光社团""阳光之旅""阳光空间""阳光晒艺""阳光整合""阳光节日"等八大途径实施,以实现培养具有"阳光品性、阳光体魄、阳光智慧、阳光生活"的阳光少年的育人目标(见图3-2)。

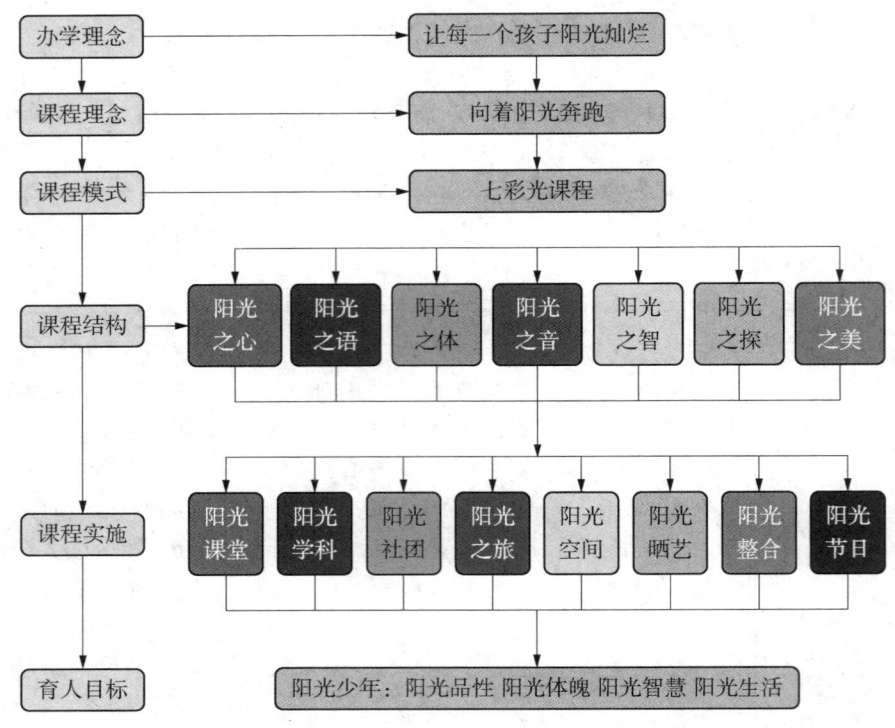

图3-2 三亚市实验小学"七彩光课程"逻辑图

二 学校课程结构

"七彩光课程"尊重每一个孩子,尊重学生的个性发展和独特体验,为每一个孩子设立了"红、橙、黄、绿、青、蓝、紫"七大色系具体课程,分为七大类(见图3-3):自我与社会(阳光之心课程)、语言与表达(阳光之语课程)、运动与健康(阳光之体课程)、音乐与旋律(阳光之音课程)、数学与逻辑(阳光之智课程)、科学与探索(阳光之探课程)、空间与想象(阳光之美课程)。

图3-3 三亚市实验小学"七彩光课程"结构图

上图中,各领域课程如下:

(1)红色课程:自我与社会课程。自我与社会课程是在小学各年级开设的,以学生生活为基础、以学生良好品德形成为核心,促进学生社会性发展的综合课程。包含以下课程:学科课程、入学课程、专教课程、弟子规、三字经、德行天下、指点迷津、节日课程、毕业感恩季……

(2)橙色课程:语言与表达课程。语言与表达课程是在小学各年级开设的,以培养学生的语言表达能力为核心目的,让学生更快更好地积累规范语言表达方式、方法,为语言表达奠定坚实基础的课程。包含以下课程:学科课程、阳光阅读、快乐英语、经典诵读、字母王国、趣味识字、妙语连珠、故事比拼、小主持人、我写我心、快乐字母歌、童声朗诵、趣味英语、英语演讲、英语作文大比拼、口语天天练、走进三亚诗词、狂风暴语、原味英语、畅游海南……

109

(3) 黄色课程：运动与健康课程。运动与健康课程在每个年级都开设，注重激发学生的运动兴趣，引导学生掌握体育与健康基础知识、基本技能和方法，增强学生的体能，培养学生坚强的意志品质、合作精神和交往能力等，为学生终身参加体育锻炼奠定基础，促进学生健康、全面发展。包含以下课程：学科课程、健康课程、绿茵足球、乒乓小将、飞扬羽社、炫彩绳艺、趣味沙包、腾跃翻飞、田径健将、接力争霸赛、跳远……

(4) 绿色课程：音乐与旋律课程。音乐与旋律课程在小学各年级开设，目的是陶冶学生的情操，发展他们的多种能力，感受音乐的魅力，从而能够更好地挖掘出学生音乐方面的潜能。包含以下课程：电子琴、天涯之声、音乐鉴赏、小小合唱团、民歌民谣、轻舞飞扬、竹竿舞、酷鹿街舞、吹音袅袅、童声合唱、动感啦啦操……

(5) 青色课程：数学与逻辑课程。数学与逻辑课程是在小学各年级开设的，主要是综合学生的生活经历与教学内容，帮助学生正确理解数学知识，同时培养学生的情感态度与逻辑思维能力，满足学习的需求，为培养学生终身可持续发展的学习力奠定基础。包含以下课程：学科课程、课前口算、趣味数学、珠心算、乘法口诀比拼、魔法数学、玩转数学、数学文化、数学日记、九阶数独……

(6) 蓝色课程：科学与探索课程。科学与探索课程在小学各年级开设，以培养学生广阔、灵活、敏捷的思维能力，以开拓孩子的智慧为目的，让学生通过课程的学习，成为动手能力强，敢于探索，勇于实现自己想法的小创客。包含以下课程：学科课程、车模、航模、科学实验室、趣味编程、探索机器人、异想天开、创客课程、七彩信息、甜心食客、多彩三亚、种子培育……

(7) 紫色课程：空间与想象课程。空间与美术课程在小学各年级开设，是一种审美教育，对促进学生全面发展具有不可替代的作用，主要通过丰富多彩的艺术教育活动培养学生的创造能力，使小学生在创造艺术形式和美的感受过程中获得美感体验。包含以下课程：学科课程、翰墨飘香、线描绘画、手工制作、三亚之叶、美妙涂鸦、趣味乐高……

三　学校课程设置

学校遵循从一至六年级阶梯式上升的原则，根据不同学生的需求，设置学科课程和拓展活动课程，将"七彩光课程"目标融入国家、地方和校本三级课程之中（见表3-2）。

表 3-2　三亚市实验小学"七彩光课程"设置表

年级	学期	课程 红色课程 自我与社会	橙色课程 语言与表达	黄色课程 运动与健康	绿色课程 音乐与旋律	青色课程 数学与逻辑	蓝色课程 科学与探索	紫色课程 空间与想象
一年级	上	学科课程 入学课程 专教课程 弟子规 三字经 节日课程 礼仪知识 ……	学科课程 阳光阅读 字母王国 故事比拼 趣味拼读 快乐字母歌	学科课程 绿茵足球 乒乓小将 飞扬羽社 炫彩绳艺 趣味沙包	学科课程 电子琴 天涯之声 轻舞飞扬 民歌民谣 童声合唱	学科课程 课前口算 珠心算 趣味数学 数学文化 ……	学科课程 车模 科学百科 多彩三亚 ……	学科课程 绘画课程 趣味乐高 美妙涂鸦 手工制作 ……
	下	学科课程 专教课程 弟子规 三字经 节日课程 礼仪知识 ……	学科课程 阳光阅读 趣味识字 故事比拼 童声朗诵 英文儿歌	学科课程 绿茵足球 乒乓小将 飞扬羽社 炫彩绳艺 趣味沙包	学科课程 电子琴 天涯之声 轻舞飞扬 民歌民谣 童声合唱	学科课程 课前口算 珠心算 趣味数学 数学文化 ……	学科课程 车模 科学百科 多彩三亚 ……	学科课程 绘画课程 趣味乐高 手工制作 ……
二年级	上	学科课程 专教课程 弟子规 三字经 节日课程 礼仪知识 ……	学科课程 阳光阅读 英文动画 妙语连珠 故事比拼 走进三亚 诗词……	学科课程 绿茵足球 乒乓小将 飞扬羽社 炫彩绳艺 花样毽子 ……	学科课程 电子琴 天涯之声 轻舞飞扬 民歌民谣 童声合唱	学科课程 魔法数学 课前口算 乘法口诀比拼 趣味数学 数学文化 ……	学科课程 动物世界 车模 多彩三亚 你好电脑 ……	学科课程 绘画课程 趣味乐高 手工制作 ……
	下	学科课程 专教课程 弟子规 三字经 节日课程 礼仪知识 ……	学科课程 阳光阅读 妙语连珠 故事比拼 趣味配音 走进三亚 诗词 英语动画 ……	学科课程 绿茵足球 乒乓小将 飞扬羽社 炫彩绳艺 花样毽子 ……	学科课程 电子琴 天涯之声 轻舞飞扬 民歌民谣 童声合唱	学科课程 课前口算 乘法口诀比拼 趣味数学 数学文化 ……	学科课程 车模 动物世界 创客课程 甜心食客 多彩三亚	学科课程 绘画课程 趣味乐高 手工制作 ……

续 表

年级\课程\学期		红色课程 自我与社会	橙色课程 语言与表达	黄色课程 运动与健康	绿色课程 音乐与旋律	青色课程 数学与逻辑	蓝色课程 科学与探索	紫色课程 空间与想象
三年级	上	学科课程 专教课程 德行天下 节日课程 礼仪教育 感恩课程 ……	学科课程 阳光阅读 快乐英语 经典诵读 小主持人 我写我心 走进三亚 诗词 趣味配音 趣味识单词 ……	学科课程 绿茵足球 乒乓小将 飞扬羽社 花样毽子 腾跃翻飞 田径健将 ……	学科课程 电子琴 吹音袅袅 天涯之声 轻舞飞扬 竹竿舞 音乐鉴赏 小小合唱团 ……	学科课程 课前口算 数学日记 九阶数独 灵动魔方 数学文化 ……	学科课程 航模 异想天开 创客课程 七彩信息 种子培育 科学实验室 ……	学科课程 翰墨飘香 线描绘画 手工制作 ……
	下	学科课程 专教课程 德行天下 节日课程 礼仪教育 感恩课程 ……	学科课程 阳光阅读 快乐英语 经典诵读 小主持人 我写我心 走进三亚 诗词 趣味配音 趣味识单词 英语绘本 ……	学科课程 绿茵足球 乒乓小将 飞扬羽社 腾跃翻飞 花样毽子 田径健将 接力争霸赛 ……	学科课程 电子琴 吹音袅袅 天涯之声 音乐鉴赏 轻舞飞扬 竹竿舞 小小合唱团 ……	学科课程 课前口算 数学天地 数学文化 九阶数独 趣味五子棋 ……	学科课程 航模 异想天开 创客课程 七彩信息 种子培育 科学实验室 ……	学科课程 翰墨飘香 线描绘画 手工制作 三亚之叶 ……
四年级	上	学科课程 专教课程 德行天下 节日课程 礼仪教育 感恩课程 ……	学科课程 阳光阅读 快乐英语 经典诵读 小主持人 我写我心 走进三亚 诗词 趣味配音 英语绘本 口语天天练 ……	学科课程 绿茵足球 乒乓小将 飞扬羽社 腾跃翻飞 花样毽子 田径健将 接力争霸赛 ……	学科课程 电子琴 天涯之声 音乐鉴赏 乐曲识乐 轻舞飞扬 酷鹿街舞 动感啦啦操 ……	学科课程 课前口算 灵动魔方 数学文化 九阶数独 趣味五子棋 ……	学科课程 航模 异想天开 创客课程 七彩信息 种子培育 科学实验室 电脑绘画 生活百科 ……	学科课程 翰墨飘香 绘画课程 手工制作 三亚之叶 ……

续表

年级 \ 学期 \ 课程	红色课程 自我与社会	橙色课程 语言与表达	黄色课程 运动与健康	绿色课程 音乐与旋律	青色课程 数学与逻辑	蓝色课程 科学与探索	紫色课程 空间与想象
四年级 下	学科课程 专教课程 德行天下 节日课程 礼仪教育 感恩课程 ……	学科课程 阳光阅读 快乐英语 经典诵读 小主持人 我写我心 走进三亚 诗词 趣味配音 英语绘本 口语天天练	学科课程 绿茵足球 乒乓小将 飞扬翻飞 腾跃翻飞 花样毽子 田径健将 接力争霸赛	学科课程 电子琴 天涯之声 音乐鉴赏 乐曲识乐	学科课程 课前口算 数学天地 数学文化 头脑风暴 ……	学科课程 航模 异想天开 创客课程 七彩信息 种子培育 科学实验室 电脑绘画 生活百科 ……	学科课程 翰墨飘香 绘画课程 手工制作 三亚之叶 ……
五年级 上	学科课程 专教课程 指点迷津 节日课程 礼仪教育 感恩课程 ……	学科课程 阳光阅读 快乐英语 经典诵读 小主持人 我写我心 走进三亚 诗词 英语舞台剧 英语演讲 ……	学科课程 绿茵足球 乒乓小将 飞扬羽社 花样毽子 田径健将 跳远 ……	学科课程 电子琴 天涯之声 音乐鉴赏 音乐剧欣赏 民歌民谣 轻舞飞扬 酷鹿街舞 动感啦啦操	学科课程 课前口算 魔法数学 数学文化 头脑风暴 ……	学科课程 航模 异想天开 创客课程 七彩信息 种子培育 科学实验室 趣味编程 ……	学科课程 翰墨飘香 绘画课程 手工制作 三亚之叶 ……
五年级 下	学科课程 专教课程 指点迷津 节日课程 礼仪教育 感恩课程 ……	学科课程 阳光阅读 快乐英语 经典诵读 小主持人 我写我心 走进三亚 诗词 英语舞台剧 英语演讲 ……	学科课程 绿茵足球 乒乓小将 飞扬羽社 花样毽子 田径健将 跳远 ……	学科课程 电子琴 天涯之声 音乐鉴赏 音乐剧欣赏 民歌民谣 轻舞飞扬 酷鹿街舞 动感啦啦操	学科课程 课前口算 魔法数学 数学文化 头脑风暴 ……	学科课程 航模 异想天开 创客课程 七彩信息 种子培育 科学实验室 趣味编程 ……	学科课程 翰墨飘香 绘画课程 手工制作 三亚之叶 ……

续 表

年级\学期	课程	红色课程 自我与社会	橙色课程 语言与表达	黄色课程 运动与健康	绿色课程 音乐与旋律	青色课程 数学与逻辑	蓝色课程 科学与探索	紫色课程 空间与想象
六年级	上	学科课程 节日课程 感恩教育 专教课程 礼仪教育 感恩课程 ……	学科课程 阳光阅读 快乐英语 经典诵读 小主持人 我写我心 走进三亚 诗词 英语舞台剧 英语作文大比拼 英语演讲 ……	学科课程 绿茵足球 乒乓小将 飞扬羽社 田径健将 跳远 ……	学科课程 电子琴 音乐鉴赏 音乐剧欣赏 民歌民谣 轻舞飞扬 酷鹿街舞 ……	学科课程 课前口算 魔法数学 数学文化	学科课程 异想天开 创客课程 七彩信息 趣味编程 探索机器人 ……	学科课程 翰墨飘香 绘画课程 手工制作 三亚之叶 ……
	下	学科课程 节日课程 专教课程 礼仪教育 感恩课程 毕业感恩季 ……	学科课程 阳光阅读 快乐英语 经典诵读 小主持人 我写我心 走进三亚 诗词 英语舞台剧 英语作文大比拼 英语演讲 ……	学科课程 绿茵足球 乒乓小将 飞扬羽社 田径健将 跳远 ……	学科课程 电子琴 音乐鉴赏 音乐剧欣赏 民歌民谣 轻舞飞扬 酷鹿街舞 竹竿舞 ……	学科课程 课前口算 玩转数学 数学文化	学科课程 异想天开 创客课程 七彩信息 趣味编程 探索机器人 ……	学科课程 翰墨飘香 绘画课程 手工制作 三亚之叶 ……

第四部分 学校课程实施与评价

通过实施课程,"阳光教育"才能绽放光芒,让每个孩子的生命成长都折射出七彩光芒,老师们才能享受艳阳高照的温暖,学校才能彰显阳光普照的办学特色。为此,我校通过"阳光课堂""阳光学科""阳光社团""阳光之旅""阳光空间""阳光晒艺""阳光整合""阳光节日"等丰富多样的课程实施,践行"向着阳光奔跑"的理念,实现"七彩光课程",见证"让每一个孩子阳光灿烂"。

与课程实施同行的是课程评价,这是引领"七彩光课程"开发的指南,是把握七大类课程设计的风向标,是展示课程实施效果的试剂。学校课程实施与评价保障了"七彩光课程"的"璀璨绽放"。

一 构建"阳光课堂",提升课程实施品质

我校的"阳光课堂"具有五个特质:一是母爱性,充盈着童心母爱。老师以温暖的阳光关爱着每一位莘莘学子,让每一位学子感受慈母般的爱,让他们在爱的沐浴下成长;二是生动性,充满着生机。课堂的生动体现在师生语言的妙趣横生,师生评价的精准反馈,课堂生成的捕捉引导等等;三是公平性,关注每个孩子。教师要尊重、关心、爱护每一位学生,做到公平公正地对待每一个学生,使所有的学生都得到全面的发展;四是有效性,落实育人功能。人人参与小组合作探究,成为课堂主人,变"学会"为"会学",提高课堂有效性;五是智慧性,闪烁思想的火花。教师逻辑思维缜密的引导,学生不同思维的碰撞,迸发出智慧的火花。

(一)"阳光课堂"的实践操作

在原有的课堂文化基础上,学校进行了课堂教学文化的重新调整,聚焦核心素养,在"阳光课堂"上挖掘师生特长,培养学生自主合作学习能力,加强学科融合,拓展课程资源,真正深化"七彩光课程"。

1. 创境,形成民主的课堂氛围

"阳光课堂"注重为学生创设一个轻松愉快、民主和谐的课堂情境,让学生感受到师生平等,互相尊重,从而真正发挥学生的主体作用,让学生的个性得到自由地、充分地发展,以积极的状态投入课堂活动之中。每一门学科,每一次活动,教师要根据学生的年龄特点、学科特色、活动要求等巧妙创设情境,激发学生的学习兴趣,

充分发挥教师的主导作用和学生的主体作用,真正实现师生之间、生生之间的互动,使学生成为"阳光课堂"学习的主人。

2. 驱动,精心设计学习任务单

"阳光课堂"采取"学案导学,先学后教,以学定教,当堂训练"的教学模式,实现"授之以鱼不如授之以渔"。教师改变目前单一、被动的学习方式,促进学生均衡而有个性地发展,最有效的方法是课前精心设计学习任务单,通过学习任务单指导学生进行有效学习,学生在学习中掌握了学法,培养了自主学习能力。

我校的学习任务单分为两种:一种是课前指导学生预习的"导学案"。导学案由教师编撰,用于引导学生课前预习。左上角设置了"自我评价""组员评价""家长评价"三种评价方式,旨在让教师更全面地了解学生的预习情况。另一种是课堂教学中指导学生学习的"自主学习单"。"自主学习单"的设计梯度性主要体现在两个方面:一是设计的问题要由易到难、由浅入深、由表面到内涵,呈现出循序渐进的过程;二是设计的问题既要面向全体学生,又要考虑学生的差异性,让每个学生都能体验到学习成功的喜悦,从而获得学习的内驱力。"自主学习单"在相对应问题一栏设置了对学生解决该问题能力的评价,便于教师了解学生的自主学习情况。

总之,我校通过学习任务单,培养了学生自主学习能力,为学生适应未来的学习、生活和工作奠定了基础。

3. 合作,构建课堂学习模式

"阳光课堂"倡导以6人小组为单位,共建合作伙伴。合作小组有各自的小组口号,成员分工明确,无论是课堂学习活动,还是常规的班级管理,都能在班主任的指导下作出具体安排,基本做到"事事有人做,人人有事做"。为了确保小组合作成效,组员之间互相监督、互相帮助,小组之间通过各项评比提高凝聚力、积极性。"小组合作"促进学生之间的对话与交往,学生在倾听、交往、对话、分享中发展思维、增长知识、培养技能、锻炼能力。我校"阳光课堂"把小组合作的学习模式概括为"主动预习——合作探究——精讲多练——归纳整理——分层作业",通过这样的模式,培养学生的自主学习、乐于探究、快乐分享的学习习惯,并逐步提高学生的合作能力,增强竞争意识,为学生的后续发展助力,从而真正让教学面向全体学生,促使学生全面发展。

4. 整合，拓展学生学习外延空间

"阳光课堂"依托学科的优势，整合教学资源，积极拓展学生学习的外延空间，实现课内到课外的有效迁移，让学生在自然、社会、生活中去观察，去体验，在活动的过程和空间上，呈现出与课堂教学不同的特性。学生的学习不仅仅在校园、在课堂、在课本，它是多样的，来自书本、社区、自然、社会等方方面面。整合资源，就要让学生走出课堂，走出校门，在活动中体验与实践，促进学生学习方式的转变，开阔学生的视野，为学生提供更广阔的发展空间，从而使学校的课程文化真正丰富起来。

5. 激励，课堂评价体系的保障

人的一切行动都是由某种动机引起的，动机是一种精神状态，它对人的行动起激发、推动、加强的作用。在课程实施过程中，首先要调动教师的积极性，激发教师的潜能，让教师以最饱满的状态投入课堂教学中；其次是激励学生参与课堂活动的积极性，这需要教师关注每一个学生的表现，及时肯定学生的每一点进步，鼓励学生大胆尝试，自信表现。通过激励，让师生课堂活动绽放光彩，呈现出正向的评价。

（二）"阳光课堂"的评价标准

根据"阳光课堂"的内涵特点，学校从教学目标、教学内容、教学方法、教学过程、教学效果、教学素质六方面制定"阳光课堂"教学评价标准（见表3-3）。

表3-3　三亚市实验小学"阳光课堂"教学评价标准

评价项目	评价要点	评价分值	得分
教学目标	民主的课堂氛围，能够做到以生为本。	5分	
	根据"学习任务单"引导教学，体现"阳光课堂"的特色。	5分	
	学科资源整合贴合实际，拓展学生的学习空间。	5分	
教学内容	有利于全面提高学生素养。	5分	
	单元知识点整合教学，准确把握教学重点、难点。	10分	
	适合学生的发展需求，有利于培养学生学习的兴趣。	5分	
	发展学生思维，学会应用。	5分	

续 表

评价项目	评价要点	评价分值	得分
教学过程	教学思路清晰,重点突出,层次清楚,结构合理。	4分	
	关注个体差异,面向全体学生,让全体学生都参与到学习中。	3分	
	课堂生动有活力,能够激发学生兴趣,提高学生积极性。	3分	
	倡导合作探究的学习模式,以学生为主体,教师为主导。	4分	
	利用现代化信息技术,课堂形式多样。	4分	
教学方法	教学方法灵活多变,具有启发性。	3分	
	情境创设有吸引力,问题设计严谨、合理。	3分	
	注重学生情感和三观的培养。	3分	
	课堂评价多样、到位、有激励性。	3分	
教学效果	全面达到教学目标,完成教学任务。	5分	
	学生课堂积极,提高学习的积极性。	5分	
	学生能够触类旁通,学会运用。	5分	
教学素质	具有一定的学科素养。	5分	
	教态自然,语言准确,行为举止规范,板书美观。	5分	
	能够灵活处理课堂上所发生的相关事宜。	5分	
合计		100分	

二 建设"阳光学科",丰富学科课程体系

我校以"阳光学科"来推进学科拓展课程的建设和实施。"阳光学科"拓展性课程,指教师根据国家基础课程,自主开发的适合学生个性发展的课程。

(一)"阳光学科"的建设路径

"1+X"学科课程群建设。"1"指的是一门基础性课程,"X"是指教师根据国家课程开展的拓展性课程,是基于儿童发展需求的、指向核心素养培养,是基础性课程的延伸。我校建设"1+X"学科课程群的途径是:根据学校各学科师资力量,倡导教师在国家课程校本化实施的基础上总结经验,以某门学科为原点,设计基于某门学科的特色课程。

1. "唯美语文"课程群

美的事物能让人赏心悦目，从内心发散出不由自主的开心来。"唯美语文"特色课程让学生领略到语言之美、想象之美、思维之美（见表3-4）……

表3-4　三亚市实验小学"唯美语文"课程设置

年级	学期 内容	会识	乐诵	勤写	善演	践行
一年级	上	拼音识字 看图识字	儿歌	我说你听	编演"字宝宝"笔画笔顺识记故事	制作"字宝宝"识字卡
	下	听读识字 生活识字	童谣	你说我写	编演"字宝宝"笔画笔顺识记故事	听录音，看图画，讲故事
二年级	上	字典识字 规律识字	小学生必备读本之———古诗、名言	看图善思	编演字理故事	我与字典"交朋友"
	下	联系上下文猜字	小学生必备读本之———警句、词语	看图写话	编演"字宝宝"辨别故事	童话剧：我是童话故事里的人物
三年级	上	漫话成语	小学生必备读本之二——弟子规、三字经	善思生智	编演成语故事	三亚湾画秋天
	下	巧记谚语	小学生必备读本之二——百家姓、千字文	跃然纸上	编演谚语故事	用创新语言演绎古老谚语
四年级	上	名言警句	崖州古诗词（中年段）	笔写童心	编演课本剧	走进三亚白鹭公园
	下	悦读故事	崖州古诗词（中年段）	妙笔生花	编演课本剧	三亚乡下人家之我见

119

续 表

年级	学期	会识	乐诵	勤写	善演	践行
五年级	上	观看新闻	唐诗三百首	与你书海	创编古诗故事	班级公约大辩论
	下	名人传记	唐诗三百首	绘本飘香	编演名人故事	游汉字王国，讲汉字演变
六年级	上	漫游历史	增广贤文	探索万物	编演历史故事	挥毫泼墨，书写方寸世界
	下	走进名著	宋词精选	多维习作	编演主题故事	绘出"七彩光"成长足迹

2. "智慧数学"课程群

"智慧数学"课程选才广，趣味性强，是以学生基础思维能力（理解力、记忆力、判断力、解决问题能力、创造能力）的发展为目标，通过孩子探索性的操作游戏、推理性的智慧游戏和速算类游戏活动为主要形式，来提高学生的认知能力及智力水平的课程（见表3-5）。

表3-5 三亚市实验小学"智慧数学"课程设置

年级	学期	智慧巧算（数与代数领域）	智慧图形（图形与几何领域）	智慧数据（统计与概率领域）	智慧推理（综合与实践领域）	智慧数学文化
一年级	上	心算训练	物体消消看	看图形找规律	数学乐园	七巧板 速算低段 数独低段 数学摄影 数学手抄报
	下	快速连减	看图形，找规律	衣服数字找规律	数学碰碰车	七巧板 速算低段 数独低段 数学摄影 数学手抄报

续　表

年级	学期	内容 智慧巧算 （数与 代数领域）	智慧图形 （图形与 几何领域）	智慧数据 （统计与 概率领域）	智慧推理 （综合与 实践领域）	智慧数学 文化
二年级	上	旷野山地车 （乘法游戏）	测量大师	家园保卫战 （收集数据）	搭配训练营	七巧板 速算低段 数独低段 数学摄影 数学演讲 数学手抄报
二年级	下	抢救小鸟 （除法计算）	旋转图形	整理"数据" 小能手	推理小专家	七巧板 速算低段 数独低段 数学摄影 数学演讲 数学手抄报
三年级	上	小小老鼠来 算数（三位 数加减）	计量单位的统 一	平均分引发 的数学思考	围篱笆的学 问	24 点 创意编程 速算中段 数独中段 数学摄影 数学演讲
三年级	下	幽灵古堡 （两位数乘 法）	魔法幻方	小小志愿者 （统计表）	小小鞋码大 学问	24 点 创意编程 速算中段 数独中段 数学摄影 数学演讲
四年级	上	算数天才 （三位数除 法）	奇妙的图形 （平行四边形 和梯形）	挖掘宝藏 （条形统计 图）	华氏双法	24 点 创意编程 速算中段 数独中段 数学摄影 数学演讲

续 表

年级	学期	内容：智慧巧算（数与代数领域）	智慧图形（图形与几何领域）	智慧数据（统计与概率领域）	智慧推理（综合与实践领域）	智慧数学文化
五年级	下	魔法数学（简便计算）	三脚架探秘	平均数是"数"吗	"归纳推理"不陌生	24点 创意编程 速算中段 数独中段 数学摄影 数学演讲
五年级	上	方程大擂台	创意图案设计	魔法纸牌的秘密	生活中的推理	24点 数独高段 创意编程 速算高段 数学摄影 数学演讲
五年级	下	美人鱼游戏（分数加减）	涂色的正方体	有趣的折线图	天坛的数字密码	24点 创意编程 速算高段 数独高段 数学摄影 数学演讲
六年级	上	超级靶场（分数乘除）	圆的魅力	破译密码（扇形统计图）	货比三家不吃亏	24点 创意编程 速算高段 数独高段 数学摄影 数学演讲
六年级	下	神奇的比例	昆虫界的"几何高手"	科学使用统计图	抽屉里的秘密	24点 创意编程 速算高段 数独高段 数学摄影 数学演讲

3. "快乐英语"课程群

"快乐英语"是在国家课程的基础上,从学生学习兴趣出发,在充分了解课程内容,进行学情分析的基础上,我们融合本校特色创建了以"快乐英语"为主题的英语学科课程,培养学生听说读写的综合语言运用能力。"快乐英语"即 Happy English,就是让学生在快乐中学习,在快乐中成长,在快乐中收获。因此,我校依据学生的年段特点,开设一些课外的英语特色课程,丰富我校学生的英语学习(见表3-6)。

表3-6 三亚市实验小学"快乐英语"课程设置

年级	学期	快乐游戏场	故事达人秀	欧美风情馆
一年级	上	英文字母操	模仿秀	英语好声音
	下	奇幻之旅	我型我秀	影视欣赏
二年级	上	巧搭字母	趣配音	影视欣赏
	下	字母串烧	我最棒	英国美食
三年级	上	英文儿歌	海南美食	餐桌礼仪
	下	顺风耳传词	你说我听	传统习俗
四年级	上	单词木头人	海南美景	经典欣赏
	下	英语韵诗	小小演说家	重大节日
五年级	上	单词碰地雷	畅游海南	风土人情
	下	吹气球喊词	超级演说家	英国之旅
六年级	上	串项链连句子	英语小话剧	走遍美国
	下	火眼金睛找词	戏剧大舞台	文化异同

4. "线艺美术"课程群

我校美术学科开展了线描绘画和衍纸手工课程。线描绘画以线条为主要表现手段,是用线条说话的艺术,用点、线、面作画,具有很强的装饰性及独特的视觉效果。衍纸手工既有绘画的色彩表达能力,又有雕塑的空间视觉效果,是通过卷曲、捏压而形成原始设计形象的一门折纸艺术(见表3-7)。

表3-7 三亚市实验小学"线艺美术"课程设置

年级	学期	内容 认识了解	学习尝试	基础提升	综合运用	线艺美术
一年级	上	认识和了解线描，了解工具和材料	欣赏线描作品，尝试线条制作	绘画不同形式和质感的线条	绘画线条组合	线描绘画
	下	认识点、面	练习点、面组合	点和面装饰花瓶	运用不同形式的点、面进行装饰	线描绘画
二年级	上	点与线的组合	线与线的组合	有规则的组合练习	无规则的组合练习	线描绘画
	下	运用点线面结合的方法创作	器物篇	学习用品、生活用品	交通工具	线描绘画
三年级	上	植物基础篇	陆地植物、海洋植物组合	动物基础篇	陆地动物、海洋动物组合	线描绘画
	下	人物基础篇	众生相	景物基础篇	景物拓展篇	线描绘画
四年级	上	认识和了解衍纸	了解工具和材料，并学会使用	基础圆形卷（密圆卷、疏圆卷）	基础变形卷（水滴卷、火焰卷）	衍纸手工
	下	变形升级卷1（叶形卷、柳叶卷）	变形升级卷2（月牙卷、正方卷）	运用所学组合花卉	运用所学组合蝴蝶	衍纸手工
五年级	上	复杂卷学习1（三角卷、花瓣卷）	复杂卷学习2（星形卷、箭头卷）	复杂卷学习3（铃铛卷等）	创意组合	衍纸手工
	下	颜色过渡组合	颜色对比组合	颜色过渡，制作蘑菇	颜色对比，制作花草	衍纸手工
六年级	上	植物基础	植物组合	动物基础	动物组合	衍纸手工
	下	植物动物组合	人物基础	创意组合	自由组合	衍纸手工

5. "音彩纷呈"课程群

美好的音乐能让人赏心悦目,陶冶人的情操,净化人的心灵。为了进一步展示我校师生的艺术风采和文化底蕴,激发学生学习音乐的兴趣,"音彩纷呈"课程群开设了"天涯之声""轻舞飞扬""器乐海洋"课程,以音乐表演和艺术交流为形式,提高学生音乐表现力和鉴赏力,促进学生艺术素养的提升(见表3-8)。

表3-8 三亚市实验小学"音彩纷呈"课程设置

年级	内容\学期	天涯之声	轻舞飞扬	器乐海洋
一年级	上	童趣律动	快乐舞步	黑白琴键
	下	童趣律动	快乐舞步	黑白琴键
二年级	上	童趣律动	快乐舞步	黑白琴键
	下	童趣律动	快乐舞步	黑白琴键
三年级	上	奇妙乐理	酷鹿街舞	黑白琴键
	下	奇妙乐理	酷鹿街舞	黑白琴键
四年级	上	奇妙乐理	动感啦啦操	黑白琴键
	下	奇妙乐理	动感啦啦操	黑白琴键
五年级	上	妙音乐唱	动感啦啦操	抚弦弄竹
	下	妙音乐唱	动感啦啦操	抚弦弄竹
六年级	上	妙音乐唱	民俗竹竿舞	抚弦弄竹
	下	妙音乐唱	民俗竹竿舞	抚弦弄竹

6. "活力体育"课程群

我校体育课程群旨在通过课程,激发学生运动兴趣,让学生积极参与体育训练之中,提高学生体质,促进学生健康成长。"活力体育"课程群拓展了武术操、绿茵足球、乒乓小将、飞扬羽社、田径健将等多种体育课程,以兴趣培养、技能训练、赛场拼搏相结合的方式让每一个学生掌握一至两项体育技能。其中,武术操、绿茵足球是学校一至六年级必修课程,同时每个年级开设的体育课程又各有侧重(见表3-9)。

表3-9　三亚市实验小学"活力体育"课程设置

年级	学期	活力兴趣	活力技能	活力赛场
一年级	上	炫彩绳艺	多样绳艺	绳艺比拼
	下	炫彩绳艺	多样绳艺	绳艺比拼
二年级	上	魅力武术操	武出气势	武动班级
	下	魅力武术操	武出气势	武动班级
三年级	上	足球小子	绿茵技巧	绿茵竞技
	下	足球小子	绿茵技巧	绿茵竞技
四年级	上	飞扬羽社	玩转羽毛球	单打小战将
	下	飞扬羽社	玩转羽毛球	双打争霸赛
五年级	上	速度与激情	快乐奔跑	看我飞毛腿
	下	速度与激情	快乐奔跑	接力争霸赛
六年级	上	走进篮球场	篮球花样	拼搏篮球场
	下	走进篮球场	篮球花样	拼搏篮球场

7."七彩信息"课程群

"七彩信息"是在国家课程的基础上，结合校情与学情，对教材内容进行补充与提升所开设的课程。该课程以激发学生学习探索信息技术的兴趣，培养学生科学素养、创新思维和实践能力，提升教师信息技术教学专业化水平，打造我校信息技术特色示范作用为目标，通过引导学生接触学习多彩、开放、立体的信息课程，让每位参与的学生体验多彩信息课程带来的乐趣，在兴趣的驱动下，自主选择学习和提升的信息技能，促进个性发展（见表3-10）。

表3-10　三亚市实验小学"七彩信息"课程设置

年级	学期	数字创作	程序设计	人工智能	机器人
一年级	上	电脑绘画	图形化编程入门		
	下	电脑绘画	图形化编程入门		

续 表

年级	学期	数字创作	程序设计	人工智能	机器人
二年级	上	电脑绘画	图形化编程入门		
	下	电脑绘画	图形化编程入门		
三年级	上	电脑绘画	趣编程-Scratch初级	初识人工智能	
	下	电脑绘画	趣编程-Scratch初级	初识人工智能	
四年级	上	电脑绘画、电脑动画、电子板报、3D创意设计	趣编程-Scratch进阶、图形化编程与学科融合	人工智能体验、人工智能创新实践	程驰一号、综合技能机器
	下	电脑绘画、电脑动画、电子板报、3D创意设计	趣编程-Scratch进阶、图形化编程与学科融合	人工智能体验、人工智能创新实践	程驰一号、综合技能机器
五年级	上	电脑绘画、电脑动画、电子板报、3D创意设计	趣编程-Scratch进阶、图形化编程与学科融合	人工智能体验、人工智能创新实践	综合技能机器
	下	电脑绘画、电脑动画、电子板报、3D创意设计	趣编程-Scratch进阶、图形化编程与学科融合	人工智能体验、人工智能创新实践	综合技能机器
六年级	上	电脑绘画、电脑动画、电子板报、3D创意设计	趣编程-Scratch进阶、图形化编程与学科融合	人工智能体验、人工智能创新实践	综合技能机器
	下	电脑绘画、电脑动画、电子板报、3D创意设计	趣编程-Scratch进阶、图形化编程与学科融合	人工智能体验、人工智能创新实践	综合技能机器

（二）"阳光学科"的评价要求

"阳光学科"课程群建设通过建立评价体系来保障各课程的有效实施，各学科群根据学科特点，设置课程评价细则。

1. "唯美语文"课程群

"唯美语文"从"会识、乐诵、勤写、善演、践行"五方面对老师和学生进行评价，按照不同学段的课程目标要求，设置相应的语文知识性课程，为学生打好语文学习的基础。"会识"评价要求教师具有良好的文字书写能力和较高的文学修养，在老师的潜移默化和指导下，学生的识字方法多样化，在生活和阅读中增加识字量，语言文字和语文能力得以提升；"乐诵"要求学生能诵会读，通诗词，品名句，入意境，悟情感，提高欣赏阅读水平，对不同层次的学生有不同的要求；"勤写"要求课堂内容丰富，教师教学方法趣味化，能创造性地使用"媒介"，即以真实可感的物品或环境，鼓励学生表达真情实感，鼓励有创意的表达，引导学生热爱生活，亲近自然，关注社会；"善演"要求低年段故事情节有趣，能够突出笔画笔顺的特点。表演者吐字清晰，普通话标准，表演自然、流畅、连贯，表情丰富。中年段故事情节有起伏，能够突出人物的性格特点，较好地与文本、作者思想契合。表演者吐字清晰，普通话标准，表演自然、流畅、连贯，表情丰富。高年段故事情节有起伏，必须有推动故事向前发展的矛盾冲突，依据人物的性格特点对情节做大胆的改变。表演吐字清晰，普通话标准，表演自然、流畅、连贯，表情丰富；"践行"要求具有相应的活动方案目标，实践内容应丰富多彩。根据课内语文的综合性实践课程，再辅以融合三亚本地文化特色、旅游特色，有计划地组织学生进行实践活动。课程要求注重实践过程，尊重多元，注意反思，要重点关注学生获得结果和体验的过程，能调动学生语文学习的兴趣。非常好为★★★★★，较好为★★★★，一般为★★★，较差为★★，差为★。

2. "智慧数学"课程群

该课程群的评价以鼓励为主，肯定学生的进步和发展，起到反馈调节、展示激励的作用，充分体现"智慧数学"课程的基本特征，在评价过程中帮助学生发现自我，学会反思，自我改进。"智慧数学"课程的评价方式主要采用学生的自我评价、小组互评以及老师评价，评价内容包括：学生在讨论学习过程中的参与度、胆量与动手能力、学习兴趣、交流讨论、合作学习以及最后的完成情况。评价标准主要有两种：一种为星级评价，非常好为★★★★★，较好为★★★★，一般为★★★，较差为★★，差为★；另一种为评价语，比如"你真棒，表现完美，还可以，要加油"等评价语。在评价过程中应先由学生自评，再到小组互评，最后由老师评，最终通过这些充满乐趣的游戏活动，让学生的智力在"智慧数学"课程中得到进一步的训练和开发，使学生形成科学的思想方法，提升综合素养，从而激发学生的创作热情，激发学生对中华传统文化的热爱，进而产生自豪感。

3. "快乐英语"课程群

该课程群的评价是以鼓励为主，肯定学生的进步和发展，起到反馈调节、展示激励的作用，充分体现"快乐英语"课程的基本特征，在评价过程中帮助学生发现自我，学会反思，自我改进。"快乐英语"课程的评价方式主要采用学生的自我评价、小组互评以及老师评价，评价内容包括：学生在讨论学习过程中的参与度、学习兴趣、交流讨论、合作学习以及最后的完成情况。评价标准主要有两种：一种为星级评价，非常好为★★★★★，较好为★★★★，一般为★★★，较差为★★，差为★；另一种为评价语，比如"good, wonderful, come on, excellent"等评价语。在评价过程中应先由学生自评，再到小组互评，最后由老师评，最终通过这些充满乐趣的游戏活动，让学生的英语综合语言运用能力在"快乐英语"课程中得到进一步的训练和开发，开阔学生的国际视野，从而加深对中华传统文化的热爱，进而产生自豪感。

4. "线艺美术"课程群

评价由自评、小组互评及师评三部分组成。自评：由学生进行作品展示并进行作品介绍和自我评价，表达自己的情感和思想。互评：小组成员应本着公平、公正的原则，实事求是地对伙伴进行评价，从中学习伙伴的技巧来提高自我。师评：评价以发现、挖掘学生的优点、长处和闪光点为主，充分发挥评价的激励和正面诱导功能。评价分为三个等级，分别是 A 明星小画家，B 发光小画家，C 闪闪小画家。（评级说明：从闪闪的小星星开始慢慢绽放光彩，最后成为闪亮的明星。）

5. "音彩纷呈"课程群

课程的评价方式主要采用学生的自我评价、小组互评以及老师评价。学生进行作品表演展示时，师生从演唱技巧、基本理论、表演技能、动作规范等进行评价。非常好为★★★★★，较好为★★★★，一般为★★★，较差为★★，差为★。

6. "活力体育"课程群

课程的评价方式主要采用学生的自我评价、小组互评以及老师评价。学生进行活动展示时,师生从动作协调、动作技巧、动作规范、合作精神等进行评价。非常好为★★★★★,较好为★★★★,一般为★★★,较差为★★,差为★。"活力赛场"以具体的比赛项目规则确定评价细则。

7. "七彩信息"课程群

该课程从师生两个角度给予评价。对教师的评价侧重在教学中,按照知识体系系统设计和实施,在辅导时,教师能及时发现问题,做到讲得明、问得巧、操作熟练、指导到位,充分调动学生积极性,给学生留有想象的空间,关注学生其他能力的提高。对学生的评价以鼓励性的评价为主,及时发现、发挥学生的闪光点,及时给予肯定、评价。对学生独创性的思维、见解,教师要加以赞赏,对学生优秀作品,教师可通过多平台进行展示。

三 创设"阳光社团",发展儿童兴趣爱好

社团活动是学校课堂教学的延伸性活动,是进一步深化课程改革,发展素质教育的重要体现。社团活动的正常开展,既丰富了学生的课余生活,也为学生提供了自主发展的空间。社团课程是学校校园文化建设的重要载体,是学校第二课堂的引领者。"阳光社团"以其思想性、艺术性、知识性、趣味性、多样性的活动吸引学生积极参与。

(一)"阳光社团"的主要类型和做法

1. "阳光社团"的主要类型

我校"阳光社团"主要根据学生的年龄特点、认知规律、兴趣爱好、个性发展等,从自我与社会、语言与表达、运动与健康、音乐与旋律、数学与逻辑、科学与探索、空间与美术课程七大类型去开设,共有47个社团,以满足学生的需求。

2. "阳光社团"的做法

为了使"阳光社团"得以顺利开设,学校从领导、主管部门再到任教老师、学生及家长都参与其中。做法如下:

(1)公布

教职工积极主动填写《三亚市实验小学课程开发项目申报表》,经学校审定通过后,公布七彩光课程目录,提供给学生选用。每学年终结合综合评价后再做调整,实行动态管理。

（2）选课

学校课程研发处将教职工上交的申报表汇总成《七彩光课程目录》下发给学生,孩子们根据自己的兴趣爱好,在家长的指导下自由选择社团。我们拟建立学校选课系统,逐步实现网上报名选课。

（3）编班

学生填写七彩光课程的《申请表》上报研发处,研发处根据学生选择人数编成教学班(一般一个教学班不少于20人),并公布七彩光课程教学班名单和活动地点。

（4）排课

以七彩光的每一色系为一板块,制定《七彩光课程安排表》,安排教学。目前,我校每门七彩光课程每学期教学时间为18课时,每周安排1个课时,定在每周五下午第三节,学生走班上课。

（5）授课

社团活动必须体现民主、开放的原则,突出师生主体,丰富和改革教与学的方式,教学组织形式多样,教学活动既可以在本课程内进行,也可以和其他课程相互融合;既可以在教室进行,也可以在校内其他场所进行。必要的话,可以组织学生走出校园,走进社会,但要严格遵守外出审批程序并注意安全。无论是何种授课方式,都必须按照以下原则执行:

① 辅导教师要根据自己承担的课程内容,拟定好教学计划,精心设计每一节课的教案,认真组织学生开展辅导工作,强调社团课程教学的实效性,加强社团课程的系统研究,逐步形成校本教材。如社团活动需组织学生走出校园,走进社会,一定要严格遵守外出审批程序并注意安全。

② 学生要准时参加社团课活动,遵守课堂纪律,所有学生必须按学校规定的时间、地点参加各自选择的社团科目,不得无故缺课、迟到、早退,如有特殊情况不能参加的,必须上报班主任,再由班主任向社团辅导教师请假。各社团科目如因故更换地点或延时改期,社团活动教师需报研发处,再由研发处审核,发出通知。

（二）"阳光社团"的评价要求

"阳光社团"立足本校校情,结合学生学情,发挥教师特长引领,保证学生的自主性,提高学生的积极性,鼓励学生的创造性,力求活动的成效性,推进素质教育深入发展,营造优良校风,真正把社团办成学生喜爱的家园、学园和乐园。在此准则的指导下,评价更要起到导向作用。学校从社团筹备、活动过程的监测、活动效果的多元化评估以及特色创新的推广及肯定,全方位、多角度促进社团发展、学生进步,使社团活动的开设与发展成为学校打造品牌的亮丽窗口(见表3-11)。

表3-11 三亚市实验小学"阳光社团"课程实施评价

评价维度	评价内容	评价标准	评价方式
社团筹备	社团主题	主题健康积极,课程资源丰富,准备充分。	1. 阶段性评价与过程性评价相结合。 2. 过程性评价:活动过程记录、活动成果展示。 3. 评价方式多元化:自评、互评、组评、师评、家长评相结合。 4. 社团成果展评,评出优秀社团,参加星级社团评比。
社团筹备	活动方案		
活动过程	特长发展	积极参与社团活动,发展自我特长。	
活动过程	活动过程		
活动效果	社团学习成果	能形成自己的学习成果,积极参与社团成果展示交流。	
特色创新	活动亮点	社团成果展示有特色、有创新、有亮点。	

四 推行"阳光之旅",激活在地文化课程

2010年1月,海南国际旅游岛建设正式步入正轨,2020年6月1日,《海南自由贸易港建设总体方案》公布,三亚作为海南岛最南端的一座国际滨海旅游城市,它的重要性不言而喻。身为三亚市民,有必要了解这座城市,热爱这座城市。"阳光之旅"指的是组织学生走出校园,走进三亚,了解三亚的自然风光、风俗人情、文化美食等综合实践活动课程,以此培养学生的综合实践能力,增加学生对家乡的认知和热爱。

(一)"阳光之旅"活动设计

"阳光之旅"活动努力挖掘地域特色,借助在地资源,设置"多彩三亚"活动课程,从"单色调"和"多色调"两个方面进行设计,让学生通过"阳光之旅"感受三亚的绚丽多彩。"单色调"针对的是一二年级的学生,"多色调"针对的是三至六年级学生。

1."单色调"

考虑到一二年级学生年龄小,"单色调"课程活动的地点为我校周边的金鸡岭桥头公园、东岸湿地公园、三亚湾、海航学院航天基地,以年级为单位,亲子共同参与的方式组织活动。每次活动由年级选择主色调,根据活动地点灵活安排课程,让学生体验公园的绿意、海湾的蓝韵、航天的神秘等。

2."多色调"

"多色调"活动地点较多,有三亚的旅游胜地、研学基地、文化古城、特色建筑等,涉及自然风光、饮食文化、风土人情、国际活动等方面。每次活动都由学校、家委会、社会力量共同完成。活动主题由学校确定,并借助社会力量,设计活动课程,精心制作"阳光之旅"课程手册。该手册包含"学生行为规范及安全须知""课程安排""基地介绍""学习单"等内容。"多色调"课程让三至六年级的学生能够从多角度了解三亚的昨天,感受三亚的今天,憧憬三亚的明天。

(二)"阳光之旅"的活动评价

为了建立牢固的安全机制,确保学生的安全,培养学生的学习能力,引导学生学会学习、学会合作、学会交流分享;帮助学生养成良好的行为习惯,促进学生的健康成长。"阳光之旅"课程评价分为过程性评价和终结性评价两部分:过程性评价由指导教师具体负责,指导教师除了要关注每个孩子"阳光之旅"期间的纪律观念及行为表现,还要督促学生完成课程手册的学习任务,主要从"时间观念""专注程度""纪律意识""自身形象""合作意识"等方面做出具体的评价;终结性评价重点在学生综合实践学习成果的完成情况,主要是对学生"阳光之旅"之后提交的成果进行评价,该成果由指导老师进行指导,家长督促完成。

五 做活"阳光空间",拓展社会资源课程

"阳光空间"是学校利用社会资源为青少年健康快乐成长创造的更为广阔的课程资源活动。做活"阳光空间",可以充分利用社会资源,拓展学生活动空间,丰富学生活动内容。少年宫是我校特色课程的综合体现,时代变迁呼唤课程内容改革,三亚团委志愿者移动少年宫与我们学校接轨,无疑给我们的课程注入了新的血液;91911南航部队与我们军民共建,我们有了更宽泛的场地和利用的空间,他们有能容纳上千人的大礼堂,有历史博物馆,有为我们提供的南航直升机模型和科技解说的军人……这样的特殊资源无疑给学校课程建设创造了有利的条件。只要我们充分利用各种社会资源,做活"阳光空间",就能为孩子带来更多的艺术启蒙、技能体验、心理辅育,激发青少年爱学习、乐实践、勤动手、善动脑的探索兴趣和创造热情。

（一）做活"阳光空间"的实践操作

我校"阳光空间"，主要从少年宫、志愿者进校园、91911部队军民共建单位等方面去设计。2013年，学校成立少年宫，根据三亚市教育局关于学校少年宫开设的要求，我校结合实际开设了羽毛球、乒乓球、田径、书法、美术、舞蹈、电子琴、航模等课程，为了提高课程实施的质量，根据需求外聘辅导员，增加课程活动辅导力量；每年，市团委、市关工委、三亚海洋学院等部门都会组织志愿者进校园开展一系列活动，学校借助志愿者力量开展主题教育活动、趣味活动；自从1992年建校之初，我校就与91911部队携手共建，学校不定期组织四至六年级学生到部队实地参观，学习"规范行礼"，观摩"部队操练"，参观"宿舍内务"，聆听"英雄故事"，部队官兵根据学校需求入校担任辅导员，指导操练，营造了"军民一家亲"的和谐氛围。

（二）"阳光空间"评价方式

"阳光空间"所涉及的课程资源来自社会，活动的开展与政府、社会的需求相一致，所以在评价上就要根据资源性质来确定具体的评价方式。少年宫课程参考"阳光社团"评价方式；"志愿者进校园"课程不做结果性评价，只侧重于学生参与活动所产生的成效；"与91911部队共建"课程的评价分为两个方面：一是进军营的参观评价，要求学生完成参观任务；二是官兵进校指导评价，要求各班按时认真操练，定时以班级为单位进行展示。

六 鼓励"阳光晒艺"，展示课程魅力

"阳光晒艺"旨在通过"七彩光课程"的教学和培养，挖掘学生的潜力，让每个学生能够提高自己的知识技能和综合素养。同时学校也会为学生提供展示的平台，让每个学生能够充分发挥自己的才能，展现个人、团队的风采，增强学生的自信心。

（一）"阳光晒艺"展示形式

1. 中华优秀传统文化知识大赛

为了让同学们加深对中华优秀传统文化的了解，研读我们的文化宝库，我们不定期举办中华经典文化知识、古诗文诵读、书法艺术大赛，充分发挥学生的特长，弘扬祖国优秀传统文化，全面提高学生的综合素质。

2. 读书及征文活动

为了鼓励学生多读书，读好书，我们在预备铃响后的课间让学生积极参与《三字经》《国学》《三亚古诗词》的诵读活动，同时每周举办一次阅读分享会，每年举办

读书节活动和不定期举办征文活动,使阅读和写作成为学生的习惯,既培养了学生良好的语文素养,也发掘了学生的文化底蕴。

3. 摄影及绘画大赛

我们以气候变化、环境保护、城市发展等为主题,不定期举办摄影及绘画活动来营造良好的校园文化环境,展现学生的自我表现能力、审美能力和创造能力,丰富同学们的课余生活,给同学们一个展示自我的舞台。

4. 数学知识文化比赛

我们不定期举办数学手抄报、数学文化故事演讲、数学编程、数学24点、数学七巧板等丰富多彩的数学知识文化比赛,拓宽学生的知识面,提高学生的数学素养,发展学生的个性特长。

5. 英语主题活动比赛

我们通过英语演讲、英语手抄报、英语书写、英语歌唱、英语短剧等多种形式的比赛活动,激发学生学习英语的兴趣,营造良好的英语学习氛围。

6. 校园文化活动日演出

在元旦、教师节、儿童节等重要活动日,通过个人或集体形式的舞蹈、小品、歌唱、朗诵、乐器表演等演出,向全校师生展示了我校学生风采,丰富了同学们的课余文化生活,活动分为上报节目、筛选节目、预演彩排和正式演出四个部分。

(二)"阳光晒艺"课程评价

评价时,我们特别注重学生个性和特长的发展,关注学生学习过程,强调评价主体的多元化,即教师、家长、同学和学生本人都可以作为评价者。评价的方法主要是对学生进行展示性评价,如管乐、民乐、合唱、舞蹈、绘画、书法、手工等,除了在课堂内展示以外,还可通过"校园艺术节""校园活动日""元旦汇演"和其他重要节日,以舞台展演、书画展览等成果汇报的形式予以评价。我们还建立了学生的"成长记录长廊",将学生"阳光晒艺"的成果放到艺术长廊中,作为他们的成长记录。我们可以想象几年之后,学生看到自己作品时兴奋的样子,同时这样的展示形式也会间接地鼓励更多的孩子参与到"阳光晒艺"的活动中去。

七 推动"阳光整合",开发跨学科课程

"阳光整合"是指我校各学科相互打通重组,渗透融合,使学科之间优势互补,激发学生的学习兴趣,减轻学生的学习负担,让学生在学习中体验快乐。"阳光整合"是为了推进素质教育的发展目标,我们有效地开发和利用各学科的教学资源,围绕教学主题梳理整合成相应的知识技能,拓宽学生的知识视野,培养学生用整体性思维去认识世界,从而提高各学科的教学质量。

(一)"阳光整合"的基本做法

1. 语文与德育、美术跨学科

语文与德育在课程的培养目标上有重叠交叉部分,它们都强调培养人的素养与能力,并且这类课程基本上都安排语文老师一个人来授课,鉴于此,我们可以将授课内容及班级情况有机结合,拓展阅读相关的中外名著,以达到教育的目的。为了培养学生良好的阅读习惯,学校要求学生养成撰写读书笔记的习惯,在读书笔记的撰写上做到读写绘写相结合,从而融入了美术课程。

2. 语文与音乐、科学跨学科课程

我们将语文与音乐相结合,让学生在悠扬的乐曲中传唱诵读我国民族文化的精髓,那是一种精神享受,学生也能得到文学的熏陶与积累,同时也为我们的"读书节"活动做了充足的准备;语文学科中,有很多常识性的课文,这便成为语文与科学学科结合的切入点,并且从课内探究向课外延伸。

3. 信息技术与美术、科学跨学科课程

随着信息技术的快速发展,小学信息技术学科不能局限于技术工具教学,而要有大学科意识。小学信息技术与美术学科整合,拓展出电脑绘画课程,与语文、数学等学科整合,拓展出电子板报课程。编程、机器人、3D设计等创客内容与科学、综合实践学科不可分割,学校就把信息技术与科学整合,拓展出创客课程。信息技术与其他学科的整合,能培养学生的想象力、综合实践能力,激发起学生探索信息技术、科学技术的兴趣,学生的创新意识、创造能力得到提高。

4. 数学与体育跨学科课程

学生都喜欢体育运动,在数学教学中,我们注意整合体育学科的资源,使学生在快乐的活动中不知不觉地进行数学学习。在学习长方形的周长和面积时,让孩子们量一量学校的篮球场、足球场、排球场的长和宽,计算它们的面积和周长;教学"千米的认识"时,带孩子到操场上跑几圈,亲身体验一下一千米是多长;在学习"分秒的认识"时,结合体育课上一分钟跳绳的测试让学生体验一分钟有多久等等。

"阳光整合"是一个长期的不断探索不断实践的艰辛过程,把几个学科进行整合,使课程不再枯燥无味,通过多学科的知识互动、思维训练、能力培养,满足学生的需求,实现"以人为本"的教育观。

(二)"阳光整合"的评价方式

"阳光整合"评价是指整合两个或两个以上学科内容,组合成考核项目,并组织学生进行多元评测的过程,它不单单能满足单学科课程评价的目标,更能凸显多个学科的优势,促进学生学习的热情,让学习真正地发生(见表 3-12)。

表 3-12 三亚市实验小学"阳光整合"评价方式

整合学科	拓展课程	评价方式
语文+德育+美术	名著阅读、德育活动读书笔记	过程性评价与成果评价相结合,具体评价如下:1.每天自主阅读;2.每周一次班级读书分享;3.每月一次年级读书分享会;4.读书笔记撰写。
语文+音乐	经典诵读	1.以班级为单位开展课前三分钟诵读,纳入班级考核量化分;2.学生自主诵读,展示诵读作品,参与即可;3.团队诵读节目评价。
信息技术+美术	电脑绘画	1.校内"优芽"平台学生作品比赛;2.市级以上作品比赛。
数学+体育	在学科教学中渗透	结合具体知识点有机渗透,不做硬性评价。
科学+信息技术	创客课程	组建团队参与活动的结果性评价。
……	……	……

八 打造"阳光节日",激活七彩校园

"阳光节日"是指我校将校本课程、少年宫活动课程、社团活动等融合为"三位一体"的整体安排,在不同的时间段衍生出相应的"七彩节日"校园主题节文化,以活动形式展示"七彩光课程"的成果。根据学生的学习内容(价值主题),跨越学科、时空、场域等边界,以综合性活动为重要载体,对学科知识、儿童生活和社会体验进行适度融合,优化学习资源,创设生动可感的学习场景,把儿童的活动作为"学"与

"用"的中介,帮助儿童健康幸福地成长。

(一)"阳光节日"的活动设计

3月最后一周的星期一是我国中小学生安全教育日,学校举行"阳光安全节"活动,展示安全教育实践课程成果;4月23日是"阳光读书节",以国学、经典诵读、英语小品、演讲与口才等形式进行课程展示,展示的内容以语言与文学科目为主;5月10日是"阳光科技节",为参与科技制作、手工制作、汽车模型、飞机航空模型等社团提供展示的舞台,具体以自然与生活科技科目为主;6月11日是学校的"阳光体育节",展示学生的形体、礼仪、韵律、运动等,体现体育与健康科目的成果;10月10日是"阳光巧算节",展示学生的数理运算和逻辑推理能力,以数学文化课程展示为主;11月第四周为我校"阳光优芽节",以信息技术学科为主,要求师生通过优芽平台展示相关作品;12月底元旦前为我校"阳光艺术节",以文艺科目为主体,展示学生在器乐、歌唱、舞蹈、书法、绘画等方面的艺术成就(见表3-13)。

表3-13 三亚市实验小学"阳光节日"安排表

节日	时间	场地	科目	内容
阳光安全节	3月最后一周星期一	校园	实践课程	防灾演练
阳光读书节	4月23日	舞台、教室	语言与文学	演讲、诵读
阳光科技节	5月10日	操场	自然与生活技术	模型科技表演
阳光体育节	6月11日	操场	体育与健康	运动
阳光巧算节	10月10日	多媒体教室	数学	数学文化
阳光优芽节	11月第四周	三亚市实验小学优芽平台	信息技术	通过优芽平台展示作品
阳光艺术节	12月底	舞台	艺术	音乐、美术

(二)"阳光节日"的评价要求

"阳光节日"需要运用正确的教育观、课程观和儿童发展观对学生进行评价,以有效助推学生的发展。我校"阳光节日"的评价要求教师要善于发现并挖掘学生的优点,给学生创设自我展示的舞台,使其获得自信与成功的体验,激励其不断进步。

由于"阳光节日"活动的丰富多彩,学生的参与程度高,因而进行展示性评价,使大多数学生都有参与活动的机会和进行展示的舞台,让活动充满阳光活力。

综上所述,我校围绕着"让每一个孩子阳光灿烂"的办学理念,以充满阳光般正能量的教育贯穿课程发展之始终。"七彩光课程"的全面架构,进一步完善了学校的办学体系,深化学校课程改革,凸显学校办学特色。在课程建设与实施过程中,我校以科学性、人文性、系统性的管理推进学校课程的发展,实现培养具有"阳光品性、阳光体魄、阳光智慧、阳光生活"的阳光少年的育人目标。

(撰稿者:黄小龙、杨梅、刘顺泉、张娇燕、李永菊、冯伟凯、陈兴珠、林绿、胡蕾、莫光琪、林燕、周雪清、林丽春、哈冲晓、吴尚薇)

第四章　任务的协同性

◇

　　学校课程深度实施以任务的协同性为前提，协同促进系统有序化发生，它不断推动系统在开放中进行信息与能量的交换。学校课程是一个复杂的整体系统，课程实施的过程就是在真实情境中观照系统整体性而实现课程动态生成的对话过程。研究者不仅要关注课程实施的外部环境，也要关注课程系统内部各主体的能动自主性和各要素之间的整体协同性。

据课程整体性与系统性的特点,课程的发展会经历从无序到有序的螺旋式的非线性的发展历程,在这个过程中,课程的实施过程是整体课程将理论架构付诸实践的动态演化的过程,课程的实施策略能够反映出课程建构的深层逻辑,同时也彰显课程设计主体对课程内涵的理解程度。整体课程设计是一个复杂的体系结构,课程实施作为其中关键一环,也会经历系统发展的普遍规律,即经历从无序的混沌的状态向有序的清晰的状态发展的辩证统一的过程。在当前的课程范式中,课程从"服从预设目标"语境走向"理解课程"的语境,对课程文本的理解会遵循个性化、多元化、情境化的原则。基于系统论兴起的协同理论认为,开放系统发展的原动力与系统各要素之间的非线性交互活动的深度与广度成正比。这与课程实施重点关注任务的整体性与动态性的理念相当契合,因此以任务的协同理论为基础建构课程整体实施蓝图是课程范式深度发展的必然选择,这既是提升课程建设品质的客观需求,也有助于进一步推动课程实施策略的不断发展。

◇ 一、任务协同理论的一般分析

(一) 任务协同性的基本观点

协同一词,狭义上是指协作互助,广义上包含合作与竞争的对立统一,协作是系统在发展过程中子系统和各个因素之间为了共同的目标而展现的非线性交互状态。协同可以使子系统功能之和大于各个系统,因此协同在一定程度上充分彰显了系统整体性的特点。协同思想是中国传统文化的重要组成部分,比如在《乐府诗集》中有"协同内外,混一戎华"的表述,充分显示协同之团结协作的深刻内涵。20世纪70年代,联邦德国的赫尔曼哈肯教授提出了协同理论,主要研究开放复杂的系统中亚系统在交互中推动系统状态从无序到有序发展的普遍规律。该理论认为,任务协同的本质就是系统中各个主体主动打破障碍建立非线性交互,从而推动系统向立体化、有序化发展的过程。协同促进系统有序化发生,它不断推动系统在开放中进行信息与能量的交换,在此过程中产生负熵,同时关注系统内部微观与宏观的同步协作,辩证统一地保持竞争与协同的平衡。协同学在教育领域以主体不同衍生出三个基本概念,即协同教育、协同教学和协同学习。

（二）任务协同性的重要价值

协同理论强调系统的有序性，课程实施作为一个系统，必须保持开放性、动态交互性和有序性，因此从任务的协同性视角思考课程实施策略，适度保持系统开放状态，关注课程实施中的多维结构与多元主体的同步与协作，一定能够保证课程实施系统的有序发展和课程实施主体的有序发展，从而为建构有品质有内涵的立体化的整体课程体系奠定基础。

二、任务的协同性增进策略

随着社会的不断进步，人们的思维方式从单一的线性的状态向关注系统整体性发展。同理，寻求整体课程深度实施策略，需要以系统论中的任务协同性为逻辑出发点，将课程与课程外部环境看作一个密不可分的整体进行审视，坚持情境性、动态生成性原则和综合实践性的原则，为探索课程深度实施策略提供多种可能。基于以上认识，课程实施的任务协同性增进策略架将从课程系统的三个层面展开探讨。

（一）宏观维度下的内外环境协同

从宏观维度而言，自身系统会受到外部因素的影响，与外部系统不断发生信息、物质、能量的交换。课程体系的开放性是课程实施不断走向深度的前提条件。开放就意味着课程的实施必须从宏观层面思考如何将课程内部与外部环境进行协同，需要课程建构者深入分析课程情境，实现国家、地方和学校的课程目标的协同，实现学校、家庭、社会三方的课程资源的协同，达成活动、任务、形式的协同。课程实施的过程就是主体协同、目标协同的对话、体验、创生的过程。三亚市第二幼儿园的"小鲸灵课程"紧紧围绕《幼儿园工作规程》《幼儿园教育指导纲要（试行）》和《3—6岁儿童学习与发展指南》等文件精神，基于"自由玩耍，自在生活"的办园理念和所处地域的特点，建构了以"鱼跃、海阔、幸福、美好"为关键词的育人目标，并依据育人目标制定出详细的课程目标，充分联合社区与家庭，充分挖掘课程系统内外的资源，最大程度保证课程实施中的开放性和生态平衡，为课程深度实施指明了方向。

（二）中观维度下的内部组织协同

在任务的协同中，"合作活动与竞争活动至少有同等的重要性，在大多数情况下,合作活动起着主导作用"。① 各个要素之间相对独立又内在统一,对系统发展追求共同愿景,统一为系统发展提供支持,这是中观维度中任务协同性的基本体现。同时,协同学中的伺服原理认为,虽然系统运行结果是子系统之间相互协调、相互作用的结果,但要考虑到快变量是被慢变量决定的。在伺服原理下,课程的深度实施,不仅依靠课程结构内部各个子系统之间的协调与配合,更要有主次之分,清晰地把握当前任务的重点,秉持"和而不同"的理念,充分发挥不同组织的作用。内部组织协同能够为课程实施增添动力。在课程实施方面,"小鲸灵课程"关注过程性与自主性,从"嬉游学习、嬉游生活、嬉游运动、嬉游玩耍、嬉游节日、嬉游家园、嬉游美食、嬉游之旅"等八个方面推进课程不断发展,亦发挥课程内容、课程管理、课程评价等多边作用,实现所有要素的参与和整合。

（三）微观维度的个体关系协同

从微观层面而言,协同理论认为,系统在发展过程中存在着无序状态,是因为系统中的个体具有差异性,课程实施最重要且最基本的个体就是老师和学生,课程实施系统从无序走向有序的过程就是课程在实施过程中增强个体协同意识的过程,即注重微观维度的个体关系协同。一方面,要加强教师的专业水平,提升专业素养,教师要对自己的教育使命教育任务有清晰的认识;另一方面,教师要认识到学生是独立的个体,是主动的学习者,注重学生的个体差异,引导学生进行反思性学习,让学习者在知识、情感、态度及价值观等方面进行内部协同,充分发挥学习者的自主性与独立性。三亚市第二幼儿园的"小鲸灵课程"将关注幼儿学习与发展的整体性,尊重幼儿发展的个体差异性,理解幼儿的学习方式与特点,重视幼儿的学习品质等作为课程实施的基本原则,搭建师幼平等对话的平台,为幼儿营造宽松适宜的学习生活环境,在一日生活的各个环节中发挥协同效应。

总之,课程实施的过程就是主体协同、目标协同的对话、体验、创生的过程。在课程实施过程中,只有时刻关注任务的协同性发展,真正实现打破课程系统要素之间的壁垒与障碍,才能充分发挥合力育人的"协同效应",实现课程的深度实施。

（撰稿者:刘怡坤）

---

① 鲍勇剑.协同论:合作的科学——协同论创始人哈肯教授访谈录[J].清华管理评论,2019(11):6—19.

深度创意　　"小鲸灵"课程：让孩子在自由玩耍中获得成长

三亚市第二幼儿园是海南省一级幼儿园，三亚市示范园。园所创建于1989年，园所占地面积约3563平方米，现有12个班级。园所设施完备，有图书馆、爱迪生科学发现室、食育馆、美术室、音体室、建构室等多个功能室，并配备教工之家和各类会议室；户外场地包括沙水区、攀爬区、跑道区、投掷区、种植区、骑行区、涂鸦区等；园所环境幽雅，花开四季，植被种类繁多，园所整体呈现蓝白简约的海洋风格，幼儿园是幼儿"玩中学、学中乐、乐中长"的幸福港湾，孩子们是港湾里自在畅游的"小鲸灵"。在《幼儿园工作规程》《幼儿园教育指导纲要（试行）》《3—6岁儿童学习与发展指南》的引领和方向指导下，在全体教职工对"海涵于爱，呵护于行"这一责任担当的深刻理解和实践中，我园始终坚守"携手共建爱的港湾"的办园思路，逐渐形成以"爱"为核心的温馨和谐、真诚相待、团结文明、乐观向上的园所文化。我园始终坚持以幼儿为本，坚持科学发展观，为推动幼儿德、智、体、美、劳全面和谐发展而不断改进努力。近年来，我园被授予"三亚市教育系统先进单位""三亚市巾帼文明岗""吉阳区先进基层党组织"等荣誉称号。为进一步提升办园品质，我们根据《幼儿园工作规程》《幼儿园教育指导纲要（试行）》《3—6岁儿童学习与发展指南》，推进我园课程建设，取得了可喜的成绩。

第一部分　学校课程哲学

我园立足当地自然与人文环境，将三亚的海洋文化与教育理念相结合，将幼儿园比作幸福的港湾，孩子们宛如自在畅游的小鲸鱼。鲸鱼是极其具有母性的温和、充满力量的哺乳动物，它们具有很强的团队意识，这与幼儿园教师的品质极其相似。同时鲸鱼具有独一无二、勇敢善良、单纯可爱的优秀品质，我们希望每一个幼儿都能像海洋里的"小鲸灵"，在充满爱的港湾里自由自在地游戏与生活，勇敢地做最好的自己，获得全面协调多元化的发展，为未来的学习和终身发展奠定良好基础。

一 教育哲学

学校教育肩负使命,学校教育的发展要以人的发展为出发点,教育哲学就是学校价值观取向的本质体现。结合园所所处地域文化与整体结构特征,我们将幼儿比作自由自在畅游于大海的"小鲸灵",我们认为幼儿在幼儿园的生活和学习状态应该是自由自在、自然而生,教育者要为幼儿创设宽松、民主、自由、和谐的文化氛围,支持幼儿的发展;幼儿园的课程应该是丰富多彩的,园所内不仅是知识交流的场所,更是情感流动的场所;同时我们认为幼儿教育的本质就是为孩子们创造一个自由宽松的环境促进其全面发展,让孩子们在无忧无虑的嬉戏玩耍与自在生活中获得前行的力量和成长的动力。因此,我们将"嬉游教育"作为我园的教育哲学。"嬉"即嬉戏,指幼儿无忧无虑自在玩耍的状态;"游"即游戏,指幼儿园里所有的游戏活动。"嬉游教育"的核心理念是让孩子在自由玩耍中获得成长。"嬉游教育"以尊重儿童的天性为出发点,以科学的儿童观为指导,通过为儿童创设宽松自在的环境,支持幼儿的生活、学习与游戏,从而促进儿童全面发展。我们认为:

"嬉游教育"是倡导爱与尊重的教育。教育是有温度的,我们要做一个有情怀的教育者,幼吾幼以及人之幼。从儿童视角出发,尊重幼儿的发展规律与成长需求,接纳、包容、鼓励、支持幼儿,让孩子们感受到爱意的流动,促进其积极情感、良好个性的发展,从而形成爱与尊重并存的园所文化。

"嬉游教育"是平衡自由与规则的教育。自由乃生命的自然法则,自由是儿童正常化发展的必要条件。儿童只有在一个自由的氛围里才能展现真实的自我,告诉我们其发展的真实需求。儿童具有内在的发展规律,其发展之路必须是自由的。教师要在有准备的、适宜的环境中充分保障幼儿自由自在玩耍的权利,呵护幼儿喜爱自由探索的天性,让幼儿在自主探索与玩耍中不断学习与成长;自由不等于放纵,我们在给予幼儿自由权利的同时,也会培养幼儿的规则意识,帮助其建立秩序感,从而实现自主与自制、责任与尊重四者相统一的真正的自由教育。

"嬉游教育"是培养热爱生活、向上向善的人的教育。教育者要珍视儿童哲学,培养具有创新意识和批判性思维、具有独立人格、热爱生活、乐观向上、善良友爱的儿童。

我们的教育信条——

我们坚信，

每一个孩子都是自由的"小鲸灵"；

我们坚信，

自由与爱是打开孩子心灵的钥匙；

我们坚信，

自在玩耍是孩子学习的重要方式；

我们坚信，

教育的艺术在于尊重、放手和支持；

我们坚信，

让孩子们学会自在生活是教育的使命。

基于幼儿园的教育哲学，我们提出了"自由玩耍，自在生活"的办园理念。我们希望园里每一个孩子都能够在宽松自由、充满爱意的氛围中成长为健康友善、文明独立、勇敢自信、好问乐学的人。

二　课程理念

课程理念是确定课程内容、课程方法的基础，基于园所教育哲学，我们确立了"让孩子在自由玩耍中获得成长"的课程理念。

课程即自在生活。儿童的自在生活是一种状态，儿童的生活世界是教育发生的场所，儿童的体验和经验构成了学校教育的重要内容，自在生活也是课程的重要内容，幼儿园的课程应该来自幼儿的真实生活之中，来自幼儿的游戏之中。著名教育家陶行知先生指出："要解放孩子的头脑、双手、脚、空间、时间，使他们充分得到自由的生活，从自由的生活中得到真正的教育。""生活教育论"始终是我们开展教育活动的理论指导。他主张："生活即教育，社会即学校，教学做合一。"我们坚信儿童的一日生活皆课程，幼儿园的课程都是以儿童的生活经验为前提而生成的，在课程当中，我们应当注重幼儿之间释放天性的自然的自在的生活状态，让儿童的课程遵循"生活"与"自在"的理念，使课程为幼儿的自在生活服务，使课程成为幼儿自在生活的一部分。

课程即个性张扬。个性，也称人格，是一个人在一定的社会条件下形成的具有一定倾向性的、比较稳定的独特的各种心理特征的综合。3—6岁的幼儿,处于个性形成期,这一时期也是开始时期和关键时期。幼儿个性的健康发展,有利于幼儿个人良好品质的养成,幼儿园承担着促进幼儿个性健康发展的重要任务,因此培养幼儿良好个性也是幼儿园课程的核心责任。现代教育倡导的个性化发展与素质教育是相辅相成的,《3—6岁儿童学习与发展指南》中指出,当下幼儿园教育应当充分尊重幼儿人格,尊重幼儿身心健康发展的科学规律,将游戏作为一项基本活动,注重幼儿的个体差异,促进幼儿的个性发展与培养。嬉游教育是对游戏精神的阐释,因此在课程中也处处彰显游戏的精神,课程开展的过程,就是幼儿游戏的过程,幼儿游戏的过程,就是个性发展、个性张扬的过程。

课程即自主创造。幼儿是未来的建设者、创造者,他们不仅仅要有丰富的知识,熟练的技能,还要有大胆革新、善于创造的本领。培养幼儿的自主创造的意识,是幼儿园课程的重要目标之一。幼儿的自主创造,是指幼儿有兴趣、能够积极主动地创造出对其个人来说是全新的、前所未有的事物。研究表明,每个幼儿都蕴藏着创造的潜力,幼儿课程是培养幼儿创造意识的重要环节。我们的办园理念是"自由玩耍,自在生活",就是鼓励幼儿在自由宽松的环境中学会欣赏美,创造美,成为富有创造精神、创新意识、创新能力的幼儿,保护幼儿的天性,激发他们的好奇心与求知欲,让幼儿在课程中真正体会到自主学习、自主探究、自主创造的乐趣。

课程即爱意流动。课程不仅仅是学习的过程,也是师幼之间、幼幼之间、师师之间情感交流的过程。嬉游教育的精神内核是以人为本,即注重个体情感与个体经验的发生与发展,课程的内容来源于真实生活,这是幼儿发现爱、感受爱的源泉;课程的实施过程中形成爱与尊重的平等师幼关系氛围,是促进爱的能力发展的良好环境基础;在课程中,幼儿的创造与表达是自由的、宽松的,这是自由表达爱的核心。在课程中,从发现爱,到感受爱,再到表达爱,整个过程就是爱意流动的过程。

总之,我园课程理念的建构以尊重儿童爱玩、爱探索、喜欢自由的天性为出发点,通过组织形式丰富的活动鼓励幼儿自由玩耍、自主学习,让幼儿在宽松自由的文化氛围中获得全面发展。

第二部分　学校课程目标

我们希望二幼的孩子犹如大海中幸福的小鲸鱼一样,自由自在、无忧无虑,同时希望二幼的孩子们向大海里活泼自由的小鲸鱼学习,学习它们善良、团结、勇敢的美好品质。因此我们基于"自由玩耍,自在生活"的办园理念和所处地域的特点,建构了以"鱼跃、海阔、幸福、美好"为关键词的育人目标,并依据育人目标制定出详细的课程目标。

一　育人目标

我园的育人目标是培养具有"鱼跃、海阔、幸福、美好"等关键特征的儿童,简要描述如下:

"鱼跃"即身体健康、心理健康。增强幼儿体质,发展动作协调性,培养健康生活的态度和行为习惯,适应幼儿园的生活,情绪稳定,生活、卫生习惯良好,有基本的生活自理能力,有初步的安全和健康知识,知道关心和保护自己,喜欢参加体育活动。

"海阔"即喜欢探索,善于表达。激发幼儿的好奇心和想象力,发展认知能力,喜欢观察,乐于动手动脑、发现和解决问题。愿意与同伴共同探究,能用适宜的方式表达各自的发现,并相互交流。提高幼儿语言表达的积极性,提高幼儿语言表达能力。

"幸福"即富于创造,欣赏表现。丰富幼儿的情感,培养初步的感受美、表现美的情趣和能力,能初步感受环境、生活和艺术中的美,喜欢艺术活动,能用自己喜欢的方式大胆地表现自己的感受与体验。

"美好"即友好交往,自主自信。增强幼儿的自尊、自信,培养幼儿关心、友好的态度和行为,喜欢参加游戏和各种有益的活动,活动中快乐、自信、勇敢。乐意与他人交往,礼貌、大方,对人友好,能分辨对错,能按基本的社会行为规则行动。乐于接受任务,努力做好力所能及的事。

二　课程目标

基于幼儿园育人目标和课程理念,我园以《幼儿园教育指导纲要(试行)》和《3—6岁儿童学习与发展指南》为基础,将育人目标进一步细化,按照小班、中班和大班三个年龄段幼儿不同的身心发展特点制定了详尽的课程目标(见表4-1)。

表4-1 三亚市第一幼儿园课程目标表

内容\年龄段	鱼跃		海阔		幸福		美好	
	身体健康	心理健康	喜欢探索	善于表达	富于创造	欣赏表现	友好交往	自主自信
小班	1. 喜欢参加体育活动。 2. 分散跑时能躲避他人的碰撞。 3. 能身体平稳地双脚连续向前跳。 4. 能行走一公里左右(途中可适当停歇)。 5. 能熟练地用勺子吃饭。	1. 情绪比较稳定,很少因一点小事哭闹不止。 2. 有比较强烈的情绪反应时,能在成人的安抚下逐渐平静下来。 3. 换新环境时,情绪较愉快,稳定,睡眠饮食基本正常。 4. 在老师的帮助下,能较快适应集体生活。	1. 喜欢接触大自然,对周围很多事物和现象感兴趣。 2. 经常问各种问题或好奇地摆弄物品。 3. 对感兴趣的事物能仔细观察,发现其明显特征。 4. 初步了解和体会动植物和人们生活的关系。	1. 愿意在熟悉的人面前说话,能大方地与人打招呼。 2. 愿意表达自己的需要和想法,必要时能配以手势动作。 3. 能口齿清楚地唱儿歌、童谣或复述简短的故事。 4. 喜欢跟读韵律感强的儿歌、童谣。	1. 能模仿学唱短小歌曲。 2. 能跟随熟悉的音乐做身体动作。 3. 能用声音、动作、姿态模拟自然界有趣的事物。 4. 能用简单的线条和色彩大胆画出自己想画的人或事物。	1. 喜欢听音乐或观看舞蹈、戏剧等表演。 2. 乐于观看其他画、泥塑或其他艺术形式的作品。 3. 经常自哼自唱或模仿有趣的动作、表情和声调。 4. 经常涂涂画画、粘粘贴贴并乐在其中。	1. 愿意和小朋友一起游戏。 2. 想加入同伴的游戏时,能友好地提出请求。 3. 在成人指导下,不争抢、不独霸玩具。 4. 与同伴发生冲突时,能听从成人的劝解。	1. 能根据自己的兴趣选择游戏或其他活动。 2. 为自己的行为或活动成果感到高兴。 3. 自己能做的事情愿意自己做。 4. 喜欢承担一些小任务。

150

续表

内容 年龄段	鱼跃		海阔		幸福		美好	
	身体健康	心理健康	喜欢探索	善于表达	富于创造	欣赏表现	友好交往	自主自信
中班	1. 喜欢且愿意参加体育活动。2. 能与他人玩追逐、躲闪跑的游戏，能借助跑跳过一定距离或助跑跨跳过一定高度的物体。3. 能连续行走1.5公里左右（途中可适当停歇）。4. 会用筷子吃饭。	1. 经常保持愉快的情绪，不高兴时能较快活动。2. 有比较强烈的情绪反应时，能在成人提醒下逐渐平静下来。3. 愿意把自己的情绪告诉亲近的人，一起分享快乐或寻求安慰。4. 能较快适应人际环境中发生的变化，如换了新老师能较快适应。	1. 喜欢接触新事物，经常问一些与新事物有关的问题。2. 常常动手动脑探索物体和材料，并乐在其中。3. 能对事物或现象进行观察，比较发现其相同与不同。4. 初步感知常用科技产品与自己生活的关系，知道科技产品有利也有弊。	1. 愿意与他人交谈，喜欢谈论自己感兴趣的话题。2. 能基本完整地讲述自己的所见所闻和经历的事情。3. 讲述比较连贯。4. 喜欢把听过的故事或看过的图书讲给别人听。	1. 能用自然的声音基本准确地唱歌。2. 能通过即兴哼唱、即兴表演或给熟悉的歌曲编词来表达自己的心情。3. 能用拍手、踏脚等身体动作或可敲打的物品敲打节拍或基本节奏。4. 能运用绘画、手工制作等表现自己观察到或想象的事物。	1. 能够专心地观看自己喜欢的文艺演出或艺术品，有模仿和参加的愿望。2. 欣赏艺术作品时会产生相应的联想和情绪反应。3. 经常唱唱跳跳、愿意参加歌唱、律动、舞蹈等表演活动。4. 经常绘画、捏泥和手工制作等多种方式表现自己的所见所想。	1. 喜欢和小朋友一起游戏。2. 会应用技巧介绍自己、交换玩具等简单技巧加入同伴游戏。3. 对大家都喜欢的东西能轮流分享。4. 与同伴发生冲突时能在他人帮助下和平解决。5. 活动时愿意接受同伴的意见和建议，不欺负弱小。	1. 能按自己的想法自己进行游戏或其他活动。2. 知道自己的一些优点和长处，并对此感到满意。3. 自己的事自己做，尽量自己做，不愿意依赖他人。4. 敢于尝试有一定难度的活动和任务。

151

续 表

内容\年龄段	鱼跃 身体健康	鱼跃 心理健康	海阔 喜欢探索	海阔 善于表达	幸福 富于创造	幸福 欣赏表现	美好 友好交往	美好 自主自信
大班	1. 能主动参加体育活动。2. 能躲避他人扔过来的球或滚过来的沙包。3. 能连续跳绳。4. 能连续行走1.5公里左右（途中可适当停歇）。5. 能熟练使用筷子吃饭。	1. 经常保持愉快的情绪，知道引起自己某种情绪的原因，并努力缓解。2. 表达情绪的方式比较适度，不乱发脾气。3. 能随着转换情境的需要转换情绪和注意。4. 能较快融入新的人际关系，如换了新环境，如换了新的幼儿园或班级能较快适应。	1. 对自己感兴趣的问题总是刨根问底。2. 能经常动手动脑，寻找问题的答案。3. 探索中有所发现时感到兴奋和满足。4. 能通过观察、比较与分析，发现并描述不同种类物体的特征或某个事物前后的变化。5. 初步了解人们的生活与自然环境的密切关系，知道尊重珍惜生命，保护环境。	1. 愿意与他人讨论问题，敢在众人面前说话。2. 能有序、连贯、清楚地讲述一件事。3. 能使用常见的形容词、同义词等，语言比较生动。4. 喜欢与他人一起谈论图书和故事的有关内容。	1. 能用自己基本准确的节奏和音调唱歌。2. 能用律动或简单的舞蹈动作表现自己的爱或自然界的情绪。3. 能自编自演故事，并为表演简单的服饰、道具选择和搭配或布景。4. 能用自己制作的美术作品布置环境美化生活。	1. 艺术欣赏时常用表情、语言等表达自己的理解。2. 愿意、交流自己分享、喜爱的艺术作品和美感体验。3. 积极参与艺术活动，有自己比较喜欢的活动形式。4. 能用多种工具、材料或不同的表现手法表现自己的感想和想象。5. 艺术活动中能与他人相互配合，也能独立表现。	1. 有自己的好朋友，也喜欢结交新朋友。2. 能想办法吸引同伴和自己一起游戏。3. 活动时能同伴分工合作，遇到困难能一起克服。4. 与同伴发生冲突时能够自己商量解决。5. 知道别人的想法有时和自己不一样，能倾听和接受别人的意见，不能接受时也会说明理由。6. 不欺负别人，也不允许别人欺负自己。	1. 能主动发起活动或在活动中出主意，想办法。2. 做了好事或取得了成功后还想做得更好。3. 自己的事情自己做，不会的愿意学。4. 主动承担任务，遇到坚持而不轻易求助。5. 与别人不同时，敢于坚持自己的看法，不能接受的意见，并说出理由。

152

第三部分　学校课程体系

幼儿园课程在"嬉游教育"的教育哲学引领下,结合本园具体的课程目标和课程资源,建构出符合本园实际的"小鲸灵"课程体系。

一　课程逻辑

我园紧紧围绕《幼儿园工作规程》《幼儿园教育指导纲要(试行)》和《3—6岁儿童学习与发展指南》等文件精神,制定了我园的"小鲸灵"课程(见图4-1)。

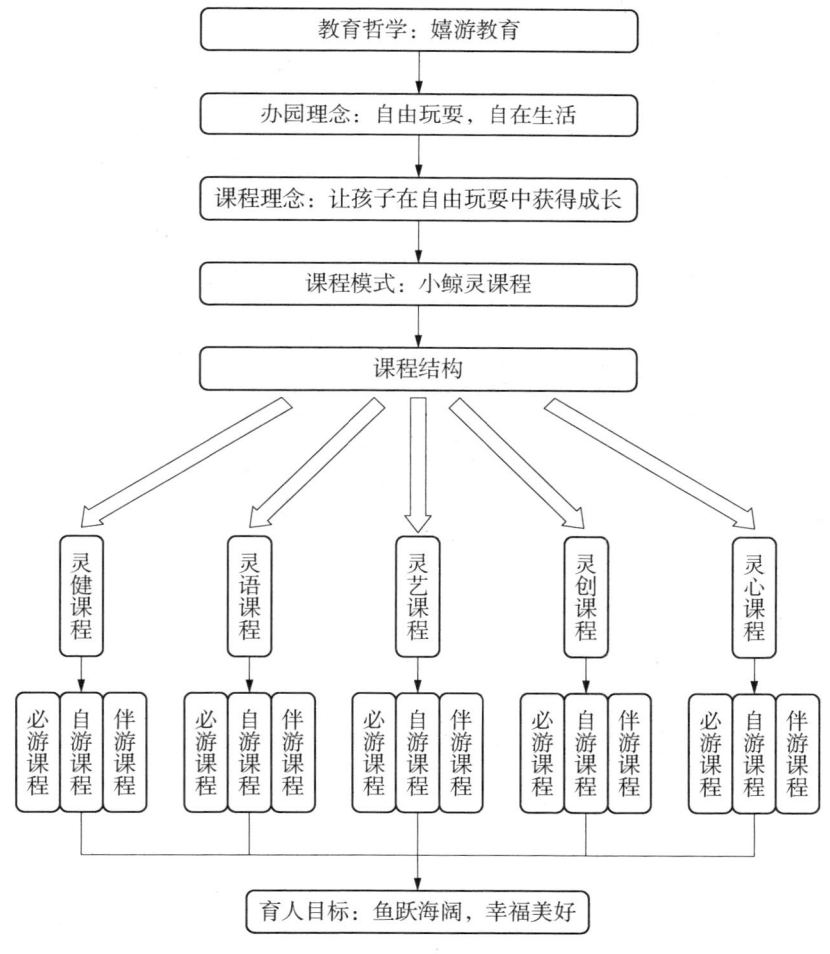

```
教育哲学：嬉游教育
        ↓
办园理念：自由玩耍，自在生活
        ↓
课程理念：让孩子在自由玩耍中获得成长
        ↓
课程模式：小鲸灵课程
        ↓
      课程结构
  ↙  ↙  ↓  ↘  ↘
灵健课程 灵语课程 灵艺课程 灵创课程 灵心课程
 │    │    │    │    │
必自伴 必自伴 必自伴 必自伴 必自伴
游游游 游游游 游游游 游游游 游游游
课课课 课课课 课课课 课课课 课课课
程程程 程程程 程程程 程程程 程程程
        ↓
育人目标：鱼跃海阔，幸福美好
```

图4-1　三亚市第二幼儿园课程逻辑图

二 课程结构

我园依据《3—6岁儿童学习与发展指南》将幼儿园课程分为五大类（见图4-2），分别为：灵健课程（健康与体育）、灵语课程（语言与交流）、灵心课程（自我与社会）、灵创课程（科学探究与逻辑）、灵艺课程（艺术与审美）。

图 4-2 三亚市第二幼儿园课程结构图

上图中，各类课程内涵如下：

（1）灵健课程即健康领域的课程，本课程从《3—6岁儿童学习与发展指南》出发，将幼儿的身心健康发展作为课程目标，从身心状况、动作发展、生活习惯与生活能力等方面设置了相关课程。基于幼儿的身心发展特点，我们设置了户外体育活动和户外区域游戏活动等。

（2）灵语课程即语言领域的课程，此课程从促进幼儿语言的发展目标出发,通过绘本阅读、讲述、谈话等多种形式的倾听与表达、阅读与书写准备等方面的活动,为幼儿创设想说、敢说、会说的自由交流的氛围,增强理解和表达能力。

(3)灵心课程即社会领域的课程。此课程关注幼儿的个性与社会性的和谐发展,通过日常生活和游戏中的交往活动使幼儿逐渐从个人中心的发展阶段顺利平稳地过渡到关注周围人与周围环境的发展阶段,逐渐增强爱己爱人的意识与能力,从而形成健全的人格,学会遵守基本的行为规则,提升个体的人际交往能力和社会适应能力。

(4)灵创课程即科学领域的课程。此课程关注幼儿的科学探究与形象思维、逻辑思维能力的发展,保护激发幼儿的好奇心与求知欲,鼓励幼儿在探究过程中积极主动地发现问题、思考问题、解决问题,不断积累经验、运用新经验,形成终身受益的学习态度和能力。因此基于幼儿对科学探究与数理逻辑的学习特点,我们设置了感知体验、科学实操、数学思维等活动,从而促进幼儿探究能力、创造力的发展。

(5)灵艺课程即艺术领域的课程,我们始终相信儿童天生是爱美的,每个幼儿对美的体验与感受是不一样的,此课程围绕促进幼儿发现美、感受美、创造美的目标,设置了丰富多彩的美术与音乐的活动,希望幼儿能通过一系列的艺术欣赏与艺术实践活动,创造出属于自己的独一无二的美。

三 课程设置

"小鲸灵"课程从五大领域出发,将课程分为五大方面,五大类课程下面均包含必游课程、自游课程和伴游课程三个方面。必游课程是基础性课程,以年级为单位制定主题,在各个主题中呈现不同领域的活动内容。自游课程是探索性课程,基于幼儿自身兴趣,开设丰富多彩的活动,鼓励幼儿个体化多元化发展,有食育、科学、舞蹈、美术等兴趣小组,还包括各区域的自主游戏,有骑行、沙水、涂鸦、建构等多个区域的活动。伴游课程是基于家园共育的亲子课程,此课程有助于增强幼儿园与家长的教育合作关系,为幼儿的发展提供更多的教育契机,促进家园共同发展。伴游课程中包括家长助教、亲子郊游、主题教育、亲子共读等方面的活动(见表4-2)。

表4-2 三亚市第二幼儿园"小鲸灵"课程设置表

		灵健课程	灵语课程	灵心课程	灵创课程	灵艺课程
小班上学期	我爱我的幼儿园	必游课程	健康:洗手儿歌 健康:滑滑梯 体育:快乐的小猫 食育:制作汤圆,制作饼干	故事:学会问好(其他) 故事:见面(其他) 诗歌:幼儿园像我家	社会:走一走、瞧一瞧 社会:送玩具回家(其他) 社会:三只小猪上幼儿园	数学:熊宝宝上学 数学:生日舞会(其他) 科学:找朋友(其他)	手工:撕报纸(其他) 绘画:动物的花衣服(其他) 绘画:给月饼涂颜色(其他)
		自游课程	自主游戏、骑行区、碳木区、沙水区、涂鸦区、塑料积木区、美食小组、科学探究课程和阅读、美术、舞蹈组					
		伴游课程	听到音乐停下来 我来当老师 小窗摇一摇 亲子食育活动、亲子春游活动、亲子秋游活动					
小班下学期	小雨沙沙	必游课程	健康:文明进餐我会做 健康:喝水好处多 体育:过小河 食育:制作比萨	诗歌:伞 诗歌:小雨滴答 故事:小蝌蚪找妈妈	社会:打雷闪电我不怕 社会:帮助兔奶奶 社会:池塘里的小不点	数学:下雨啦 数学:采松果 科学:小蝌蚪成长记	绘画:彩色的小雨点 绘画:大雨和小雨 手工:会游泳的小蝌蚪
		自游课程	自主游戏、骑行区、碳木区、沙水区、涂鸦区、塑料积木区					
		伴游课程	袋鼠妈妈 太阳和小雨点 亲亲小雨滴 亲子食育活动、亲子春游活动、亲子秋游活动					

续 表

			灵健课程	灵语课程	灵心课程	灵创课程	灵艺课程
中班上学期	美丽的家乡	必游课程	健康:心情播报 健康:他为什么肚子疼 健康:家乡特产展览会 食育:制作椰子方糕	故事:美丽的家乡 故事:蒲公英旅行记 诗歌:小猪胖嘟嘟	社会:我的家乡海南岛 社会:马路变宽了 社会:椰树下面有条龙	数学:彩旗飘飘 数学:小动物搬家 数学:槟榔树和椰子树	游戏:城门城门儿丈高 绘画:家乡的房子 游戏:传花游戏
		自游课程	自主游戏、碳木区、攀爬区、表演区、沙水区、涂鸦区					
		伴游课程	大脚小脚逛果园 我为城市建高楼 小心陷阱 亲子食育活动、亲子春游活动、亲子秋游活动				
中班下学期	我爱阅读	必游课程	体育:运书忙 体育:玩纸盘 体育:大转盘 食育:制作汤圆 制作比萨 制作水果布丁 包粽子	故事:图书的秘密 故事:小猪变形记 诗歌:春天的色彩	社会:我喜欢的书 社会:送给好朋友的书签 社会:春晓	科学:厚与薄 科学:纸飞机 科学:神奇的无字信	歌唱歌谣:读书郎 绘画:小熊过桥 游戏:旋转木马
		自游课程	自主游戏、碳木区、攀爬区、表演区、沙水区、涂鸦区				
		伴游课程	应该怎么阅读 参观图书馆 我的一家人 亲子食育活动、亲子春游活动、亲子秋游活动				

续 表

		灵健课程	灵语课程	灵心课程	灵创课程	灵艺课程
大班上学期	多民族大家庭	必游课程	体育:小小蒙古手 健康:那达慕大会开始啦 健康:赛马 食育:制作饼干 制作芒果布丁 制作纸杯蛋糕	故事:五十六个民族一家人 故事:民族大联欢 故事:月亮船	社会:民族特色美食街 社会:阿凡提的故事 社会:犟龟(其他)	科学:游览民族文化村 科学:各民族的节日 数学:民族娃娃来做客	绘画:黎族筒裙 律动:掀起你的盖头来 绘画:椰子园
		自游课程	自主游戏、沙水区、骑行区、涂鸦区、表演区、户外搭建区、扭扭建构区				
		伴游课程	少数民族的秘密 香喷喷的奶茶 少数民族一家人 亲子食育活动、亲子春游活动、亲子秋游活动				
大班下学期	图书的秘密	必游课程	体育:运书 健康:好书帮助我 体育:看图做动作 食育:制作汤圆 制作水果比萨 制作寿司 包粽子	故事:我家的书 故事:蝴蝶结 诗歌:荡秋千	社会:童话里的人物 社会:白猫和黑猫 社会:方脸和圆脸	数学:各种各样的书本 科学:书店 科学:书的秘密	绘画:小人书,不要哭 绘画:漫画欣赏(父与子) 节奏乐:欢乐的满山谷
		自游课程	自主游戏、沙水区、骑行区、涂鸦区、表演区、户外搭建区、扭扭建构区				
		伴游课程	逛书店 看图传话 你说我猜 亲子食育活动、亲子春游活动、亲子秋游活动				

第四部分　学校课程实施与评价

我园从"嬉游学习、嬉游生活、嬉游运动、嬉游玩耍、嬉游节日、嬉游家园、嬉游美食、嬉游之旅"等八个方面推进课程实施，每一个课程实施方面都制定相应的课程评价方法，使课程实施有章可循。

一　夯实"嬉游学习"，挖掘课程深度

"嬉游学习"关注的重点是幼儿的学习方式与学习品质，"嬉游"二字彰显对幼儿游戏天性的呵护，教育者在游戏精神的引领中，摸索尊重幼儿学习特点的学习方式。

幼儿是在直接感知、实际操作和亲身体验中获取经验的，因此"嬉游学习"是一种"感知＋体验＋探究"相结合的主题式学习，"嬉游学习"具有渗透性和综合性，它将五大领域进行融合，旨在促进幼儿综合能力的发展。"嬉游学习"的实质是以幼儿的兴趣和需要为原点，引导幼儿在动手操作中发现学科知识之间的内在联系，在感知、体验与探究中提升运用学习经验解决实际问题的能力。

（一）"嬉游学习"的实施途径

"嬉游学习"是根据我园主题课程开展的，以主题为轴心，以教师为主导，幼儿采取集体、小组合作与个人操作相结合的学习途径，在对"主题式"单元进行多元化的探讨，获得新的知识经验和能力，养成良好的学习品质。其中"学习主题"基于幼儿的生活经验、学习兴趣、发展需要和周围的教育资源而设定，把幼儿的情感、认知、能力和价值观的发展有机结合，思考教育目标、教育内容、教育方法和教育手段之间的相互联系，采用适宜的方式满足幼儿发展的需要。多渠道丰富幼儿对主题的认识，针对幼儿感兴趣的问题不断引导探索和学习，展开系列主题活动，形成与主题相关的丰富经验。

（二）"嬉游学习"的评价方法

"嬉游学习"的评价主要根据开展主题活动的整个过程分阶段进行评价。"嬉游学习"的评价关注幼儿的学习过程与学习中的情感体验，关注幼儿运用知识解决实际问题的能力，关注幼儿积极主动地参与、认真专注、动脑思考、合作精神等学习品质。因此"嬉游学习"的评价以幼儿为主体，以幼儿评价、教师评价和活动主题评

价三部分形成多元开放的评价理念。

二　打造"嬉游生活"，提升课程温度

"嬉游生活"要培养的是心灵自由、热爱生活的人，因此"嬉游生活"课程的本质就是自在生活，让每一个孩子成为生活家，提升每一个孩子的生活品质和感受幸福的能力，是"嬉游生活"的价值追求。

对于幼儿，生活是一种自在幸福的存在方式。幼儿园是老师和孩子们一起生活的地方。在一个爱意流动的园所，师幼和谐共处，相依相偎。老师遵循幼儿的身心发展规律，尊重幼儿的意愿安排幼儿园生活，幼儿拥有独立自主做事的能力，并且具有服务他人和保护自己的意识与能力，形成安全、祥和、文明的良好生活氛围，就是对生活课程的最好诠释。"嬉游生活"主要着力于培养幼儿具有基本的人际交往能力，遵守基本的行为规范，形成积极的生活态度；养成幼儿良好的作息、饮食、睡眠、排泄、盥洗、整理等生活和卫生习惯，提高幼儿生活自理的能力，具备基本的安全知识和自我保护能力。

（一）"嬉游生活"的实施途径

"嬉游生活"践行"一日生活皆课程"的理念，从幼儿入园到离园，生活教育渗透在每一个环节中。教师以在园一日生活为基本实施途径，引导幼儿关注家庭、社会与自然，培养幼儿独立自主的意识和初步的劳动能力，提升幼儿与周围事物和谐相处的能力和感受幸福的能力。在幼儿园，教师将饮水、盥洗、进餐、睡眠、如厕、卫生、收纳整理等点滴小事作为教育契机，引导幼儿提升各项生活技能，通过互相帮助、值日生的方式提升服务他人的意识与能力。在家庭中，教师会鼓励幼儿帮助其家人做一些力所能及的事情，比如擦桌子、扫地、洗碗、叠衣服等。

（二）"嬉游生活"的评价方法

"嬉游生活"评价对象是幼儿与保教人员。我们将《3—6岁儿童学习与发展指南》关于各年龄段应该达到的基本生活能力、社会适应能力和情绪目标作为幼儿发展的评价标准，通过小班、中班、大班幼儿在生活自理、人际交往、生活规则、卫生习惯、自我保护能力等方面的表现对幼儿进行评价，教师、家长参与评价。保教人员以自我评价为主，主要对环境创设、保教行为方面进行评价。

三　聚焦"嬉游玩耍"，展现课程魅力

游戏是幼儿的天性，游戏作为幼儿园的基本活动之一，对幼儿的发展具有重要意义。从儿童视角出发,研究发现81.58%的幼儿认为游戏就是玩耍。游戏与玩不仅在概念上重合,并且两者都伴随着积极的情感体验与社会互动,并指向具体的游戏活动。教师在组织与开展游戏活动时应努力确保玩性,关注幼儿在游戏中积极情感体验的获得,以及自由自在、愉悦、专注、坚持、挑战、创造、合作等游戏精神的体现。

"嬉游玩耍"包括园所内发生的以幼儿为主体的全部游戏形式。"嬉游玩耍"充分尊重幼儿的游戏自主权,由幼儿自己发起游戏,按照自己的意愿自由选择材料、区域、玩伴,自由设计游戏环节,自由决定游戏进程,在游戏中获得新的知识经验,促进能力、思维、品质的发展。教师为幼儿提供宽松自由的环境和操作材料,用适宜的方式支持幼儿的游戏,释放儿童天性,促进幼儿"最近发展区"的发展。

(一)"嬉游玩耍"的实施途径

"嬉游玩耍"的实施主要有三种途径:自主游戏、教学游戏、生活中的游戏。幼儿是游戏的主人,他们凭着自己的生活经验,借助想象,运用游戏材料和玩具,用新的动作方式,创造性地反映现实生活,运用已有经验解决游戏中遇到的问题,实现自我学习,自我发展。

(二)"嬉游玩耍"的评价方法

"嬉游玩耍"评价对象是幼儿和老师,评价内容从游戏环境与材料、游戏指导、幼儿游戏状态与水平等方面进行。评价环境空间布局是否站在幼儿的立场进行规划和设计,区域面积的大小是否与幼儿游戏人数、活动内容相适宜。游戏材料是否承载着当前的教育目标,是否符合幼儿的年龄特点和发展水平,能否为幼儿的当前发展需要提供支持。游戏指导,老师是否应该介入,应该何时介入,应以什么方式介入。根据幼儿年龄特点去评价幼儿游戏水平。老师们根据评价表认真评价和分析,根据本班幼儿情况对游戏层次进行调整,以确保每次活动目标的实现和开展的时效性,从而促进幼儿和谐发展的目的。

四 关注"嬉游节日",丰富课程内涵

一般意义上的节日,是世界人民为适应生产和生活的需要而共同创造的一种民俗文化,是世界民俗文化的重要组成部分。节日是生活中值得纪念的重要日子。一些节日源于传统习俗,如中国的春节、中秋节、清明节、重阳节等。有的节日源于对某人或某件事件的纪念,比如中国的端午节、国庆节、青年节等等。国际组织提倡的运动指定的日子,如妇女节、劳动节、母亲节、儿童节。我园把这些节日进行筛选,结合本园的特色课程,主要分为传统节日、现代节日与园本节日。"嬉游节日"以幼儿发展为本,以社会生活和家庭生活中的节日为源泉,结合德育教育,采取多种途径与策略,帮助幼儿了解传统节日的文化内涵,逐渐掌握一定的社会风俗习惯、行为规范和道德准则,传承和发扬中华民族的传统美德,培养爱生活、爱家人、爱家乡、热爱传统文化的情感,产生归属感,初步萌发民族自豪感和爱国情感,促进幼儿全面和谐发展。

(一)"嬉游节日"的实施途径

教师通过创设浓厚的节日氛围,提供与节日相关联的、丰富的游戏材料,演绎这些节日的习俗,以浸润式的体验活动让幼儿从不同的角度来感受节日氛围。如在开展"中秋节"时,通过创设"中秋游园"的真实生活情景,幼儿身着汉服,以游玩的方式体验节日活动。布置花灯区让幼儿欣赏各种类型的花灯,进行花灯猜谜游戏。在美食区提供各种半成品,鼓励幼儿自己制作月饼,在游戏中体验与同伴一起做月饼的乐趣,品尝各种月饼。开设月亮影宫,让幼儿观看电影,了解中秋节的由来和习俗。在小舞台处开展"中秋节"活动表演,用各种丰富的音乐活动材料,如乐器、纱巾等进行表演,从中感受到喜气洋洋的气息,体验民俗节日的情趣。因此,我园开设了传统节日课程、园本节日课程及现代节日课程(见表4-3)。

表4-3 三亚市第二幼儿园"嬉游节日"课程设置表

时间	节日	主题	活动
一月	元旦、春节	庆元旦,迎新年	小组表演、亲子表演、集体表演、教师舞蹈、教师魔术、制作汤圆及年糕
三月	3.8国际妇女节	致敬伟大的女性	手工活动、手势舞、韵律舞、食育活动
	植树节	绿色心愿,用心呵护	绘画活动、亲子植树
	清明节	缅怀先烈,学会感恩	集体活动、古诗《清明》、缅怀先烈
	三月三	浓情三月三,体验黎苗情	语言活动、竹竿舞、食育课程《三色饭》

续　表

时间	节日	主题	活动
四月	阅读节	我的阅读我做主	亲子故事、幼儿故事、家庭阅读角环境、班级阅读角环境、幼儿园阅读角环境
五月	劳动节	我是劳动小明星	寻找最美劳动者、我是环保小卫士、种植活动、食育活动
五月	端午节	粽叶飘香、情系端午	品尝粽子、包粽子、韵律《端午节》
五月	母亲节	妈妈，我爱你	献给妈妈的礼物、母亲节影片、妈妈我想对你说、食育活动
六月	六一国际儿童节	童心飞扬、快乐成长	幼儿园小班中班组游园活动、食育活动
六月	父亲节	父爱无言、细水长流	手指谣、绘画活动、手工活动、贺卡亲子手工、我想对爸爸说、食育活动
八月	中秋节	月儿圆、饼儿香	月亮影院、月亮自助餐、灯谜屋、制作月饼
九月	教师节	感恩教师节	老师我想对你说、我想给老师一个抱抱、手工活动、食育活动
十月	国庆节	喜迎国庆	观看阅兵式视频、介绍国庆、幼儿绘画
十二月	美食节	好吃的食物	制作蛋糕、汤圆、比萨、寿司、粽子、果冻、海南粉、陵水酸粉、糍粑、椰子糕等，美食"跳蚤市场"

（二）"嬉游节日"的评价方法

"嬉游节日"主要从幼儿的情感态度、认知、技能发展方面进行评价，如对节日的来历、文化习俗、饮食、礼仪的了解，获得愉悦感、民族自豪感等积极情感体验，掌握一些节日礼仪和良好道德规范，另一方面从教师的课程活动目标、课程实施过程、活动效果进行评价。

五　打造"嬉游之旅"，拓展课程宽度

"嬉游之旅"即研学活动或社会实践活动，旨在拓展幼儿学习的空间，丰富幼儿的学习经历和生活体验,让幼儿能在研学的过程中亲近自然,陶冶情操,增长见识,体验人文环境,提高学习兴趣,全面提升综合素质,感受美丽三亚,推广健康、文明、环保的旅游休闲理念。研学旅行实践学习为幼儿创设真实的环境,让幼儿在具体的场景中用眼、手、心、身感受、体验景象的相关特点,进行观察、辨别、探究,锻炼幼儿的综合能力,感知人与自然的关系,初步了解各职业的特点。在研学旅行实践中以集体游学的方式进行学习,在游学过程中,幼儿之间能够加强交流,是发展幼儿社会交往能力、培养独立性和意志品质的最佳途径。"嬉游之旅"是幼儿园教育和园外教育衔接的创新形式,是教育教学的重要内容,是综合实践育人的有效途径。

(一)"嬉游之旅"的实施途径

通过幼儿园与合作方对活动场地的视察,在沟通、研究的基础上,确定研学方案。幼儿研学可以去公园、图书馆、博物馆、消防局、银行、海洋馆等地点进行活动,请专业的工作人员对幼儿进行讲解。研学活动大致分为以下几类:

(1)走进大自然。去湿地公园、海边、动植物园、农田、森林景区等地点进行研学活动,主旨是体验农耕文化,体验大自然带来的乐趣。参观三亚、海南著名自然景点,感受海南丰富的旅游文化,具有初步的归属感,培养热爱家乡的情感。

(2)走进社区、儿童福利院、养老院以及有关工作场所等。在社区范围内进行研学活动或利用家长资源,如去银行、消防局、警察局等地点研学,了解各行业是如何工作的,懂得尊重各行业的劳动者。走进儿童福利院、养老院进行关爱弱势群体活动,培养幼儿尊重弱势群体、关爱他人的情感,懂得珍惜生活,回馈社会。

(3)走进博物馆、人文景观学习。探寻历史的痕迹,感受家乡和中华民族的发展历史,激发幼儿爱家乡、爱国之情。

(二)"嬉游之旅"的评价方法

幼儿参加研学旅行的情况和成效评价体系,以《国民旅游休闲纲要(2013—2020年)》为指导,以立德树人为出发点,关注每一个幼儿是否全面发展、持续发展和终身发展,注重幼儿在研学旅行活动中的参与性、体验性和研究性,培养幼儿的观察能力、实践能力和创新意识,从幼儿参加研学旅行活动的态度、获得良好的学习品质、幼儿的学习方法和探究方法情况进行评价(见表4-4)。

表 4-4 三亚市第二幼儿园幼儿研学活动评价表

指标体系		评价细则		教师评价	观察记录
一级指标	二级指标	说明	评价标准		
幼儿探究	参与程度	幼儿积极主动地参与研学活动,心情愉快,动脑思考。	A:很好 B:一般 C:加油		
		对不会的技能常常表现出学习的愿望和热情。	A:很好 B:一般 C:加油		
		运用多种感官对活动中出现的新鲜事物进行仔细观察、探究。	A:很好 B:一般 C:加油		
		知道利用各种途径获得自己所需要的信息,能围绕主题活动内容收集资料。	A:很好 B:一般 C:加油		
	合作精神	乐意与他人合作,学习合作方法,体验到合作的快乐。	A:很好 B:一般 C:加油		
	学习品质	对周围事物有好奇心,求知欲强,常常对未知的事物和现象提出疑问。	A:很好 B:一般 C:加油		
		开始有计划地探索未知事物,能坚持、专注地完成感兴趣的事情。	A:很好 B:一般 C:加油		
	交流与评价	主动与同伴分享和讨论各自的想法,倾听不同的观点,并尝试对自己和他人的观点、做法进行评价。	A:很好 B:一般 C:加油		

续 表

指标体系		评价细则		教师评价	观察记录
幼儿表现	情感态度	幼儿积极主动地在集体面前表现自己的想法、意愿,心情愉快,表现欲强。	A:很好 B:一般 C:加油		
	表现能力	会用语言、动作等多种方式表现自己的想法、体验、感受。	A:很好 B:一般 C:加油		
		能完整、连贯、清楚地表达出自己的想法。	A:很好 B:一般 C:加油		
		能主动与同伴合作进行创造性表现活动,体验到合作表现的快乐。	A:很好 B:一般 C:加油		

六 点亮"嬉游美食",强化课程特色

"嬉游美食"即食育,是围绕饮食而开展的所有教育教学活动,学校通过"食知、食操、食趣、食礼"促进幼儿的全面发展,涵盖了情感态度、知识、能力三个维度的目标。情感态度方面包括感受品尝各种美食带来的快乐,进行爱食和惜食教育等,强调饮食礼仪的养成,培养热爱生活、热爱劳动的情感,以食养德。认知方面包括了解食物的名称、颜色、功效、搭配、饮食文化等。能力方面包括促进味觉、嗅觉、视觉的发展,学习种植食物、选择食物、初步的烹调、品食等。

(一)"嬉游美食"的实施途径

"嬉游美食"主要通过食育主题活动、食育工坊活动、食育帮厨活动和家园食育活动四种途径来实施。食育主题活动是根据主题教育目标和季节特点,对幼儿开展食物生长环境、外形特征、营养价值等食育活动;食育工坊活动是依据主题、传统节日、节气引导幼儿体验传统、健康的食物烹饪过程;食育帮厨活动是让幼儿进入幼儿园厨房制作食物；家园食育活动包含家庭食育和食谱播报，目的是将食育延伸至家庭，整合家庭和社区资源，为幼儿构建更优质、全面的食育环境。

根据课程目标和办园实际，我园设有种植区和食育馆。种植区依四季更替种植与季节相对应的蔬菜和瓜果，食育馆为幼儿提供基本烹饪设施，让幼儿在劳作和生活中通过各种感官体验、探究活动感受和认识食物，了解传统饮食文化，掌握文明进餐礼仪，提高生活技能，培养其健康的生活方式和积极的生活情感。

（二）"嬉游美食"的评价方法

幼儿园食育课程主要体现在丰富多彩的食育活动当中，它为幼儿提供了充分的参与机会。因此，教师和家长要对幼儿在食育活动中的行为表现进行详细的观察和记录，并做出及时、合理的评价。

我园为幼儿建立食育成长手册，内容包括：一是教师为幼儿撰写食育活动观察记录。记录幼儿在园食育活动的行为表现，并对幼儿的学习品质、社会性和情感发展给予积极正向评价。二是家长为幼儿撰写食育活动观察记录。记录幼儿家庭食育活动的行为表现。三是幼儿对食育作品和故事的记载。幼儿以绘画的形式记录下每次参加活动的过程和体验。上述三个方面的观察记录可以成为评价、反思和改善幼儿园食育活动的依据（见表4-5、表4-6）。

表4-5 三亚市第二幼儿园食育活动观察记录表

观察时间		班级	
观察对象			
活动主题			
前期准备			
活动流程及案例记录			
即时访谈			
问题与思考			

表4-6　三亚市第二幼儿园家庭食育活动观察记录表

观察时间			观察对象	
餐前准备	前期准备			
	幼儿表现			
进餐中	幼儿表现			
进餐后	幼儿表现			
即时访谈				
问题与思考				

七　建构"嬉游家园"，增强课程动力

《幼儿园教育指导纲要（试行）》中指出："家庭是幼儿园重要的合作伙伴。学校应本着尊重、平等、合作的原则，争取家长的理解、支持和主动参与，并积极支持、帮助家长提高教育能力。"

"嬉游家园"即家长与幼儿园通过合作完成孩子的教育任务。教育不是家庭或是幼儿园单方面的行为，家园共育对幼儿的成长和发展具有关键影响，它有助于教师掌握新时代幼儿教育方法；有助于家长形成更加融洽的亲子关系，提高家庭教育成效；有助于构建新型的家园关系，融合家园教育资源，使家园互相配合，共同育儿，确保孩子安全健康成长。

（一）"嬉游家园"的实施途径

"嬉游家园"即家园共育活动，家长可通过参与家长会、家长课堂、家长开放日、家长助教、春（秋）游活动等各种亲子活动，了解幼儿园的课程设置、培养目标、教育方式等，全面直观地了解幼儿在幼儿园的学习、生活、游戏情况和特点，老师可通过面对面交流、微信、QQ、电话、家访、问卷调查等方式与家长沟通。

（二）"嬉游家园"的评价方法

幼儿、家长与老师都是课程的主体，因此评价以家长、幼儿、教师三方面的共同评价为主，主要围绕幼儿与家长参与各种家长活动、亲子活动的态度、亲子互动情况、获得的情感体验、认知、能力方面的发展进行评价，另一方面从教师组织活动的方法、策略、效果、师幼互动、教师和家长互动方面进行评价。

八　创设"嬉游运动",提升课程活力

"嬉游运动"即运动活动,重点关注提高幼儿身体素质、动作协调能力和适应环境的能力,以及培养幼儿的安全保护的意识和能力,为幼儿的健康体质奠定基础。"嬉游运动"是让幼儿通过基本的体能活动促进幼儿身体的生长发育,发展各种基本动作,培养最基本的身体素质的活动。基本的体能活动包括身体素质和基本动作技能,其中身体素质包括力量、速度、灵敏度、协调、平衡、耐力、柔韧等素质,基本动作技能包括走、跑、跳跃、投掷、平衡、钻爬、攀登等。体能发展可以使幼儿的呼吸系统、运动系统、神经系统、内分泌系统和免疫系统、消化系统正常发育,增强调节身体各部分动作和灵活控制身体的能力,使幼儿的动作逐步协调,具有健康的体态,同时提高幼儿的智力水平,培养良好的个性品质。

(一)"嬉游运动"的实施途径

我园运动课程是以晨间活动、早操和体育游戏为主线开展,课程以适合幼儿年龄特点为轴心,开展丰富多样的各种活动来提高幼儿的身体素质、动作协调能力和适应环境的能力,在运动中培养幼儿的安全保护意识和能力。在后续学期中旬每半年一次进行体育测评的体质健康检查。

"嬉游运动"主要通过器械操、徒手操、律动、体育游戏、器械运动、利用自然因素锻炼等促进幼儿走、跑、跳、钻、爬、攀等动作协调性水平发展(见表4-7)。

表4-7　三亚市第二幼儿园"嬉游运动"课程设置表

	类别	基本经验	内容
晨间活动	器械类	每天早晨以慢跑为主,强化孩子肌体的功能。	晨跑
		利用户外材料的不同摆放方式,创设钻爬区、平衡跳跃区、走跑体能区等项目,将走、跑、跳、钻、平衡等基本动作融入其中,满足孩子们肢体均衡发展,保持孩子的运动兴趣。	体能大循环(钻爬网、平衡走、障碍跑、平侧翻滚、障碍跳跃、投掷、钻山洞……)

续 表

类别	基本经验	内容
早操	开心地与同伴进行晨间游戏活动，体验各种肢体动作运动带来的不同变化乐趣。	晨间游戏（爬爬赛、抢颜色、捉小鱼、球儿哪里跑、老狼老狼几点了、丢手绢、蒙眼抓物、跳绳、神奇的彩虹伞、粘粘赛、看谁投得准……）
	以模仿周围事物、简单舞步动作的方式并结合音乐律动的不同感知运动的变化。	模仿操、徒手操（模仿小动物、基本舞蹈动作）
	大胆运用轻器械做辅助进行身体运动，体验参与运动活动带来的兴趣。	器械操（椅子操、跳竹竿舞）
体育游戏	灵活运用走、跑、跳、投掷等基本技能，利用游戏比赛形式培养幼儿健康心态。	兔子跳、夺宝奇兵、土豆丰收了、花猫忙练功、乌鸦喝水、赛马、环保卫士、小猴子本领大、齐心协力走……

（二）"嬉游运动"的评价方法

"嬉游运动"的评价以学期为单位，幼儿为评价主体，将评价贯穿幼儿整个发展过程，重点关注幼儿参与运动的态度、身体素质、动作协调能力和适应环境的能力，幼儿安全保护意识和能力的培养以及勇敢、坚持、合作等优秀品质的培养，旨在为幼儿的健康体质奠定基础，为其制定符合个体发展的运动活动。基本体能活动的评价内容主要包括身高、体重、10 米折返跑、立定跳远、网球投掷、双脚连续跳、坐位体前屈、走平衡木等。

以上八个方面就是我园课程的具体实施途径，每一类课程都是一个课程群，所有的课程群之间相互关联，每一类课程群指向不同的发展重点，又具有共同的发展目标。每一类课程的具体形式都以爱与尊重为基础，遵循幼儿的身心发展规律、学习特点以及实际的生活背景，以平衡自由与规则为价值坐标，创设宽松、自在、民主、快乐的文化氛围，给予幼儿自由的权利，鼓励幼儿通过亲身体验、协作探究的方式在学习、游戏与生活中成长为心灵自由、热爱生活、向上向善的人。

总之,"小鲸灵课程"将全面贯彻"嬉游教育"的教育哲学,立志实现"让孩子在自由玩耍中获得成长"的课程理念。全面贯彻党的教育方针,认真贯彻落实《幼儿园工作规程》《幼儿园教育指导纲要(试行)》和《3—6岁儿童学习与发展指南》精神,站在教育将影响幼儿一生发展的高度,坚持以幼儿的发展为本,在课程组成员的反复研究、思考、梳理、学习中整理出适合孩子发展、适合本园特点的课程体系。"小鲸灵课程"满载美好的希望,乘风破浪驶向幸福的彼岸。我们坚信在"嬉游教育"的影响下,一批批健康友善、文明独立、勇敢自信、好问乐学的"小鲸灵"正在茁壮成长!

(撰稿者:何婷、林姝、刘怡坤、陈淑琳、何佳颖、何桂花、张再凰、陈君彦、符芳华、杨雁、韦和娇、沈奕萍)

第五章　行动的自主性

◇

　　课程深度实施的自主性是课程实施的根基,也是课程实施深度发展的驱动力。人的自主性、人的自觉,是课程深度实施的必须也是必然。自主性强调课程行动的自主性、课程实施的自觉性,从课程发展历史中借鉴,找寻自主性的哲学思考,探究课程实施中人的自觉性,研究课程自主性的情境性指引。

凡是生命，都有其自主性，而自主即人的自觉。课程的终极目的也就是唤醒教育对象的自觉，及其行动的自主性。对于教育对象的学生，行动的自主性，尤为重要。理性的个人，就必须具有一种有意识的选择自由。这是哲学思考的自主性意义。而从社会意义上来看，自主性是人的品格特性，是人的素质的基本内核。个体自身特性方面有主体性、主动性、上进心、判断力、独创性、自信心等；社会特性方面有自我控制、自律性、责任感等。在自主性发展的过程中，这些特性都融会在自主性态度和自主性行为之中，构成一个人的统一的品格特点。因此，课程深度实施的行动自主性研究是非常重要且有意义的。

一、课程深度实施之行动自主性研究

（一）行动自主性历史借鉴

行动自主性的人类自觉是历史长河里最闪亮的明星，璀璨却稀少。虽然人类的自觉总是间歇性出现，偶然性发展，片段化推进，盲目、愚昧、无序、混乱总是伴随着人类，但自觉的时代和精神还是时时出现，并有力地纠正了人类歧途。行动自主性这个名词可能很现代，但所有理念都是古已有之。孔老夫子"因材施教"，"知之者不如好之者"；孟子、荀子、韩非子等诸子"喻证法""身先垂范"等在"传道授业解惑"中激发学生的行动自主性。人的自觉在我国的春秋战国时期和西方的古希腊时期开启，我们需要的是借鉴，是反思，是努力提升自己这桶水的能力，再传给学生一碗水，而且形成能自主寻找生成水的素养。课程的深度实施是社会文化的自觉、教师素养的自觉、学生行动的自主，是突破也是延续。

（二）行动自主性课程实施之课程思考

课程五彩缤纷不一定是课程，华丽的东西，热烈的烟火只是过客。作为老师，作为更高的称谓教育者，大多数并没有自觉，只是自主地需求一些有利的形式，而且大多数是自认为的。教育者或者是课程改革者如果只是将自以为是的个人意志强加于教育，做出花样翻新、眼花缭乱的课程产品，那他们只不过是名利世界里的追随者罢了，或者值得称赞的是时代改革的探索者和先驱者，这已经值得我们顶礼膜拜了。我们的时代不缺少"教育者"，缺少"教育家"。因此，我们要教给学生怎样的辨别能力，才能让学生透视现行课程的优劣，才能让学生产生课程的自主性行动。所以"尽信书不如无书",老师一定要先明白,先行自主行动,才能传递给学生,让学生理解。发展学生自主性,课程不是强制学生接受的"圣经",不是绝对的真理,而是师生共同解读、共同建构的材料,其本身存在的意义只是为师生之间、生生之间不同观点的融合提供一个平台,从而放飞学生精神自由的翅膀,让学生根据自身的知识背景和思维方式,通过与教师、课程的相互作用,自主地对知识进行理解和建构。

让学生成为学习自主的主体,不能用课程格式化机械化学生思维。我们要允许玉米地长黄豆,水稻田里跑鸭子。允许学生对知识的理解拥有多个"版本",鼓励学生根据自己的经验、感受、理解发表自己的观点,阐明自己的看法。使学生通过与教师的精神相遇,与知识对话,使学生在理解的基础上自主地建构知识、生成知识,从而使学生成为知识的主人,最终成为自己的主人。

二、自主性课程深度实施之治理模式

要创设怎样的情境,创设怎样的教学场景,做好怎样的课堂设计,才能真正达到引导学生自主性行动的程度?

(1) 自觉的生活,生活的自觉。生活是最好的老师,是兴趣的源泉。让学生多参与社会实践,提升公共参与素养。爱生活,才能爱学习。培养学生学习兴趣,鼓励学生在现实生活中获取知识。我国最早的教育家孔子在两千多年前就曾经说过:"知之者不如好之者,好之者不如乐之者。"心理学家研究表明兴趣是一种特殊的意识倾向,是学习的情感动力,是求知欲的源泉。学生对学习产生了兴趣,便会积极主动地去寻幽探胜。而兴趣的产生是学生自主性行动的表现,是自觉的体现。因此,兴趣是学生学习的内动力,能使学生在学习活动中产生心理上的爱好和追求,是学生学习活动中最现实、最活跃的成分,也是学生学好课程的入门向导,作为教师应不失时机地点燃学生的兴趣之火。

(2) 情境的自主性指引。情境的恰当设置,能最快地将学生带入自主性行动中来;问题的巧妙设计,会引导学生进入"心流"的自主行动中去。问题引导法是指导学生自主学习的有效方法之一,问题引导法是新课程改革中心提倡的一种教学方法。它是以指导学生自主学习为着力点,以问题为主线组织学科课堂教学,是学生在教师的指导下,师生一起学习,一起进行知识的开发和创造的过程,是师生积极互动、共同发展的过程。

伟大的科学家爱因斯坦指出:"提出一个问题往往比解决一个问题更重要,因为解决一个问题,也许仅是一个数学上的或交流上的技能而已,而提出新的问题,从新的角度看新的问题,都需要有创造性的想象力,而且标志着科学的真正的进步。"在学习中不断提出问题是极为重要的。学生是否具有问题意识,这与老师的教学行为有直接的关系,所以,要培养学生的问题意识,就必须先从教师做起。首先教师要树立课程意识,要能够把教师、学生、教材和环境这四个要素紧紧地整合起来,突破满堂灌、填鸭式的教学方法。其次,教师自己也要有较强的问题意识,不能人云亦云或书云亦云,不能照本宣科,摒弃标准答案、代言人的身份,先"活"于学生。

问题不仅仅是教师设置,要让学生有更多的表达诉求,激发学生质疑,引导学生敢于提出问题。对于那些不知如何提问的学生来说,老师的提问对他们具有很大的示范性和启发性,所以教师要给学生做好提高示范,设计的问题要能引起学生思考的兴趣,且具有一定的梯度,让悬着的果子摆在"跳一跳就能够得到着"的位置。激发学生的进取心,使学生在层层剖析中,在问题的解决中去突破教材的重难点。而学生在回答问题的过程中,不仅掌握了知识,发展了能力,而且对问题的模式也有所了解,他们会模仿提出问题,进而主动地、更好地提出问题。这对学生主动学习以及学习方法的培养有正面的引导作用。

行动的自主性,课程的自觉性,最终是人的自觉。而这能够更有效地增进学习效果,提升学生品质,促进师生共同成长,达到课程深度实施的目的。

(撰稿者:李俊杰)

深度创意　　相遇式课程:让每一个生命向着美好出发

西南大学三亚中学,是由西南大学、三亚市政府于2017年1月23日在原海南省农垦三亚高级中学的基础上按照国家标准化学校的要求,创办的一所高水平、高品位的完全中学。学校现有教职工170人,其中高级职称教师占22%,从全国名牌师范大学引进的青年教师占15%。我校位于三亚市吉阳区落笔洞路92号,三亚市政府总投资5亿元,在原校园基础上规划建设了一所布局合理、功能齐全、设施一流的全新学校。学校占地175亩,建设面积10万平方米,设计总规模为42个教学班(普通高中30个班、初中12个班)。合作办学以来,学校学生高考真正实现了低进高出,取得了优异成绩,本科上线率82.7%;初中2020届学生是我校首届初中毕业生,中考成绩列三亚市公办学校第一名;我校以较高的成绩通过"三亚市文明校园"复验并获得"德育工作先进单位"荣誉称号;先后获得了三亚市中小学"教育教学质量工作先进单位""教学优质奖""教学进步奖""教育教学成果奖""德育教育成果奖""体育教育成果奖"等荣誉。为创建省一流学校,实现学校教育教学质量稳步提升,实践新课标精神,我校基于《中共中央国务院关于深化教育教学改革全面提高义务教育质量的意见》《教育部关于深化课程改革落实立德树人根本任务的意见》《关于新时代推进普通高中育人方式改革的指导意见》和《海南省义务教育地方课程和学校课程设置指导意见》等文件精神,推进课程深度变革,取得了可喜的成效。

第一部分 学校课程哲学

西南大学始终秉承弘"仁"之道,以国家富强和民族振兴为己任,历经百余年的磨砺和发展,积淀了深厚的人文底蕴。我校根植于西大的沃土,厚享文化的润泽,在卓越精神的引领下不断前行。一直以来,学校以"养德弘善,求真尚美"为校训,以"力行近仁,道不远仁"为学训,形成"求真务实,开拓创新"的校风和"精勤求学,文明远志"的学风。基于此,我们提出了学校教育哲学,建构了学校课程理念。

一 学校教育哲学

学校教育哲学是将学校使命、学校定位、学校教育理念以及学校精神高度抽象和凝练的一种观念性存在,它为学校的发展提供最高的支撑点,是促进学校进步的强大精神力量,也为学校课程建设提供了方向性的指导和有力的依据。

我校教育哲学"近仁教育"是"立德树人"的教育体现和实践。在我们看来,仁是中华文化伦理思想中最基本、最重要的核心价值理念,也是一种至真、至善、至美的境界。"近仁",即竭力追求至真、至善、至美的境界。"近仁教育"之"近"是教育的态度，"仁"为教育的目的，"近仁教育"是引领学生认识自我，感悟仁德，励志笃行，养德弘善，求真尚美的教育实践形态。"近仁教育"既体现了对中华优秀文明的传承与弘扬，又彰显了时代特征和现代办学理念，使我们既秉承传统，又立足当下，展望未来，在发展和反思中不断探寻新的路径。

"近仁教育"是唤醒生命的本真教育。德国哲学家卡尔提出："人类的将来，取决于本真教育能否成功。"本真教育即遵循人成长规律，遵循教育发展规律的教育。苏格拉底曾说："教育不是灌输而是点燃，一万次灌输不如一次真正的唤醒。"的确，"真正的教育是用一棵树去摇动另一棵树，用一朵云去推动另一朵云，用一颗灵魂去唤醒另一颗灵魂。"学校遵循教育的规律和学生的成长规律，真正唤醒学生认识自我、发现自我，点燃学生前行的激情，展望自我，践行自我，成就自我，从而培养"自醒、自励、自信、自强、自成"的"五自"近仁少年。

"近仁教育"是至善达美的品质教育。"至善"出于西汉·戴圣《礼记·大学》："大学之道，在明明德，在亲民，在止于至善。"大学的宗旨，在于弘扬光明正大的品德，在于关爱他人，使自己达到最完善的境界。"居仁为美"，处于仁的方位便是美的境界。学校是最靠近美的地方，"近仁教育"从营造文明优雅的育人环境入手，以丰富的教育教学课程为载体，通过家、校、社会的合力，引导学生探求真理，远志力行，至善达美。

"近仁教育"是担当有为的卓越教育。马斯洛的需求层次理论中，最高层次是自我实现的需求。的确，生命的价值常源于自我的实现。"近仁教育"致力于构建以提升学生的公民素养，师生共同发展为核心的和谐成长生命场，引导学生热爱生活，学会成长，追求卓越，成为一个多元绽放、担当有为的社会公民。当每一个个体能在成长中卓越，在实践中担当，个体生命就将汇聚成磅礴的力量，推动社会不断前进。

基于学校教育哲学，我们提出了"让每一个生命臻达至美境界"的办学理念，期望让每一个学生内在潜质都能发挥到极致，每一个孩子都能成人成才。

我们的教育信条——
我们坚信，
力行近仁，道不远仁；

我们坚信，

每个生命都向往美好；

我们坚信，

学校是最靠近美的地方；

我们坚信，

教育是关于真善美的对话；

我们坚信，

教师是呵护生命成长的仁者；

我们坚信，

向着美好出发是教育最美的姿态；

我们坚信，

让每一个生命臻达至美境界是教育的使命。

二　学校课程理念

以学校教育哲学为指引，学校提出了"让每一个生命向着美好出发"的课程理念。其具体内涵如下：

课程即生命浸润。每一个生命都是独特的个体，每一个生命都值得尊重，只有当每一个学生被发现，被关注，被尊重，才能真正被唤醒，被浸润，被激励，才能获得自我成长，自我实现。美国教育学家加德纳的多元智能理论提出了人的八种智能，所以，每一个学生都有一种或数种优势智能，只要教育得法，每一个学生都能成为某方面的人才，都有可能获得某方面的专长。近仁教育倡导弹性的、多因素组合的智力观，提倡全面的、多样化的人才观，根据多元智能理论开发丰富多样、适合各类学生的多元课程，让每一个生命都能与美好相遇，被美好浸润，给每一个生命提供成长的沃土。

课程即文化相遇。中华优秀的传统文化是中华文明演化而沉淀的智慧和精髓。日新月异、飞速发展的今天，更需要传统文化的有机融合，中华民族方能行稳致远，进而有为。让优秀的传统文化进入校园，融入课程，渗透至学生的精神血脉，有助于学生树立正确的价值观和人生观，增强对祖国优秀文化的认同感和自豪感。"仁"是中华文化伦理思想中最基本、最重要的核心价值理念，亦是一种至真至美至善的境界。"近仁教育"即是与真善美相遇的教育。学校将以"仁"为基点,多维拓展,不断深化,开设一系列特色课程,让现代文明与传统文化相遇,让学生与优秀的传统文化相遇,向仁有方,近仁有道,行仁有力。

课程即美好经历。卢梭曾说:"没有呼吸到花的薰香,见到枝叶的美丽,阔步于露的润湿间和柔软的草坪上,哪里能使他的感觉欢悦啊!"可见,让学生真正融入活动,去观察,去感受,去体验,去经历是多么重要。真正的学习,是具身学习,也就是让每一个学生亲身去经历。"听"的经历,让学生了解;"看"的经历,让学生记得;而"做"的经历,更会让学生真正懂得。社团活动、演说辩论、艺术展演、信技实操、农业研学、远足访问等形式多样的课程,让学生与实践相遇,与探索相遇,与作为引领者的老师相遇,并彼此温暖,课程将成为最美好的经历。

课程即内在生长。苏霍姆林斯基说:"真正的教育是自我教育。"自我教育即是一种内在的生长。叶圣陶先生也曾说:"教是为了不教。"这启发着我们:教学和课程只是引领,目的是让学生学会自主学习,自主探索,自主生长。后现代主义则强调个人的"自组织"发展,给人的成长以更大的空间。所以学校需要开发丰富多元的课程,让学生不断地自我发现,自我探索,自我生长,进而担当有为。让学生学会健身、学会学习,对自己负责;学会包容、学会合作,对他人负责;学会笃行、学会报答,为祖国和时代担当。这也是教育的目标与归宿。

总之,课程是美好的相遇,这种相遇是生命的经历,是有意义的学习旅程。为此,我们将学校课程模式命名为"相遇式课程"。我们期望,通过课程,每一个孩子"近仁",每一个孩子都努力靠近美好——向着美好出发!

第二部分　学校课程目标

结合学校"近仁教育"之哲学,我校以培养全面发展的人为宗旨,提出育人目标,设计相应的课程目标。

一　学校育人目标

学校的育人目标是培养至诚、求真、尚美的社会公民。具体内涵阐释如下:

至诚:本义极忠诚,极真诚。它是中华优秀传统文化的瑰宝,是道德修养的至高境界。至诚无息,至诚无妄。《中庸》曰:"唯天下至诚,为能经纶天下之大经,立天下之大本,知天地之化育。"至诚方能弘善,弘扬人类发展中尤其是中华民族优秀文化思想,树立高尚的道德情操,积淀人文知识素养,培养人文情怀,拓展和提升审美情趣,具备责任担当精神,立德方能树人。

求真:追求事物发展的真理所在和寻找事物发展的客观规律。这是在科学的理论与方法的指导下不断地认识事物的本质,把握事物的规律。崇尚真知,理性思维,敢于批判质疑,勇于探究,学会学习并能乐学善学,积极投入实践创新,在劳动实践中得"真"得"智"。

尚美:"美"蕴涵着心灵美、语言美、行为美、环境美等丰富的内容;它既是外在的、物质的,也是内在的、精神上的美。培养学生健康文明的行为习惯和生活方式,在运动中感悟生命之美;推进审美鉴赏与创造,健全学生人格,增强学生自我管控能力;引导学生积极投身到心理健康和艺体健康的活动中,培养学生健康生活意识,追求美,欣赏美,实现美的生活。

二 学校课程目标

基于学校育人目标,根据学生特点,学校设计了分年级的课程目标(见表5-1)。

表5-1 西南大学三亚中学课程目标表

目标 年级	至诚	求真	尚美
七年级	1. 利用课文教育学生树立文明意识,正确认识自我。 2. 学习中学生日常行为规范,培养学生遵守纪律,爱护校园环境,注意个人卫生,养成良好的习惯,形成正确的同学观。 3. 培养爱心、同情心、同理心。	1. 初步开展"五自"教育。 2. 培养学生学习兴趣,引导学生勤于反思,养成良好的学习习惯。 3. 引导学生树立劳动意识,锻炼学生实践动手能力,在实践中求知。	1. 引导学生初步学会观察学校及生活环境,认识自我和环境。 2. 感受师生、亲友情感之美。 3. 学着去欣赏他人的优秀,感悟环境美。

续 表

年级＼目标	至诚	求真	尚美
八年级	1. 养成规则意识,有法治观念。 2. 培养学生爱国情感,教导学生懂得做人道理,引导学生保护环境。 3. 养成良好的习惯,拥有积极向上的心理。	1. 学着制定合理的计划。 2. 做事时学会思考,明辨是非。 3. 遇到问题能够通过自己的努力来解决,善于动脑,并享受"做事"成功的乐趣。	1. 鼓励学生多参加音体美等活动。 2. 引导学生多参与社团活动,在实践活动中体会美,享受美。
九年级	1. 能够正确处理人际关系,树立正确的人生观、价值观。 2. 有爱心,乐于奉献,拥有强烈的社会责任心。 3. 形成较强的自信心,具有爱家乡、爱社会、爱国家的情感。	1. 培养学生学习、生活的自主性,能有效管理自己的学习和生活。 2. 发掘自身潜力,培养正确的方法论,能积极探索真知。	1. 积极投入社会实践,形成良好的心态和健全的人格。 2. 正确认识生活学习中的变故,在不断前行中认识生活学习的美,欣赏环境之美。
高一	1. 热爱集体,能主动为集体服务,尊重集体意志并养成良好的集体生活习惯。 2. 能遵守社会公德、有良好的家庭美德,懂得现代健康、文明的生活和交往礼节。 3. 主动参加各类劳动和社会实践活动,具有勤劳简朴、珍惜劳动成	1. 高中整体呈现知识量增大、理论性增强、系统性增强、综合性增强、能力要求增加的"5增"趋势。 2. 高中生自我意识明显增强,独立思考和处理事物能力得到发展,在心理和行为上表现出强烈的自主性。 3. 培养学生形成科学	1. 引导学生热爱生活,珍爱生命,将生命教育和审美教育贯穿高中阶段。 2. 培养学生发现美、判断美、爱好美的素养,培养"真、善、美合一"的全面发展的社会主义建设人才。 3. 在求真养德弘善中陶冶情操、净化灵魂,获得健康的审美情趣、崇高优

续　表

年级＼目标	至诚	求真	尚美
	果的品德。 4. 主动关心他人,形成良好的师生、同学关系。 5. 初步理解社会主义核心价值观的内涵,认真实践"五自"教育。	精神,引导学生在学习、理解、运用科学知识和技能等方面形成正确的价值标准、思维方式和行为表现。具体包括理性思维、批判质疑、勇于探究等基本要点。	美的感情、丰富的文化知识修养。 4. 形成正确的审美观、人生观,热爱生活,创造美好生活,从而提高审美素质。
高二	1. 养成自觉遵守社会文明规范,遵纪守法的道德品质。 2. 学习目的明确;有刻苦钻研、严肃认真的态度与习惯。 3. 具有热爱劳动、勤俭节约、爱护劳动成果和公共财物的品德。 4. 正确面对批评与自我批评。能做到严于律己,宽以待人。 5. 有较强的责任意识和协作意识。 6. 学习优秀革命文化传统,认真实践"五自"教育。	1. 引导学生树立对待学习的正确态度,培养学生良好的学习行为习惯。 2. 端正学生学习行为、学习情感、学习过程,注意学生学习态度的端正、方法的改进、良好习惯的养成、时间利用率的提高、学习毅力的增强等。 3. 增强学生学习的主动性,提升学生学习自信心。 4. 提升学生实践创新能力。主要是学生在日常活动、问题解决、适应挑战等方面所形成的实践能力、创新意识和行为表现。	1. 健康生活,重视生命教育和审美教育。 2. 培养学生发现美、判断美、爱好美的素养,着重利用美育让学生陶冶情操、净化灵魂,获得健康的审美情趣、崇高优美的感情、丰富的文化知识修养。 3. 形成正确的审美观、人生观。 4. 热爱生活,创造美好生活,从而提高审美素质。学生在认识自我、发展身心、规划人生等方面得到有效提升。

续　表

目标 年级	至诚	求真	尚美
高三	1. 具有较强的自我管理和自我调控能力。 2. 有正常的社交能力。 3. 能科学利用时间和一切学习形式，有适合自己的学习方法。 4. 热爱大自然，有较好的资源节约和环境保护意识。 5. 正确理财，基本能独立处理一些生活事务。 6. 较好地遵守社会公德，具有中华民族的传统美德，有一定的道德评价能力。	1. 明确目标，同时分析自己的情况，明确差距。对目标学校的情况有初步了解，包括历年招生情况对比，有无加分限制。 2. 做好职业规划，进一步培养学生实践创新能力和科学精神。 3. 积极投身社会实践，在知识认知、科学探索、环境研究、生态发展及文明深入学习中，不断提升自己的求真能力。	1. 健康生活。引导学生认识自我、发展身心、规划人生。尤其是珍爱生命、健全人格、自我管理等方面。 2. 通过心理健康和生涯教育，以及在社会实践中的引导，培养国家需要的人才，培养社会合格的公民。 3. 培养"自醒、自励、自信、自强、自成"的健全人格的幸福人。

第三部分　学校课程体系

为了实现上述课程目标，我校建构了富有逻辑的学校课程体系。

一　学校课程逻辑

教育是美的冲动和努力。基于"近仁教育"的"相遇式课程"，包含仁德、仁语、仁智、仁行、仁美、仁健等六大课程领域。丰富多彩的课程共同承载育人功能，实现育人目标。学校课程逻辑图如下（见图5-1）。

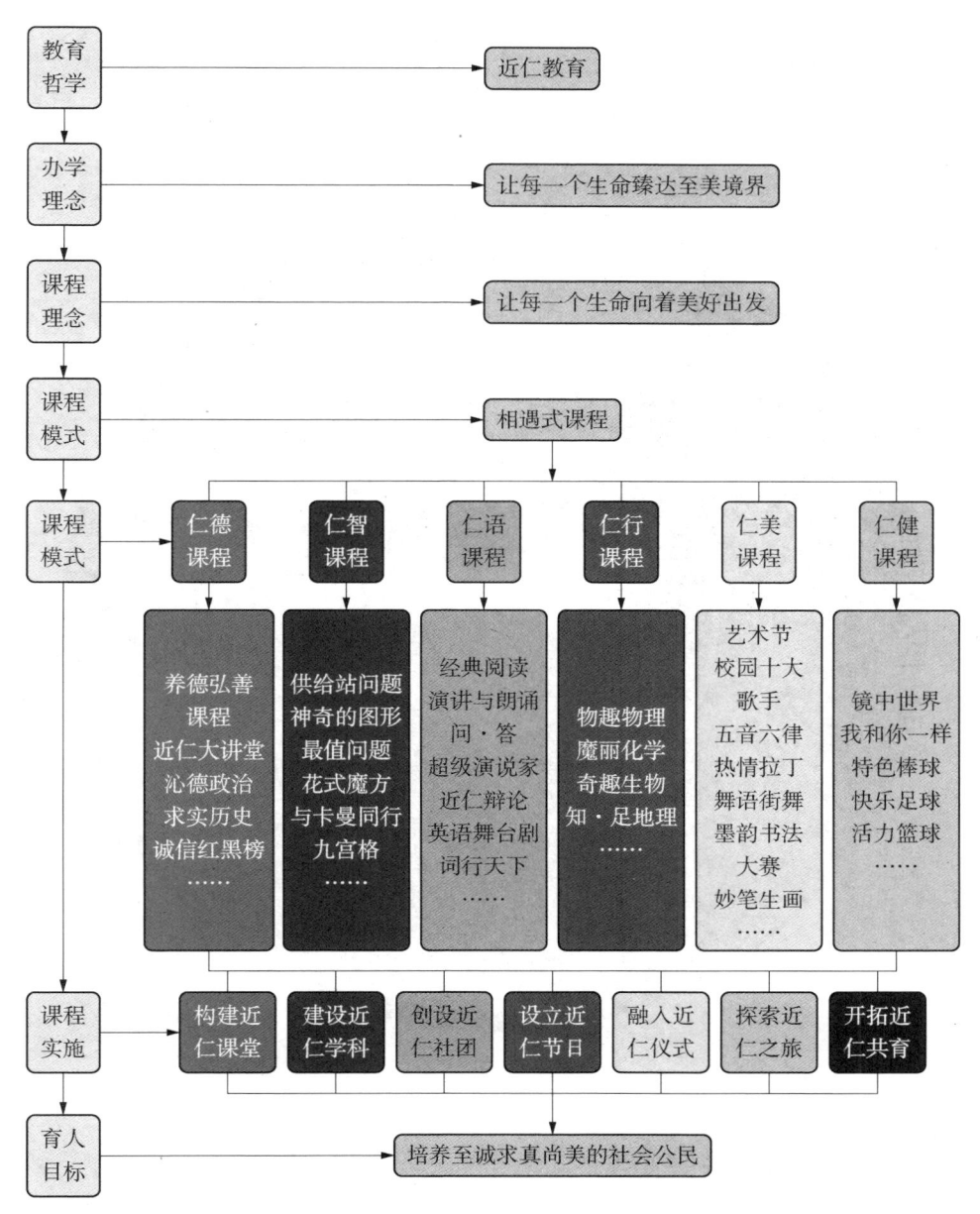

图 5-1　西南大学三亚中学"相遇式课程"逻辑图

二 学校课程结构

根据"近仁教育"哲学,"相遇式课程"包含"仁德、仁语、仁智、仁行、仁美、仁健"等六大领域课程(见图 5-2)。六个方面的课程相互融合,共同促进学生全面发展。

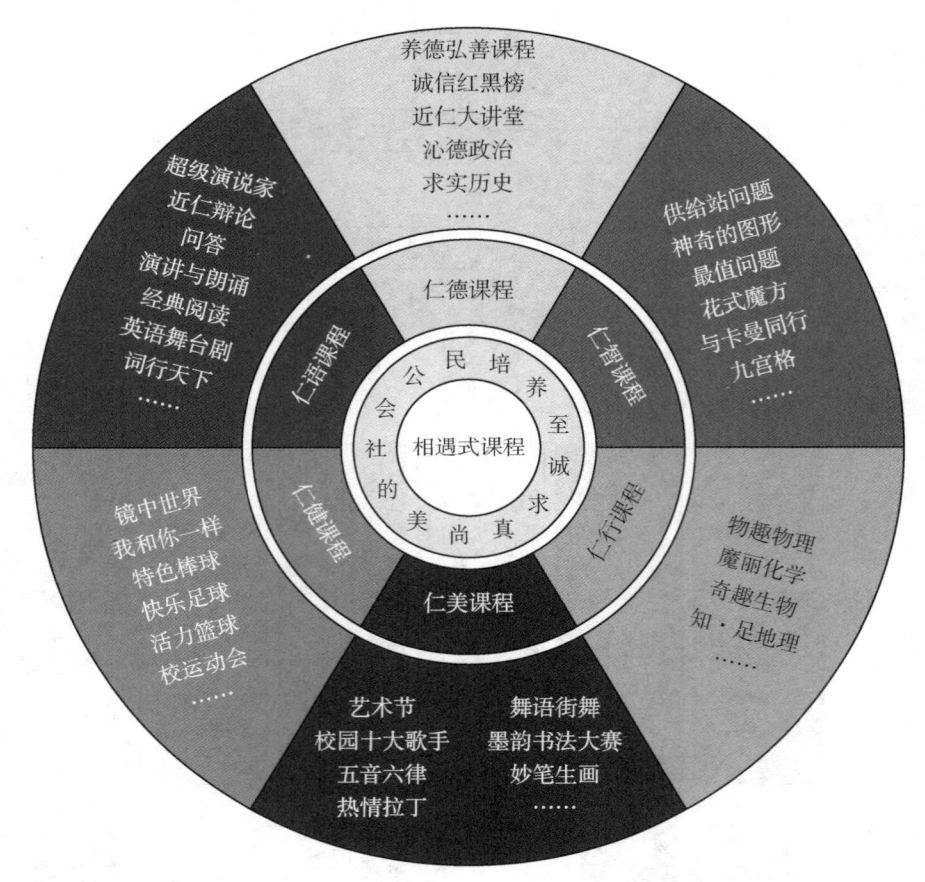

图 5-2 西南大学三亚中学"相遇式课程"结构图

上图中,各领域课程具体内涵如下:

(1)"仁德课程"指向六大素养之品格与修养,包括养德弘善课程、近仁大讲堂、沁德政治、诚信红黑榜、哲学活动月、模拟联合国、求实历史等。

(2)"仁语课程"指向六大素养之语言与表达,包括至美语文、E行天下等。

（3）"仁智课程"指向六大素养之逻辑与思维，包括万象数学等。

（4）"仁行课程"指向六大素养之科学与探索，包括魔丽化学、物趣物理、知·足地理、奇趣生物等。

（5）"仁美课程"指向六大素养之艺术与审美，包括艺术节、校园十大歌手、舞动旋律课程、妙笔生画课程、拉丁舞社等。

（6）"仁健课程"指向六大素养之运动与健康，包括阳光心理课程、活力体育课程等。

三　学校课程设置

根据国家基础课程安排，结合学校课程资源、课程门类，考虑学生的学习兴趣和发展需求，学校按照年级水平对课程内容进行系统建构，形成"近仁课程"六大领域课程设置的具体设置表。

（一）仁德课程

仁德课程是以政治课、班会课为基础，通过"养德弘善"课程、"沁德政治"课程、"求实历史"课程来实施。课程指向六大素养之品格与修养，包括近仁大讲堂、新生军训、安全教育、模拟法庭、诚信红黑榜、成人礼、毕业典礼等；通过知礼名仪、缤纷节日、见字如面、历史梦工厂等课程，求真弘德、至善达美，与良好的品行相遇，与高尚的人格相遇，与更好的自己相遇（见表5-2）。

表5-2　仁德课程设置表

年级	课程册别	养德弘善课程				
七年级	七上	德育	班会课	近仁大讲堂	安全教育	新生军训
	七下	德育	班会课	近仁大讲堂	安全教育	
八年级	八上	德育	班会课	近仁大讲堂	安全教育	
	八下	德育	班会课	近仁大讲堂	安全教育	
九年级	九上	德育	班会课	近仁大讲堂	安全教育	
	九下	德育	班会课	近仁大讲堂	安全教育	毕业典礼
高一年级	高一上	德育	班会课	近仁大讲堂	安全教育	新生军训
	高一下	德育	班会课	近仁大讲堂	安全教育	

续　表

年级	课程册别	养德弘善课程			
高二年级	高二上	德育	班会课	近仁大讲堂	安全教育
	高二下	德育	班会课	近仁大讲堂	安全教育
高三年级	高三上	德育	班会课	近仁大讲堂	安全教育
	高三下	德育	班会课	近仁大讲堂	安全教育 成人礼 毕业典礼

年级	课程册别	求实历史课程		沁德政治课程			
七年级	七上	历史	琼崖碎影——寻根三亚历史之美	政治	诚信红黑榜	模拟法庭	模拟联合国
	七下	历史	历史梦工厂	政治	诚信红黑榜	模拟法庭	模拟联合国
八年级	八上	历史	琼崖碎影——寻根三亚历史之美	政治	诚信红黑榜	模拟法庭	模拟联合国
	八下	历史	历史梦工厂	政治	诚信红黑榜	模拟法庭	模拟联合国
九年级	九上	历史	见字如面	政治	诚信红黑榜	模拟法庭	模拟联合国
	九下	历史	见字如面	政治	诚信红黑榜	模拟法庭	模拟联合国
高一年级	高一上	历史	琼崖碎影——寻根三亚历史之美	政治	诚信红黑榜		模拟联合国
	高一下	历史	历史梦工厂	政治	诚信红黑榜		哲学活动月 模拟联合国
高二年级	高二上	历史	琼崖碎影——寻根三亚历史之美	政治	诚信红黑榜		模拟联合国
	高二下	历史	历史梦工厂	政治	诚信红黑榜		模拟联合国
高三年级	高三上	历史	见字如面	政治	诚信红黑榜		
	高三下	历史	见字如面	政治	诚信红黑榜		

(二) 仁语课程

仁语课程是以语文、英语、历史等学科课程为基础,开设"至美语文""E 行天下"等语言表达类特色课程,同时开发了超级演说家、近仁辩论等校本课程。课程以丰富学生见闻,拓展学生兴趣爱好,提高学生的语言表达能力,提升学生的综合素养为目标,与语言之美相遇,与历史之真相遇(见表 5-3)。

表 5-3　仁语课程设置表

年级	课程册别	至美语文课程		E 行天下课程		
七年级	七上	语文	汉字听写大会	经典诵读	英语	词行天下	英语趣配音
	七下	语文	墨韵书法大赛	问·答	英语	英语舞台剧	悦读悦美
八年级	八上	语文	阅读分享会	经典诵读	英语	词行天下	英语趣配音
	八下	语文	话剧表演		英语	英语舞台剧	悦读悦美
九年级	九上	语文	近仁辩论		英语	词行天下	英语趣配音
	九下	语文	超级演说家		英语	英语舞台剧	悦读悦美
高一年级	高一上	语文	经典诵读	演讲与朗诵	英语	词行天下	英乐之声
	高一下	语文	经典诵读	经典阅读	英语	超级演说家	悦读悦美
高二年级	高二上	语文	经典诵读	演讲与朗诵	英语	词行天下	英乐之声
	高二下	语文	经典诵读	经典阅读	英语	超级演说家	悦读悦美
高三年级	高三上	语文	经典诵读	经典阅读	英语	词行天下	英乐之声
	高三下	语文	经典诵读	经典阅读	英语	超级演说家	悦读悦美

(三) 仁智课程

仁智课程是以数学学科课程为基础,通过"魅力数学"这一特色课程来实施,同时开展了丰富多彩的竞赛、实验等活动。仁智课程,追求学科知识的"逻辑链"和学生头脑中的"思维链"相互融合和提升,关注学生的真切体验,使学生的思维在不断的探索和碰撞中得到提升(见表 5-4)。

表5-4 仁智课程设置表

年级	课程册别		万象数学课程	
七年级	七上	数学	玩转七巧板	数据的统计与分析
	七下	数学	供给站问题	
八年级	八上	数学	神奇的图形计算器	
	八下	数学	玩转魔方	图案设计
九年级	九上	数学	最值问题	利润最优方案问题
	九下	数学	最值问题	利润最优方案问题
高一年级	高一上	数学	花式魔方	
	高一下	数学	花式魔方	
高二年级	高二上	数学	与卡曼同行	
	高二下	数学	与卡曼同行	
高三年级	高三上	数学	九宫格	
	高三下	数学	九宫格	

（四）仁行课程

仁行课程是以化学、地理等学科课程为基础，通过"魔丽化学""知·足地理""物趣物理""奇趣生物"等特色课程实施。该课程与研学课程相结合，重在提升学生创新能力，培养学生动手能力、创新精神和团队合作意识。学生在研学中与自然风光相遇，在观察中与人文景观相遇，在实践中与知识相遇，通过体验、探究、调查、访问、劳动、创新等多种多样的学习方式体会践行的力量（见表5-5）。

表5-5 仁行课程设置表

年级	课程册别		魔丽化学课程	年级	课程册别		物趣物理课程		
九年级	九上	化学	化学与饮食"魔法"厨房	八年级	八上	物理	编程猫	自动驾驶	车模航模
	九下	化学	化学与健康 我为健康来代言		八下	物理	编程猫	自动驾驶	车模航模

续 表

年级	课程册别	魔丽化学课程		年级	课程册别	物趣物理课程		
高一年级	高一上	化学	是真的吗？ 我用化学找真相	高一年级	高一上	物理	伽利略与亚里士多德的"爱恨情仇"	高楼大厦的高度测量
	高一下	化学	化学与生活技巧 我是制作小达人		高一下	物理	铁轨弯道研学	天文观测
高二年级	高二上	化学	生活大揭秘 化学为你来支招	高二年级	高二上	物理	小小发"电"家	
	高二下	化学	趣味化学 化学魔术		高二下	物理	电路设计与制作	原子模型的制作
高三年级	高三上	化学	发现身边的化学 化学眼看世界	高三年级	高三上	物理		
	高三下	化学	化学的昨天、今天和明天 我的化学观		高三下	物理		

年级	课程册别	知·足地理课程				
七年级	七上	地理	谈天说地	拼图游戏	太阳高度角测量	气象站观测
	七下	地理	区域地理	角色扮演	学校地理实验室体验	角色扮演
八年级	八上	地理	中国地理	拼图游戏	学校植被、土壤调查	
	八下	地理	中国地域差异	知识竞赛	红树林研学	
高一年级	高一上	地理	地理小实验	地理模型制作	气象站观测	学校植被、土壤调查
	高一下	地理	思维导图课		海浪地貌研学	落笔洞研学

续 表

年级	课程册别	知·足地理课程			
高二年级	高二上	地理	地理原理图绘制	地理竞赛	火山地貌研学	太阳高度角测量
	高二下	地理	地理猜猜猜		红树林研学	学校局部地图绘制
高三年级	高三上	地理	地理竞赛	地理图表绘制		
	高三下	地理	思维导图复习			

年级	课程册别	奇趣生物课程		
七年级	七上	生物	显微镜知识竞猜 生物实验	开展模拟血型鉴定 人体生理盲点检测 近视率调查
	七下	生物	开展"摸一摸，猜一猜"骨骼模型小游戏	纠正生活中错误的运动方式小比赛
八年级	八上	生物	制作"小小生态瓶"	食物链"角色扮演"
	八下	生物	显微镜知识竞猜	生物实验
高一年级	高一上	生物	生物学小实验	制作细胞亚显微结构模型
	高一下	生物	思维导图课	
高二年级	高二上	生物	生物概念图绘制	生物知识竞赛
	高二下	生物	生物猜猜猜	
高三年级	高三上	生物	生物知识竞赛	生物图表绘制
	高三下	生物	思维导图复习	概念图绘画

（五）仁美课程

仁美课程是以音乐、美术课程为依托，以"妙笔生画""舞动旋律"课程为特色开展的，旨在培养学生兴趣爱好，提高审美品位，陶冶学生艺术情操，展示学生艺术魅力的课程。通过创建"创意书法课""素描课""快乐节拍""五音六律""引吭高歌""热情拉丁"等社团课程,提升学生的艺术审美能力;通过摄影社、书法社、街舞社、拉丁舞社、音乐社等社团活动,丰富学生的课余生活,陶冶学生的审美情操;通过举办校园十大歌手、才艺比赛、元旦晚会等文艺活动给学生以展示的机会,让学生在课程中遇见美、欣赏美、展示美(见表5-6)。

表5-6 仁美课程设置表

年级	课程册别	妙笔生画课程		舞动旋律课程		
七年级	七上	美术	楷书笔画的写法 组合笔画练习 单字临摹练习	整体章法练习	音乐	快乐节拍
	七下	美术	书法练习	练习书法作品	音乐	五音六律
八年级	八上	美术	创作书法作品		音乐	五音六律
	八下	美术	素描		音乐	舞语街舞
九年级	九上	美术	摄影		音乐	引吭高歌
	九下	美术	摄影		音乐	热情拉丁
高一年级	高一上	美术	书法练习 练习书法作品	创作书法作品	音乐	快乐节拍	翩若惊鸿
	高一下	美术	静物素描		音乐	经典赏析	舞语街舞
高二年级	高二上	美术	静物素描	毛笔书法	音乐	经典赏析	翩若惊鸿
	高二下	美术	素描头像		音乐	五音六律	
高三年级	高三上	美术	素描写生		音乐		
	高三下	美术			音乐		

(六)仁健课程

仁健课程是以体育、心理健康课程为依托开展的系列课程,主要由"活力体育""阳光心理"课程组成,以锻造健康体魄、塑造健康内心为目标,于身,增强学生强心健体的意识和能力,使其掌握一定的运动技能,促进学生的全面发展;于心,增加学生的心理学知识,提升学生的抗压能力、抗挫能力,为学生的身心健康保驾护航(见表5-7)。

表5-7 仁健课程设置表

年级	课程册别	活力体育				阳光心理		
七年级	七上	体育	特色棒球	快乐足球	活力篮球	心理	镜中世界	我和你一样
	七下	体育	特色棒球	快乐足球	活力篮球	心理	镜中世界	我和你一样
八年级	八上	体育	特色棒球	快乐足球	活力篮球	心理	镜中世界	我和你一样
	八下	体育	特色棒球	快乐足球	活力篮球	心理	镜中世界	我和你一样
九年级	九上	体育	特色棒球	快乐足球	活力篮球	心理	镜中世界	我和你一样
	九下	体育	特色棒球	快乐足球	活力篮球	心理	镜中世界	我和你一样
高一年级	高一上	体育	特色棒球	快乐足球	活力篮球	心理	镜中世界	我和你一样
	高一下	体育	特色棒球	快乐足球	活力篮球	心理	镜中世界	我和你一样
高二年级	高二上	体育	特色棒球	快乐足球	活力篮球	心理	镜中世界	我和你一样
	高二下	体育	特色棒球	快乐足球	活力篮球	心理	镜中世界	我和你一样
高三年级	高三上	体育	特色棒球	快乐足球	活力篮球	心理	镜中世界	我和你一样
	高三下	体育	特色棒球	快乐足球	活力篮球	心理	镜中世界	我和你一样

第四部分 学校课程实施与评价

学校通过构建"近仁课堂",提升课程实施品质;建设"近仁学科",做活课程整合;通过创设"近仁社团",创立"近仁节日",创设"近仁空间",推行"近仁之旅",打造"近仁共育"等方式,推进各类课程有效实施。

一 构建"近仁课堂",提升课程实施品质

"近仁课堂"是重教更重学的课堂,是师生在课堂上互启智慧、教学互生的精彩演绎。"近仁课堂"的目标是丰盈的,内容是灵秀的,过程是灵动的,方法是灵活的,主体是互动的。

（一）"近仁课堂"的实施

在"近仁课堂"的实施推进中，以"教"与"学"为立足点，以学生为本，以教研为驱动，统一编制学科素养双向细目表，尝试用多种方式来提高学生的核心素养，从而达到高效高质的课程目标。

（1）推进"近仁课堂"系列校本研修。首先，建设"青蓝同辉"教师成长工程。学校每年组织新任教师与学科骨干教师结成师徒，骨干教师发挥"传、帮、带"作用，通过授课、评课等多种方式帮助青年教师领悟"近仁课堂"理念，上好每一堂课。其次，组织开展各学科教研。各学科深入研究"近仁课堂"的教学理念，设计教学活动，组内观摩研讨，并提出改进方案，以此来促进"近仁课堂"教学质量的提升，让"近仁课堂"真正在实际教学中有效推进。

（2）积极开展"师友互助"小组合作学习活动。根据学习内容，将学生分成若干个小组，通过自主预习、课堂展示和检测反馈三个环节，引导学生提升合作探究式学习的能力，以此不断推进"近仁课堂"建设。

（3）探索"近仁课堂"多样化的教学方式。随着信息技术的日新月异和"近仁课堂"文化建设的深入，学校的教学方式向多样化迈进，如"合作探究式课堂""操作实践式课堂"等，从重"教"转为重"学"，注重学科核心素养的落实，打造富有活力的课堂，以提升课堂品质，推动"近仁课堂"走向纵深。

（二）"近仁课堂"的评价

为引领课堂发展方向，学校从目标丰盈、内容灵秀、过程灵动、方法灵活方面，制定"近仁课堂"评价表（详见表5-8）。

表5-8　西南大学三亚中学"近仁课堂"评价表

授课教师：	学科：	班级：	内容：	日期：
维度	特征描述	优秀	良好	合格	须努力
		20—18分	17—15分	14—12分	12分以下
目标丰盈（20分）	学习目标的设计符合大纲或课程标准的阶段性教学目标和促进学生可持续发展及终身发展的长远目标。				

续 表

维度	特征描述	优秀 20—18 分	良好 17—15 分	合格 14—12 分	须努力 12 分以下
	体现教材教学的基本要求和因材施教的基本原则,并适合全体学生的接受水平,使各类学生均学有所得。				
	有助于学生学习能力的提高,有利于学生实践能力或创新能力的形成。				

维度	特征描述	优秀 40—36 分	良好 35—31 分	合格 30—26 分	须努力 26 分以下
内容灵秀 （40 分）	知识结构合理,突出重点、难点,难易适度。				
	融入学生经验,联系学生生活和社会实际,适时适量拓展。				
	正确把握学科知识、思想和方法,注重教学资源开发与整合。				
	课堂内容设计有利于促进学生全面发展。				

维度	特征描述	优秀 20—18 分	良好 17—15 分	合格 14—12 分	须努力 12 分以下
过程灵动 （20 分）	根据学科特点创设有助于师生对话、沟通的教学情境,营造和谐、互动的学习氛围,激发学习兴趣。				
	适时引导学生主动、合作学习,组织多种形式的探究、讨论、交流等活动,培养发现和解决问题的能力。				

续 表

维度	特征描述	优秀 20—18分	良好 17—15分	合格 14—12分	须努力 12分以下
	激发学生思维,能大胆质疑问难,发表不同意见,以学生问题为出发点,形成动态生成的教学过程。				

维度	特征描述	优秀 20—18分	良好 17—15分	合格 14—12分	须努力 12分以下
方法灵活（20分）	寓学法指导于教学之中,寓德育于教学内容之中,善于鼓励学生,点评适宜。				
	根据教材实际科学运用教学方法,充分体现学科特点,做到因材施教。				
	课堂教学互动良好。				
质性评价		合计得分：			
评课：					
评课教师签名：					

二　建设"近仁学科",推进学科拓展课程

"近仁学科"以学科基础课程为核心,贯彻学科课程标准的要求,以"让每一个生命向着美好出发"的课程理念为引领,正确处理学科建设、教学研究和课程建设之间的关系,建立一个有效的互动机制。一方面,用学科建设已经取得的教学成果及时充实"近仁学科"课程群,提高教学水平；另一方面,提高教师参与科研工作的积极性,完善奖励机制,规范教学内容和活动,进而促进"近仁学科"的发展。

（一）"近仁学科"的建设路径

建立"近仁学科"课程群。课程群是近年随着互联网高速发展,我国教育信息化建设大力提倡的一种课程建设模式。课程群建设的基础就是互联网所提倡的共享、共建和沟通交流。

"近仁学科"课程群的设计要根据学生的生活体验、智力发展水平、现有知识基础和知识结构进行构建。在原有的基础课程基础上,融合相通之处的课程,分层次、分梯度建设"近仁学科"。通过"近仁学科"课程群的建设和完善,提升学校整体教学水平,提高学生素质、知识水平和动手能力。

1. "至美语文"课程群

课程价值在于使学生走进语文的世界,感受文学的气息,触摸文学的脉搏,涵养文学的情怀。该课程群包括"我是演说家""近仁辩论""话剧表演"和"墨韵书法大赛"。"近仁辩论"为学生搭建了一个思维火花迸溅的平台,使学生站在不同的角度去认知世界。"话剧表演"通过让学生读剧本,了解戏剧,并以自编、自导、自演的形式,体会戏剧的魅力。"墨韵书法大赛"则是让学生书写汉字,鼓励多种书法作品参赛,让学生在墨香中传承汉字之美。

课程群评价:严格遵守语文课程要求,任务明确,一切从语文出发,内容要求积极健康。

2. "E行天下"课程群

"E行天下"旨在提高学生英语语言运用的能力,拓展学生视野,丰富学生生活经历,发展学生个性和提高人文素养。该课程群包括"英语趣配音"和"英语舞台剧"。"英语趣配音"借助有趣的视频鼓励学生开口说英语,激发学生英语兴趣的同时纠正英语发音。"英语舞台剧"是通过创设真实性语境与活动,培养学生探究精神、创新精神,促成学以致用的课程。

课程群评价:该课程群要求英语发音准确,声情并茂,使所配音的人物形象立体饱满;能在英语情境中脱稿流畅地表演,乐于探索,愿意合作,勇于展示,过程中需体现团队协作能力。

3. "求实历史"课程群

该课程群旨在从史实出发,还原历史真实,培养学生论从史出的历史思维能力;赋予学生积极的情感、态度与价值观,激发学生热爱家乡的情怀,从而提升学生的历史核心素养。该课程群包括"珠崖碎影——寻根三亚历史之美"和"见字如面"。"珠崖碎影——寻根三亚历史之美"通过探寻三亚历史文化遗迹,在学生心中洒下一把乡土文化的种子,让岛民的孩子们由内心生发出对家乡的热爱。"见字如面"课程借鉴央视节目《见字如面》的形式来学习历史，引进史料，例如历史人物的书信、日记等实物来理解历史人物与事件。

课程群评价：完成历史研学手册，书写历史研学心得，撰写历史研究性学习报告。通过学生自评、互评、教师评等方式，对学生的参与、表现和效果等方面，进行多元评价。

4."沁德政治"课程群

通过对政治课程的学习，让学生除了学习教材哲学知识之外更多地去接触哲学，了解哲学，喜欢哲学，能用哲学知识来解决生活中遇到的问题。依据课程标准，我们设置了"哲学活动月""模拟联合国"和"模拟法庭"三个课程。"哲学活动月"是政治必修四《哲学与文化》的衍生课程，是与校模拟联合国共同参与的课程活动，这已成为我校政治学科的特色活动。"模拟联合国（Model United Nations）"是中学生模仿联合国及相关的国际机构，依据其运作方式和议事原则，围绕国际上的热点问题召开的会议。"模拟法庭"旨在提升学生的法治意识，增强法治观念，引导他们学法、懂法、用法、守法。

课程群评价：课程采用形成性评价的方式，重视学生在学习过程中的自评和互评；强调评价的激励性，鼓励学生大胆、充分发表自己的独到见解。教师评价与学生自评相结合，以"优秀""良好""合格""须努力"四个层面来表现评价成果。

5."知·足地理"课程群

最美的教育在路上，"知·足地理"课程的建设旨在拓宽学生的眼界，增强学生的环境分析能力、生存能力和解决问题的能力，从而引导学生树立科学的生态发展观。依托地理课程标准、学生学情及认知特点开发和设置地理课程。"知·足地理"课程主要由"笔端地理""指尖地理""足下地理"三个模块组成。"笔端地理"通过学习绘制地理原理图、地理区域图、地理图表等，使学生能够更好地做到识图、析图。图表是中学地理重点学习知识，绘图是突破难点的重要途径。"指尖地理"是让学生以小组合作形式制作地理模型，进行地理实验，提高学生的地理实践力。"足下地理"分为校内地理行和校外地理行。校内部分主要通过团队协作完成一些地理实践操作，如绘制校园局部地图、气象站观测、太阳高度角测量、学校植被土壤调查等。校外部分通过地理研学来实现，如海浪地貌研学、红树林研学、落笔洞研学、火山地貌研学等。

课程群评价：成果偏重与实际相结合，注重动手实践能力，鼓励研学报告或成果展示，可按等级评优。

6. "万象数学"课程群

以"用有趣的数学感悟生活的魅力"的课程理念，打造"万象数学"课程群。课程主要以数学游戏和数学问题为工具，发挥数学在培养人的思维能力和创造力方面的作用，锻炼数学思维，以增强学生的自我成就感，培养自信自强的公民为学科育人目标。该课程群包括"神奇的图形计算器""花式魔方""九宫格"。"神奇的图形计算器"通过设置图案设计的活动过程，提升学生的动手实践能力。"花式魔方"和"九宫格"课程能有效锻炼学生的空间思维能力、记忆力和专注力，同时训练手眼协调，提升学生的思维计算和推理能力。

课程群评价：对学生评价主要是三看——一看学生学习该课程的学时总量，作好考勤记录；二看学生在学习过程中的表现，如态度、积极性、参与状况等，用"优秀""良好""合格""须努力"等形式记录在案；三看学生的学习成果，学生成果可通过实践操作、作品鉴定、竞赛、评比、汇报活动等形式展示，成绩记入成长档案中。

7. "物趣物理"课程群

"物趣物理"以课程标准为依据，通过对实验、问题解决的创新，培养学生学习物理的兴趣，学生初步形成科学探究、科学创新的能力。该课程包括"高楼大厦的高度测量""电路设计与制作""小小发'电'家"等。"高楼大厦的高度测量"是组织学生用秒表测量教学楼的高度，增强对自由落体运动的理解，提升物理理论实践力的一门课程；"电路设计与制作"通过电路设计活动，在对电路的设计与制作中体会物理原理在实际生活中的应用。"小小发'电'家"旨在增强学生对电磁感应模块的理解，提升物理理论和实践力。

"物趣物理"课程群评价：不同的课程评价方式不一，"高楼大厦的高度测量"以学生的操作和数据的准确度来评价。"小小发'电'家"课程以活动比赛的形式进行评价；"电路设计与制作"课程以手工作品展示、讲解原理等形式进行评价。

8. "魔丽化学"课程群

"魔丽化学"，就是美丽的化学，实践的化学，活力的化学，以培养"乐学、实践、善思"的学生为价值取向。该课程包括"化学找真相"和"我是制作小达人"两个部分。"我是制作小达人"运用生活中常见的问题来激发学生思考与探究，让学生利用所学的化学知识，自己动手解决问题。利用化学原理寻找解决办法，提高学生的学科素养。

"魔丽化学"课程群评价：逐步建立电子化学生成长记录册，侧重对学生学习态度、能力、个性等方面的分析性、发展性评价，同时要逐步帮助学生学会自我评价。

9．"奇趣生物"课程群

构建"奇趣生物"课程群，点燃学生兴趣的火花，让兴趣之火遍布无限的学习中。该课程群包括"百香果种植""洋葱的秘密""小世界""植物小达人""豆腐乳和泡菜"。"百香果种植"课程是根据季节和我校土地特点选择适合种植百香果的土地进行种植，让学生亲自动手松土、扦插，提高学生的动手能力和身体素质。学生需定期护理百香果树苗的生长，观察记录百香果生长过程特征周期和重要时间节点、展示品尝果实。"洋葱的秘密"课程教授学生洋葱临时装片的制作，观察植物细胞的结构特征，进行动植物细胞模型制作活动。"小世界"通过制作"小小生态瓶"，设计小世界的生态系统，模拟食物链"角色扮演"开展丰富的生物实验。"植物小达人"课程让学生通过观察辨认不同的植物至少30种，通过观察种子生长过程，了解种子成长相关知识，养成写观察日记的习惯，培养尊重生命的观念。运用思维导图的方法和概念图绘画，使生物知识在学生头脑中系统地生成。"豆腐乳和泡菜"课程主要是对饮用水中微生物进行测量，通过种群密度的计算，学习制作豆腐乳或泡菜的方法。

课程群评价：不同的课程运用不同的过程性评价方式，"百香果种植""洋葱的秘密""小世界""豆腐乳和泡菜"以课程中学生的实际动手能力进行评价；"生物导图""植物小达人"以知识竞赛的形式进行评价。

10．"活力体育"课程群

学校体育学科以"学习体育增进健康，热爱运动幸福生活"为课程建设哲学依据，打造"活力体育"课程群。该课程群包括"活力足球""活力棒球"。"活力足球"向学生介绍有关足球专业课的教学任务及要求，使学生明白足球课学什么、怎样学，培养学生对足球运动的兴趣。"活力棒球"通过球类游戏和比赛激发学生的运动兴趣，提高学生的运动参与意识，初步建立正确的棒球运球、传接、地滚球动作，发展学生的速度、力量、灵敏、耐力等身体素质，发展学生的体能。

课程群评价：课程采用自我评价、伙伴评价和教师评价的方式。课前教师会发放本课程学习的个人成长记录表,课程成绩可分为"优秀""良好""合格""须努力"四个等次。

11."舞动旋律"课程群

学校音乐学科将"音乐审美为核心,兴趣爱好为动力"作为课程理念,打造"舞动旋律"课堂。我校立足学校实际,从学生特点出发,在原有音乐教材的基础上,开设了"快乐节拍"和"引吭高歌"两个课程。"快乐节拍"着重提高学生的节奏感、韵律感,主要通过课堂的节奏课来实现。"引吭高歌"是声乐课,主要通过歌曲演唱,让学生体会发声部位的差别,演唱类型的不同,感受独唱与合唱。

课程群评价:课程采用自我评价、伙伴评价和教师评价的方式。课程成绩可分为"优秀""良好""合格""须努力"四个等次,课前教师会发放本课程学习的个人成长记录表。赛事活动将评出一二三等奖,并对获奖学生进行奖励。

12."妙笔生画美术"课程群

该课程群旨在通过"妙笔生画美术"课程群和开展丰富多彩的课外文化艺术活动,培养和提高学生的审美能力、文化素养以及专业文化素质、专业技能和专业理论。"妙笔生画美术"课程群结合本校实际情况,针对在校学生实际情况量身打造了"妙笔生画美术——快乐绘画"的课程。素描是绘画的基础,绘画的骨骼,也是最节制、最需要理智来协助的艺术。该课程能培养学生正确的观察方法,理解和掌握物象透视、结构和造型的基本规律,训练学生对形象的分析能力、综合表现能力、审美能力、想象能力和创造能力。

课程群评价:所有课程均可以通过学生自评、师评、校评、他评的方式对学生的课堂表现、作品成果等进行评价。

13."阳光心理"课程群

心理健康教育课程核心价值是培养学生健康、健全的人格,能合理处理情绪,有良好的人际关系,在面对挫折时学生学会助人自助。该课程群包括"我和你一样"和"镜中世界"。"我和你一样"属于同质团体辅导课程,旨在重点关注拥有同性质的学生特定问题的解决,让学生在课程中学会助人自助,学会分享与包容。"镜中世界"戏剧心理教育课程旨在通过"镜像我"认识自我,以新颖的教育形式吸引学生更加喜欢心理健康教育课程,进一步重视自身的心理健康。

课程群评价:课程采用自我评价、伙伴评价和教师评价的方式。自我评价时,学生对自身的发展状况、学习行为与结果及个性特征进行体验分享；伙伴互评时，同组伙伴对其他学生的学习行为与结果及人际交往中的表现进行支持性回复；教师评价时，教师综合各方面信息，对学生的发展状况、学习行为与结果及人格塑造等方面作出建议。

（二）"近仁学科"的评价要求

"近仁学科"评价应能促进科学素养的形成与发展。评价既要关注学生学习的结果，更要关注他们学习的过程。评价主体应包括教师、学生等，所以"近仁学科"评价要求有以下四个方面的内容：课程设置的评价标准、课程方案的评价标准、教师实施的评价标准、学生学习情况的评价标准（详见表5-9）。

表5-9 西南大学三亚中学"近仁学科"课程评价表

授课教师：	学科：	班级：	内容：	日期：	
评价项目	评价要素	优秀 20—18分	良好 17—15分	合格 14—12分	须努力 12分以下
课程设置（20分）	满足社会、地方需求：课程的开发应充分考虑到社会、地方经济发展对学生学识和能力的需求。				
	促进学生个性充分发展：应尽量满足学生的兴趣和需要，促进全体学生个性特长的发展，为学生的可持续发展创造条件。				
	体现教师特长和学校特色：应根据学校的传统和优势，充分利用学校现有师资和条件，努力促进教师教育教学能力的提高和学校特色的形成。				
	实践性强，主题恰当，有操作性，难易适当，意义重大。				

续 表

评价项目	评价要素	优秀 20—18分	良好 17—15分	合格 14—12分	须努力 12分以下
课程方案 （20分）	课程目标符合学校的办学宗旨或学校教育哲学，目标明确、清楚。				
	课程内容的选择合适，所需的课程资源能够有效获取，内容的设计具体、有弹性。				
	课程组织恰当，符合学生的身心发展的特点。				

评价项目	评价要素	优秀 30—26分	良好 25—21分	合格 20—16分	须努力 16分以下
教师实施 （30分）	学生选择该科的人数。				
	学生实际接受的效果。				
	领导与教师听课后的反映。				
	学生问卷调查的结果。				
	教师的教学案例、教案。				

评价项目	评价要素	优秀 30—26分	良好 26—20分	合格 20—16分	须努力 16分以下
学生学习 （30分）	学生能陶冶情操，愉悦身心，有真实体验。				
	学生主动活动，参与面广，活动量大。				
	学生有成果展示。				
	学生知识面有所拓宽。				

质性评价	合计得分：
评课：	
评课教师签名：	

三　创设"近仁社团",实现学生多元发展

学校在保证学生完成学习任务和不影响学校正常教学秩序的前提下,积极开展丰富多彩的社团活动。目的是活跃学校学习氛围,激发学生学习兴趣,发展个性特长,切磋技艺,互相启迪,增进友谊,促进学生身心健康,全面发展。

(一)"近仁社团"的内容与实施

"近仁社团"是为了发展学生兴趣爱好,使学生成为更加全面的人而开展的,学生在自愿基础上形成了语言类社团、体育类社团、艺术类社团、科技创新类社团、社会服务类等社团。

(1) 语言类社团,包含有文学社、英语俱乐部等,是对语言文字有共同兴趣,在一起研究学习、交流的言语社团。

(2) 体育类社团,包含有田径社、轮滑社、足球社、乒乓球社、篮球社、羽毛球社、排球社、拉丁舞社、台球社等。体育类社团是为丰富学生课余生活,推动体育活动,提高学生综合素质,为一些有共同体育兴趣爱好的同学设立的单项运动协会或单项俱乐部。

(3) 科技创新类社团,包含车模航模社、建筑模型社、机器人编程社等。科技创新类社团是学校为了强化科学教育意识,普及科学知识,提高学生的科学素养和动手动脑能力,营造浓郁校园科技氛围而设立的社团。

(4) 社会服务类社团,包含青年志愿者协会、爱心社等,是以学生为主体,服务社会,贡献社会,传播"奉献、服务、友爱、进步",收获心的升华,提高学生自身素质的校园公益团体。

"近仁社团"的建立须有严格的规章制度和换届选举制度。社团工作要常态化、有实效,坚持边实践边积累,建立完善一系列规章制度。学校为每一个社团提供了一间专门的教室用于社团交流、学习。活动方式可采用学生自主探讨交流,教师集中培训学习,开展丰富多彩、形式多样的活动。此外,对外要加强社团的宣传引导,善于利用校外资源,为学校各类校本社团课程的开设创造良好舆论环境。

(二)"近仁社团"的考核评价

"近仁社团"作为学生素质拓展的重要平台,已成为我校校园文化建设的重要载体。为进一步加强对我校学生社团的有效管理,确保社团的正常活动和健康发展,学校通过社团建设、社团活动和社团成果三方面对"近仁社团"进行评价(详见

表 5-10）。

表 5-10 西南大学三亚中学"近仁社团"评价表

指导教师：	社团：	日期：			
评价项目	评价内容	优秀	良好	合格	须努力
		30—26 分	26—20 分	20—16 分	16 分以下
社团建设（30 分）	组织机构健全，各项规章制度健全。				
	重视社团骨干梯队建设，积极开展内部培训。				
	定期召开会员大会，并举办促进内部交流的活动。				
	有本学期社团活动计划、小结。				
	学生参与社团活动后有详细的活动总结、活动程序、工作方案等文字资料存档。				
评价项目	评价内容	优秀	良好	合格	须努力
		40—36 分	35—31 分	30—26 分	26 分以下
社团活动（40 分）	有确定的社团活动时间，并且一学期的活动次数不少于 10 次，每增加 1 次，分数增加 2 分；活动次数少于 8 次的，取消该社团在本学期的考核资格。				
	有确定的活动对象，每次活动人数不少于该社团人数 50%。				
	有确定的指导教师，并能给予一定的指导，指导教师须每次参加活动，缺席一次扣 1 分，扣完为止。				

续　表

评价项目	评价内容	优秀 30—26 分	良好 26—20 分	合格 20—16 分	须努力 16 分以下
社团成果 （30 分）	参加校、市、区级社团文化展演或展示活动，如有奖项或其他荣誉可加分。在校级比赛获奖加1—2分，其他加倍计分。				
	上交活动记录，有照片和文字介绍。				
质性评价		合计得分：			
评课：					
评课教师签名：					

四　设立"近仁节日"，培育学生行仁之力

学校根据学生身心成长的阶段性需求，设立艺术节、创客节、体育节等综合性校园节庆活动。通过"近仁节日"课程，搭建多种形式的学习平台。"近仁节日"主题鲜明，形式灵活。节庆课程的实施应综合竞赛学习、主题学习、服务学习等多种学习形式，促进学生在参与中获得体验，在活动中提升综合素质，涵养品格。

（一）"近仁节日"课程的内容与实施

"近仁节日"包括艺术节、体育节、科技创客节、书香节、大学节、游园节、义卖会等，通过节日举办丰富多彩的校园节庆活动。目的是满足学生成长的需要，促进学生德智体美劳全面发展。

"艺术节"通过诵读比赛、校园十大歌手、演讲比赛、美术作品展、元旦晚会等活动，为学生搭建展示平台，使学生特长得以充分发挥。

"体育节"培养学生终身体育锻炼意识，通过全校学生体质健康测试了解学生现有的身体素质，开展健康教育手抄报展示活动，向学生灌输"健康第一"的思想，通过各种体育活动，如乒乓球、足球、篮球联赛、趣味运动会等培养学生的体育运动兴趣，帮助学生寻找自己热爱并能相伴终生的体育运动项目，并组织田径运动会为学生提供展示风采的平台。

"科技创客节"旨在传播科学思想,弘扬科学精神,提高我校学生的科学文化素养,培养学生的创新精神和实践能力。根据某一主题,按各自学科特点开展科技作品制作和展示活动,如通用技术工具制作、信息技术编程主题游戏、物理创新实验、化学趣味实验、生物生态系统、地理沙盘制作、车模航模竞赛、机器人作品展示和竞技等。

"书香节"是为了培养学生成为终身阅读者,常润书香间,尽享读书乐,做一个有涵养,有情怀的读书人而创办的"近仁节日"。书香节活动多样,如举办书法竞赛、最美读书笔记、当阅读遇上思维导图、亲子阅读等活动,让学生自觉养成多读书、读好书的良好习惯,真正感受到读书的乐趣,让浓郁的书香充盈校园的每一个角落,真正让学生从读书中获得新知,在读书中快乐成长。

"高校节"旨在邀请著名高校教授或优秀毕业学生走进校园,向西三中学子推介高校、播种梦想,让同学们了解大学专业、规划生涯,在高中阶段初步确立自己的志向,把中学的"学业"同大学的"专业"选择贯通起来,与未来人生的"职业""事业""志业"贯通起来。

"游园节"是为落实立德树人根本任务,呵护孩子心灵,促进学生全面发展的特色趣味活动。每个班级都将设置一系列趣味、新奇的游戏,让学生在游戏和活动中感受、体验、自我质辨、思考、感悟,从而调适自我压力,达到身心的真正放松。

"义卖会"是一个满怀爱心的活动。物品有价,爱心无价。通过"义卖活动",一方面可以让同学们尽情体验经营乐趣,锻炼交际和理财的能力,另一方面,同学们用小小善举汇成大爱,在温暖他人的同时也温暖了自己。

此外,学校立足学生成长的需求,让每一个孩子向着美好出发,会设立其他的节庆活动,促进学生全面发展。

(二)"近仁节日"的评价

学校注重引导学生运用研究性学习的方式进行学习,重视学生积极参与活动的全过程。关注综合实践活动课程目标的全面达成,关注学生正确人生观的形成。综合实践活动以学生的自我评价为主,同时成立由学校领导、骨干教师及学生代表三方组成的评价小组。通过节日目标内容、节日过程、节日效果三个维度,对教师指导学生完成活动的情况进行评价(详见表5-11)。

表 5-11 西南大学三亚中学"近仁节日"评价表

指导教师：	节日：	班级：	内容：		日期：	
评价维度	评价标准		优秀	良好	合格	须努力
			40—36 分	35—31 分	30—26 分	26 分以下
节日目标内容（40分）	节日课程的目标符合学生发展核心素养的需要，有利于提高学生的实践能力。					
	节日课程内容贴近学生的生活和社会实践，内容综合，促进学生个性发展。					
	主题突出，丰富学生的体验感。					
评价维度	评价标准		优秀	良好	合格	须努力
			30—24 分	23—21 分	20—18 分	18 分以下
节日过程（30分）	根据节日的特点，组织形式多样的活动。					
	教师积极引导学生，指导方法形式得当。					
	学生积极参与各个实践环节，自主活动，充分发挥主体性。					
评价维度	评价标准		优秀	良好	合格	须努力
			30—24 分	23—21 分	20—18 分	18 分以下
节日效果（30分）	学生有真实体验，陶冶情操。					
	学生以节日活动促进自身发展，实践能力得到提高。					
	拓宽学生知识面，培养学生创新精神和意识。					
质性评价			合计得分：			
评课：						
评课教师签名：						

五　融入"近仁仪式"，激励学生近仁之志

仪式教育在学生发展过程中发挥着重要作用。基于马斯洛的需要层次理论，以"相遇式课程"为基点，融入"近仁仪式"，体现校园文化的根基和精髓。美妙优雅的仪式是彰显人文情怀和文化传承的最佳课程，也是促进学生成长和发展的课程。

（一）"近仁仪式"的设立与实施

仪式是人们表达信仰、传递思想情感、传递社会价值观的工具。它是一种文化象征，具有特别重要的作用，以仪式的形式开展的教育活动，可以营造特殊的教育氛围，表达教育内容，传递价值观念。"近仁仪式"结合学校的德育实践活动和课程理念，让学生形成"美"行，实现"真善美"的生命追求。具体如下：

"入学仪式"是新生的"入学第一课"，是新生进入学校后接受的第一次"仪式教育"，是学业的开始。梦想的种子也从这一刻开始发芽。

"周一升旗仪式"是学生接受爱国教育最重要的一课。在升旗仪式时，严肃学生升旗行为规范，树立起学生对国旗的敬意，是每一代中国人都应具备的素养。

"入团仪式"是为凝聚青年力量，坚定理想信念而设立的。学生在光荣而神圣的入团仪式中争当先进青年，进一步提高自身的思想觉悟，勤奋学习、尊敬师长、团结同学、遵守纪律，树立良好的思想品德，成为优秀的共产主义接班人。

"成人礼仪式"是学生从孩童走向成年的专属青春印记，它不仅仅是一台声光绚烂的典礼，更是一场高三学子宣泄自己激情、展现自己风貌的秀，能够让学生完成对自我的体认，在未来扛起更多的责任和担当。

"毕业仪式"是中学生时代的尾声，它诉说着学子对母校和老师们的眷恋与深情。毕业仪式能够激发学生的感恩之情，使学生成为一个懂得感恩的人。

"近仁仪式"课程符合学生的身心发展特点，有利于丰富学校的文化建设，能增强学校的德育工作实效性，是对学校素质教育的有力推动。教师会在仪式课程的实施中更深刻地理解教育的价值，学生也会在仪式课程的浸润中更快乐地体验成长的滋味。

（二）"近仁仪式"的评价

"近仁仪式"在评价上，侧重学生的学习习惯、意识、情感等方面的培养，让学生的素养得到综合提升，形成相应的人格魅力。"近仁仪式"课程要通过仪式课程的目标设定内容、仪式过程及产生的效果等进行评价，有效地促进学生的核心素养发展（详见表5-12）。

表 5-12　西南大学三亚中学仪式课程评价要求

授课教师：		仪式：	班级：	内容：	日期：
评价维度	特征描述		优秀	良好	合格	须努力
			40—36分	35—31分	30—26分	26分以下
仪式目标内容（40分）	仪式的目标符合学生发展核心素养的需要，关注学生生命成长的过程性。					
	仪式课程内容多样，传递丰富意蕴。					
	有独特、科学的设计，能丰富学生的体验感。					
评价维度	特征描述		优秀	良好	合格	须努力
			30—24分	23—21分	20—18分	18分以下
仪式过程（30分）	学生积极参与，队伍着装整齐，班级凝聚力强。					
	教师积极引导学生，指导方法形式得当。					
	学生熟练掌握特定仪式的行为要点，感受仪式带来的成长。					
评价维度	特征描述		优秀	良好	合格	须努力
			30—24分	23—21分	20—18分	18分以下
仪式效果（30分）	举行仪式留有文化印记，触动学生。					
	参与仪式让学生拥有归属感和神圣感。					
	学生发现美、感悟美、欣赏美和表现美的能力得到提高。					
质性评价			合计得分：			
评课：						
评课教师签名：						

六 探索"近仁之旅",推进研学旅行课程实施

"近仁之旅"是包罗万象的研学课程,是综合历史、地理、科技、人文和爱国主义教育等内容的融合课程。学校倡导以社会调查、参观访问、资料搜集、同伴互助、成果总结等为一体的社会综合性学习形式,使学生游中有学,行中有思,探索"近仁之旅"。

(一)"近仁之旅"课程的内容与实施

三亚市拥有丰富的乡情市情研学旅游课程资源,如红色文化火箭炮营、红色娘子军研学基地、南繁育种基地;有依托西南大学基础教育资源,如赴西南大学、加拿大、美国等研学活动。

(1)大茅远洋生态村。了解大茅远洋生态村建设发展情况,关注家乡生活环境,寻找周边的生态学知识。通过开展现代农业相关的社会实践活动,在活动中渗透生态学课题研究,增强学生的生态保护意识,让学生亲近自然,增长知识,陶冶情操。

(2)南繁农科研学。通过参观南繁农业科普馆,了解南繁发展历史和农业科研的重要地位和作用。采用体验式教学,让学生参与到精心设计的情境和活动之中,实现体验、感悟、磨炼、成长的自我突破。通过研究性学习,增强学生分析和解决问题的能力。

(3)娘子军红色研学。通过红色娘子军红色研学课程的实施,了解娘子军的传奇历史,感受琼崖妇女解放运动的星火燎原之势,提升学生对红色文化的认知,传承红色基因,弘扬红色娘子军坚定不移的革命信念以及舍己为国、自强不息、全心全意为人民服务的精神。

此外,学校根据"近仁文化"发展的需求,结合学生成长的需求,还会设立其他的研学活动,促进学生全面发展。

"近仁之旅"研学课程实施以年级为单位,整合各学科课程资源、课内外资源、教师资源、家长资源,利用校本课程活动时间、节假日开展校内外活动。教师根据学科课程标准、学生实际情况设计研学手册、学习任务单,让学生在实地研学时,完成研学手册、学习任务单,形成研学报告。

(二)"近仁之旅"的评价体系

"近仁之旅"研学课程的评价重点在于研学课程前,研学课程中和研学课程后的评价(详见表5-13)。

表 5-13 西南大学三亚中学"近仁之旅"研学课程评价表

| 授课教师： | 研学主题： | 班级： | 内容： | 日期： |

评价维度	评价标准	评价分数			
		优秀	良好	合格	须努力
		30—26 分	25—21 分	20—16 分	16 分以下
研学前 （30 分）	有课程主题，与学校有机组合； 有活动方案和计划； 有对学生研学的评价标准； 有研学材料（校本教材），有学校特色，能体现对研学活动的指导； 有安全纪律教育课； 学生进行研学前有分组学习和讨论活动。				
评价维度	评价标准	优秀	良好	合格	须努力
		30—26 分	25—21 分	20—16 分	16 分以下
研学中 （30 分）	教师根据研学课程，做好活动计划，精心组织学生活动，指导学生边走边学； 学生积极参与研学活动，仔细观察和思考； 认真记录、整理研学过程的知识。在研学体验中理解知识，交流心得。				
评价维度	评价标准	优秀	良好	合格	须努力
		40—36 分	35—31 分	30—26 分	26 分以下
研学后 （40 分）	教师指导学生根据研学评价标准，进行成果收集与整理，以 PPT、美篇、电子相册、小视频等形式展示，完成研学报告；				

续　表

评价维度	评价标准	优秀 40—36 分	良好 35—31 分	合格 30—26 分	须努力 26 分以下
	组织学生完成自我评价、组内互评和教师评价的学生评价体系表；				
	教师撰写研学心得，将学生成果集结成册，形成研学课程成果；				
	学生成果记入学生成长记录袋中，其结果纳入综合素质评价体系。				
质性评价		合计得分：			
评课：					
评课教师签名：					

七　开拓"近仁共育"，打造课程实施共同体

"近仁共育"是沟通家庭与学校的桥梁，"近仁共育"让家长了解学校教育方式、内容和要求。在对孩子的教育过程中，通过家长配合学校开展教育，保持家庭与学校在教育思想和方法的一致性，形成教育合力，使学生能够健康成长。

（一）"近仁共育"的内容和实施

学校教育需要得到家庭的支持和配合。学校教育不仅要让孩子学会学习，更要让孩子学会做人，通过"近仁共育"有效地优化孩子成长的环境，有效地培养学生良好的品行，让孩子充分感受来自老师和家长的关怀，给孩子带来欢乐，让孩子健康成长。学校通过成立家长委员会，开办好家长课堂，举办家长开放日活动，班主任、学科教师家访，设立家长信箱等方面实现"近仁共育"。

（1）成立家长委员会。为了加强学校与家庭的沟通与交流，便于家长对学校工作的监督，学校成立校级、年级、班级三级家委会，并建立家委群和班级家长群，协调处理家校联系中的具体工作。

（2）开办好家长课堂。结合学校实际情况及未成年人生理、心理发展特点，采用讲座报告、经验交流、亲子互动体验活动、空中课堂等形式，有计划地向家长宣传国家的教育方针、政策，宣传、推广、普及科学的教育方法，从而提高家长的教育能力，提高家庭教育的质量和效益。

（3）举办家长开放日活动。为了给家长提供交流的机会，学校每学期选择半天作为不同年级的家长开放日，家长可以到校与学生共同生活，全面了解学生的思想、学习、生活状况；参观班级布置，检查教师常规教学工作，翻阅学生作业，参加主题教育活动，观看学生成果展示等。

（4）班主任、学科教师家访。对学生进行有针对性的研究和教育，是密切联系学校和家庭、教师和家庭的重要环节。校领导率先垂范，带头家访。班主任每学期要做好登门家访工作，对特殊学生做到常访、多访，做到登门访和电话联系相结合。学科教师也参与到家访工作中来，反馈和研究解决孩子在学科学习中存在的问题。

（5）设立家长信箱。为了提高办学质量，学校在大门外设置"家长信箱"，收集社会和广大家长的建议和意见，随时接受他们的监督，让家长对学校教育教学和常规管理提出宝贵意见，为学校的发展建言献策。

家庭教育和学校教育是相互联系的有机整体，所做的一切都是为了孩子更好地成长，家长和学校相互学习，相互信任，通力合作，结成一个家庭与学校的教育同盟，共同托起明天的太阳。

（二）"近仁共育"的评价

"近仁共育"是通过将家长请进校园，教师走进学生家庭等多种方式有章程有计划地与家长们进行沟通和交流。开展形式多样、主题鲜明、内容丰富的家校活动，促进家校达成教育共识。"近仁共育"通过活动方案计划、活动主题样式、活动成果材料等方面进行评价（详见表5-14）。

表5-14　西南大学三亚中学"近仁共育"课程评价表

学科:	班级:	内容:	日期:		
考核内容	工作要求及评分标准	评价分数			
		优秀	良好	合格	须努力
		20—18分	17—15分	14—12分	12分以下
成立家长委员会（20分）	成立家长委员会，有相关工作制度；				
	定期开展家委会活动，每学期不少于2次；				
	每次开展活动应有活动方案；				
	活动过程有印证图文材料，活动结束有美篇总结。				
考核内容	工作要求及评分标准	优秀	良好	合格	须努力
		10—8分	7—5分	4—2分	2分以下
开办好家长课堂（10分）	开办家长学校，计划、制度健全；				
	积极开展活动，形式多样，主题鲜明，内容丰富；				
	活动氛围好，家校达成教育共识，取得良好效果。				
考核内容	工作要求及评分标准	优秀	良好	合格	须努力
		20—18分	17—15分	14—12分	12分以下
举办家长开放日活动（20分）	有家长开放日、周活动的计划和安排；				
	内容丰富，形式多样，效果良好；				
	每学期学校召开家长会不少于一次，班级召开全体或部分学生家长会议不少于2次；				
	图片、讲稿和影像资料齐全、真实。				

续　表

考核内容	工作要求及评分标准	优秀	良好	合格	须努力
		30—26分	25—21分	20—16分	16分以下
班主任、学科教师家访（30分）	有家访活动方案，建立家访工作常态机制；				
	每学年内家访学生数达到60%以上；				
	每学期校长、学校中层领导带头家访；				
	班主任家访不得少于30人次；				
	每次家访有佐证材料，有家访图片、家访记录表，定期发布家访美篇。				
考核内容	工作要求及评分标准	优秀	良好	合格	须努力
		20—18分	17—15分	14—12分	12分以下
设立家长信箱（20分）	有设立家长信箱、电子邮箱；				
	每月将收到的家长建议和意见汇总统计；				
	针对家长的建议和意见，反馈改进情况；				
	通过专栏和校网展示教改成果。				
质性评价		合计得分：			
评课：					
评课教师签名：					

总之，学校在"让每一个生命臻达至美境界"的办学理念引领下，关注学生的个体发展，尊重和体现学生个性发展，力求将素质教育渗透到以课堂为中心的每一个

教育教学环节,开发并合理利用校内外各种课程资源,精心打造学生成长环境,形成学校的办学特点。

(撰稿者:朱海燕、王兴萍、杨善刚、李俊杰、巩金秋、覃雪琴、陈飞妃、翁壮中、蔡海群、李颖川、王倩、王梨丹、徐昕)

第六章　课程的延展性

◇

　　课程延展性是对课程设置的模块和内容进行延伸和拓展,以拓展课程涉及的领域和涵盖的内容,提升课程内容的丰富性。学校课程要延展,就需要课程走出课堂,延伸学科知识,培养学习技能,开阔学生视野,增强学习体验。学校可以从时间空间、重点问题、活动形式、学以致用四个方面进行课程延展。

针对学生的兴趣与需要,学校课程需要结合学校的特点以及办学理念,充分利用学校内部和外部(社区、高校等)的课程资源,自主开发、延展,通常以选修课或特色课的形式出现。

一、何为课程的延展性

课程延展性,主要是指对课程设置的模块和内容进行延伸和拓展,以拓展课程涉及的领域和涵盖的内容。课程的延展性直接影响着学校课程的实施深度,一般来说,课程模块越完善,课程内容越丰富,可供教学选择的余地就越大,课程价值和功能就越能更充分地发挥出来。[1]

课程要有延展性。一方面,在知识信息时代,要使课程保持知识的完整性,并能适应社会的变化和知识的更新,就必须使其具有延展性。另一方面,什么样的课程培养什么样的学生,学校提供的课程越丰富、越有特色,学生选择的机会就越多,越能体现出学校的丰富内涵和特色文化。

课程延展,课程走出课堂。课程实施不能局限时间和空间范围。借助各方资源延展学校课程,课程就能走出课堂,融入学生的全部生活,全天候、全方位地对学生施加积极的影响。

课程延展,延伸学科知识。学生只有将所学到的知识运用于实践,才会产生更强的求知欲望,才会表现出学习的积极性,也才能够将所学习的知识加以延伸、综合、重组与提升。

课程延展,培养学习技能。通过课程延展,教师充当的是合作、参与、促进和指导的角色,引导着学生发展。学生是学习的主体,在教学中,教师绝不是对学生心灵灌输固定的知识,而是启发学生主动去求取知识与组织知识,积极发挥学生的主观能动性。教师不能把学生教成一个活的书橱,而是教他如何去思维,教他学习如何从求知过程中去组织属于他自己的知识,也即授之以渔。因此,求知是自主性的活动历程。

---

[1] 覃尊君.突出课程内容延展性增强课程学习选择性——高中思想政治新课标初探(三)[J].中学政治教学参考,2019(2):19—21.

课程延展，开阔学生视野。各学科内容得以融合，学生的思维和活力就会得以激活。合理、恰当、巧妙地延展学校课程不仅不会给学生加压，还能教他们学习方法，指导他们如何做人，培养他们的兴趣爱好、爱心，塑造心灵，提高整体文化素质及核心素养。

课程延展，增强学习体验。学生的学习活动由课堂学习走进了他们的现实生活，使课中所学、所得、所感、所悟，真正转变为课后所用、所做、所行、所为，使课堂教学中已内化的知情意行等品德因素，能够在课外生活世界得以践行和彰显。

◆ 二、促进课程延展的策略

为了充分提升课程的延展性，学校应注重资源的建设与使用，既要运用已有资源，也要不断生成新资源，要有资源整合的意识和观念，应聚焦目标，明确问题，通过必要的精简、调整、补充，创造性地延展课程。因此，学校可以从以下四个方面进行课程延展。

首先，从时间空间方面进行延展。学校课程要着重考虑将活动由课堂时空延伸到学生的课外生活时空，如将课内活动内容延伸到课外，去寻访、搜索相关的信息，以扩大视野；由学生课内的表现扩展到学生的课外表现；将课内解决问题的兴趣、获得成功的喜悦，延伸到课外去，继续探究相关的问题；把课内掌握的有关生活和社会方面的知识，让学生在家庭生活、学校生活、社会生活中去运用、验证。比如，开展语言与表达延展课程，将国家课程校本化，再以"醇美语文""原味英语"等载体让校本课程学科化，让学生在感悟形象、意境、语言之美中陶冶自己的情操，积极参与，乐于表达，感受语言的魅力。打造"醇美语文""原味英语"等课程，将学习时间延伸到课外，学习空间延伸到校外。学生将课堂所学所得，在课外与同学分享，在校外与家人分享，从而得以巩固与练习，收获成就与自信，再将这份习得的宝贵品质带进学校课堂，学习新的语言与表达，形成一套"学习—应用—学习"完整的闭环。

其次，从重点问题方面进行延展。学校课程应关注学生的个人生活、家庭生活、学校生活、社区生活、热爱祖国、关注世界等六大方面，从学生关注的重点问题入手开展学校课程。比如，品德课程的延展——关爱老人，学校组织学生去当地的养老院,对于院内学生最关注的一位老人、一件事展开调查研究,先让学生自主询问和观察,了解人物、背景、发展,并进行整理,最后写成一篇文章,在课上互相交流分享和评比。

再次,从活动形式方面进行延展。学校课程要落到实处,需要形式多样的活动来吸引学生,比如校园焦点聚焦、社会热点解析、时政专题讲座、手抄报展评、主题演讲、搜集整理与共享、情景剧表演、观看影视片,不断调查、问卷、座谈、电话信息沟通等。例如,学校举行"世界海洋日"活动周,邀请专家到校讲授《不一样的海洋》专题讲座,举办《保护海洋生态系统,人与海洋和谐共生》的话剧演出,组织学生参观海洋知识科普展、南海博物馆和珊瑚馆。保护海洋,将静态的书本文字描述,延伸到动态的感官体验。

最后,从学以致用方面进行延展。为促进学校课程更好地与自我、社会、生活联系,切实引导学生运用所学的知识解决自身成长中遇到的问题,每课之后设计"实践—成长主题"专栏,之后设计延展性活动,开发成延展型课程。拟在每个"成长主题"之后设计2—3个延展性活动,教师和学生可以自主选择其中1个加以落实。

延展课程,是区别于传统型课程的一种新模式,它提倡课程之间、课程内部和从专业课程到专业领域以及理论教学与设计实践相结合的展开式系统教学,以培养学生自主的、研究的、合作的学习能力为主。[①] 当下,课程教学日趋整体化、系统化、单元化,实施有效的课程延展性教学刻不容缓,采用最合适的教学内容让课程延展达到最优的效果,使学生真正得到成长与发展。

(撰稿者:刘钰)

深度创意　　"小白鹭"课程:让每一个孩子向着和美生长

三亚市吉阳区丹州小学创建于1958年,历经崖县荔枝沟公社丹州小学、荔枝沟丹州小学、三亚市丹州小学、三亚市第七小学丹州分校等校名的变更。2014年12

[①] 朱吉虹,廖海进,陈星海.基于模块化教学的设计专业课程的延展性研究[J].现代营销(学苑版),2011(6):269—270.

月撤镇设区后,现规范命名为三亚市吉阳区丹州小学。2021年9月搬入新校区,新校区地处三亚CBD中央商务区东岸单元,占地规划面积20 031.00平方米,总建筑面积27 771.19平方米,其中地上建筑面积17 756.32平方米、地下建筑面积10 014.87平方米。拥有4栋联体式建筑,分别为回形教学楼和综合楼、2层风雨操场与食堂,1层报告厅与多媒体教室,地下一层为停车场与配套附属用房。校园内设有室内标准篮球场、游泳池、室外田径场、4个空中花园。每间教室配备希沃电子白板,所有教室均配备空调。各功能教室设施设备完善、先进,全新的教育教学设备设施,为我校课程的建设与实施增添了腾飞的翅膀。我校现有教学班36个,学生总人数1620人,专任教师105人,平均年龄28岁,教师学历合格率100%,音体美配有专业专职教师,这为我校课程建设提供了优质师资保障。为了保障课程的顺利实施,我校依据教育部2014年颁布的《关于深化课程改革落实立德树人根本任务的意见》《关于深化教育教学改革全面提高义务教育质量的意见》的精神,推进我校课程深度变革,取得了可喜的成效。

第一部分 学校课程哲学

从2011年至今,"丹小"在沉静中积淀,在积淀中谋求发展,在发展中不断夯实,取得了显著的办学成效。2021年9月已搬入新校区,新校区位于三亚CBD中心,办"什么样的学校"这个问题,让丹小人面临新的机遇和挑战。

一 学校教育哲学:和美教育

我校地处三亚中央商务区,毗邻三亚东岸湿地公园,白鹭纷飞,人与自然和谐共生,又傲立时代潮头。面向新时代新发展,我们提出了我校的教育哲学——"和美教育"。

在我们看来,"和美"即和谐、尚美;即以生为本、以美立校、以美育德、以美益智、以美健体、以美慧心,培养学生审美能力,塑造学生美丽人生,努力打造和美学校。"和美"中的"和"起源于《中庸》,"和"既是中华文化中美的内核,也是天下之美的聚焦;孔子倡导"和而不同",即承认多样,主张多样,从多样中寻求统一,达到和谐,促进和平与发展。"和美教育"主张的提出正是秉承了历史文化的根基。

因此,我校"和美教育"的提出与创建,不仅丰富了学校的文化内涵,陶冶了师生情操，更为学生的终身发展奠定基础。

"和美教育"是弘扬生命之美的教育。生命之美必须五育并举，以尊重生命为基础，关注儿童，激励儿童，让每一个孩子都能全面发展，成长为一个热爱生命、热爱生活的合格劳动者。

"和美教育"是聚焦生长之美的教育。生长之美是顺应自然生长规律之美，是传承中华优秀传统文化之美。中华五千年文明，历史悠久，文化底蕴博大精深。学习和继承优秀的传统文化，是立德树人的根基。"和美教育"正是追求把优秀传统文化纳入课程之一的教育，与经典为伴，与圣贤为伍，在优秀传统文化中浸染，汲取养分，逐渐长成参天大树。

"和美教育"是倡导生态之美的教育。学校教育是为生命奠基的系统工程，我们要努力培育"自由、高贵、纯洁"的"小白鹭"，让我们的"小白鹭"在"和美家园"里顺应生长规律，茁壮成长，振翅飞翔。

基于学校教育哲学，我们提出了我校的办学理念：和润生命，美泽人生。我们要做"有理想信念、有道德情操、有扎实知识、有仁爱之心"的教师，五育并举，全面育人，努力提升教育教学质量，树立我校教育品牌。因此，我们秉持以下教育信条：

我们坚信，
教育是为孩子点亮美好人生；
我们坚信，
每个孩子都是自由高洁的小白鹭；
我们坚信，
和美家园是滋养儿童生命的幸福源泉；
我们坚信，
引领儿童奋力振翅高飞是教育最美的姿态；
我们坚信，
让每一个孩子向着和美生长是教育的神圣使命。

二　学校课程理念

依据"和美教育"思想，我们践行"让每一个孩子向着和美生长"的课程理念。

通过多元化多层次的课程设计,让每一个孩子在"和润""美泽"的校园中"自由、高贵、纯洁"地向着和美生长。

课程即个性发展。本着个性发展的规律,开发个性化的校本课程,才能适应儿童生命个性成长的需求,让每一位学生在生命成长过程中收获成长的快乐,唤醒每一个孩子健康的心灵。

课程即美好情感。让每一个孩子向着和美生长,不是一句空话。在课程的建设与实施中,课程既是学生学习成长的途径,也是承载师生情感的航船。教师是导航者,引领着孩子驶向成功的彼岸。它寄寓着一种美好的情感,希望每一个孩子都能健康快乐成长。

课程即成长方位。课程的开发,是基于满足学生个性成长需求而开设的。孩子选择一门课程进行学习的时候,也是为孩子打开一扇门的时刻。课程的初始是培养兴趣、爱好,继而学习一门技艺,培养一种毅力,养成一种品性,逐渐为孩子今后的成长奠基。

课程即和谐发展。学校课程的开发建设,不仅是教师的事情,也是学生的事情。教师是课程的开发者、组织者、管理者,学生则是课程的践行者。课程为孩子生命奠基,未来可期,美好相携。师生的成长,最终影响着学校的发展与走向。三者是有机的统一体,和谐共生。

总之,基于我校教育哲学和课程理念,我们确定了课程模式为"小白鹭课程"。"小白鹭"象征着"自由、高贵、纯洁"。"小白鹭课程"是一个"与众不同、志存高远、纯洁美好"的生态教育乐园。师生在这个乐园中"和润生命,美泽人生"。

第二部分　学校课程目标

学校教育哲学的提出,也为我校课程建设确定了明确的课程目标。

一　育人目标

我校的育人目标是培育"爱国、体健、探索、尚美的和美少年"。"和美少年"的具体要求为:爱家国,有礼貌;爱运动,乐生活;爱学习,勤探索;爱艺术,冶情操。

"爱家国,有礼貌",即要培育学生的爱国情怀和公民素养,提高学生们自身的道德修养。

"爱运动,乐生活",即通过各种体育活动,提高学生参与体育锻炼的积极性,在体育活动中树立群体意识,拥有热爱集体、关心同伴、团结合作的精神。通过各种生活实践活动,培养学生的动手能力、自理能力,让他们体验劳动的乐趣。

"爱学习,勤探索",即培养学生良好的学习习惯,在习惯养成的过程中学会"勤学爱思",不断提高自身的文化素养。

"爱艺术,冶情操",即通过艺术实践活动、艺术实践课程,去引导学生创造美的环境,培养学生识美、审美、爱美的素养。

二 课程目标

依据小学德智体美劳等五育的学科课程目标,结合我校实际,我校确定了"小白鹭"课程各年段的具体目标,并将目标细化(见表6-1)。

表6-1 三亚市吉阳区丹州小学"小白鹭"课程各年级课程目标

育人目标＼课程目标＼年段	低年级	中年级	高年级
爱家国,有礼貌	1. 知道"炎黄子孙"的含义,了解新中国史,知道七一、八一和国庆节。 2. 自觉遵守《小学生守则》《一日行为规范》等行为准则,了解少先队的队史、性质和作用。积极加入少先队组织,力争做一名合格的少先队员。 3. 尊敬师长,团结同学;有集体荣誉感,乐于为集体做事,愿做老师的小帮手。	1. 认识党旗,了解中国近代史和革命史。 2. 认识家乡,了解祖国灿烂悠久的历史和文化,培养热爱家乡、热爱祖国的民族自豪感。 3. 主动遵守和维护公共秩序,养成良好的卫生习惯。尊老爱幼,关心他人,诚实勇敢,知错能改,自信自立。	1. 了解党史和社会主义改革开放史,激发爱国爱党的热情。 2. 了解我国民族组成,懂得民族团结的重要。 3. 遵纪守法,自觉维护公共安全,保护环境,抵制不良行为。 4. 有高度的集体荣誉感,主动承担班级事务,积极参加集体活动,尊师重道,热心帮助他人。

续 表

育人目标＼课程目标＼年段	低年级	中年级	高年级
爱运动，乐生活	1. 乐于参加体育运动，掌握基本的运动技能。会做广播体操，列队快静齐，参加小篮球、小足球等球类游戏。 2. 热爱生活，做父母的好帮手，学会自己的事情自己做，自主整理学习用品，能帮妈妈做简单的家务，体验劳动乐趣。	1. 主动参与体育活动，初步学习田径、民族传统体育、舞蹈等项目的基本动作，掌握简单的运动技能，提高身体灵活度。 2. 培养学生"爱生活，愿劳动"的品质，学习种植蔬菜等，提高生活小技能和实践能力，感受劳动的乐趣，体验劳动的价值，树立学生"自己的事情自己做"的自主意识。 3. 50米跑要达标。	1. 科学参与体育锻炼，进一步学习体育韵律操，提高走和跑的速度和耐力，练习弹跳等，增加身体的柔韧性和灵活性，坚持完成有一定难度的活动，培养迎难而上的品质。 2. 游泳达标，取得合格证。 3. 爱生活，主动做力所能及的家务劳动，懂得观察和记录生活中的美，有一颗感恩尚美的心。
爱学习，勤探索	1. 培养良好的预习习惯，提倡课外阅读，能自主进行绘本阅读并做分享，培养细致观察的习惯，能主动参与科学探索，养成勤动手的习惯。 2. 养成认真倾听、有问题举手的良好习惯。 3. 学习提问的方法，培养质疑问难的习惯。 4. 能按时完成作业。	1. 养成良好的学习习惯，勤动笔，多思善问，敢于发表不同的见解，认真倾听他人发言，养成协作研讨的学习习惯。及时完成作业，及时订正错题。 2. 学习整本书阅读的方法，培养良好的阅读习惯，能做到随时摘录，常整理，勤积累，灵活运用，主动参与读书分享。讲好数学故事，参与英语课本剧表演。 3. 积极参与研学活动，参与项目学习，激发科学探索兴趣。	1. 学习分类整理，摸索规律，使知识条理化、系统化，并灵活运用。 2. 养成自主读书看报的习惯，并进行摘录，能理解作品内容，及时记录所感所思。 3. 能独立进行简单的逻辑分析和间接推理。相互协作探究，大胆设想，能发现不同的解题思路和方法。 4. 创编绘本故事，看得懂英语原声电影。 5. 积极参与项目性研学活动，培育科学探索精神。

续 表

育人目标＼课程目标＼年段	低年级	中年级	高年级
爱艺术，冶情操	1.（美术）能运用形和色，进行临摹、想象画等的练习；学会撕、折、拼等手工制作法，制作简单的泥工模型；养成正确的绘画、制作姿势与习惯。懂得欣赏祖国风光和儿童画、民间艺术的美。 2.（音乐）激发和培养对音乐的兴趣，开发对音乐的感知力，体验音乐的美感。能自然地、有感情地歌唱，乐于参与其他音乐表现和即兴创作活动。能用自己的声音或打击乐器模仿喜欢的音响，能感受音乐力度、速度的变化。	1.（美术）初步认识形色与肌理等美术语言，学习使用各种工具，体验不同媒材的效果，通过看、画、做等方法表现所见所闻所想的事物，激发丰富的想象力与创造愿望。能进行简单的设计和装饰，感受设计制作与其他美术活动的区别。能用语言表达自己对所欣赏的美术作品的感受，形成基本的美术素养。 2.（音乐）对自然界和生活中的各种音响感到好奇和有趣，能够用自己的声音或乐器进行模仿，能随着熟悉的歌曲或乐曲哼唱，或在体态上作出反应；能够初步辨别节拍的不同，能听辨旋律的高低、强弱、快慢；听辨不同情绪的音乐，能用语音作简单的描述。	1.（美术）能运用形、色、肌理和空间等美术语言，在描绘和立体造型方面选择适合自己的工具材料来记录与表现所见所闻、所感所想的事物；了解一些简单的创意、设计方法和媒材的加工方法，进行设计和装饰，美化身边的环境；能用一些简单的美术术语表达自己对美术作品的感受和理解。 2.（音乐）学习和了解音乐基本变线要素和音乐常见结构（曲式）以及音乐体裁形式等基础知识，能自信、自然、有表情地歌唱；学习演唱、演奏的初步技能，在音乐听觉感知基础上识读乐谱，在音乐表现活动中运用乐谱；培养音乐兴趣，逐步养成鉴赏音乐的良好习惯，提高音乐审美能力。

第三部分 学校课程体系

为了实现上述课程目标,我校构建学校课程体系,充实完善"小白鹭"课程,全方位培育师生欣赏美、践行美、创造美的能力,培育具有"和美教育"印记的"和美少年"。

一 学校课程逻辑

为了更好地建构学校"和美教育"课程体系,我们精心编制了学校课程逻辑图,指导学校课程的架构和开发(见图6-1)。

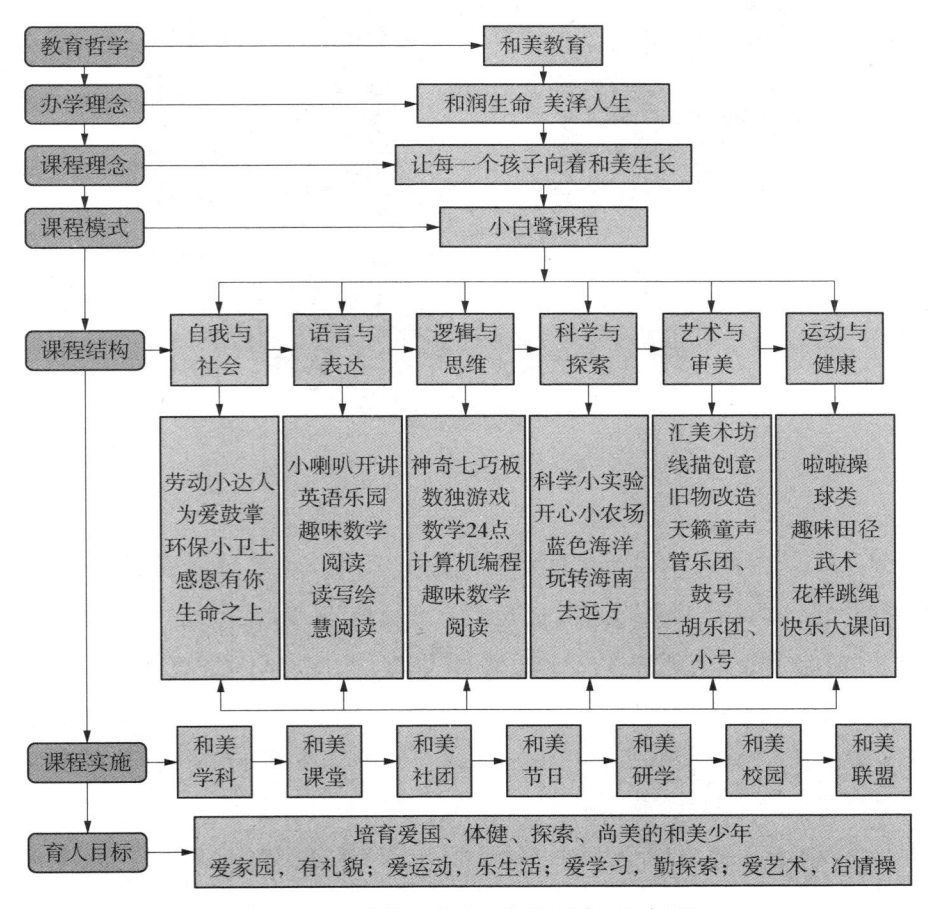

课程维度	内容
教育哲学	和美教育
办学理念	和润生命 美泽人生
课程理念	让每一个孩子向着和美生长
课程模式	小白鹭课程
课程结构	自我与社会 | 语言与表达 | 逻辑与思维 | 科学与探索 | 艺术与审美 | 运动与健康
	劳动小达人 为爱鼓掌 环保小卫士 感恩有你 生命之上 | 小喇叭开讲 英语乐园 趣味数学 阅读 读写绘 慧阅读 | 神奇七巧板 数独游戏 数学24点 计算机编程 趣味数学 阅读 | 科学小实验 开心小农场 蓝色海洋 玩转海南 去远方 | 汇美术坊 线描创意 旧物改造 天籁童声 管乐团、鼓号 二胡乐团、小号 | 啦啦操 球类 趣味田径 武术 花样跳绳 快乐大课间
课程实施	和美学科 → 和美课堂 → 和美社团 → 和美节日 → 和美研学 → 和美校园 → 和美联盟
育人目标	培育爱国、体健、探索、尚美的和美少年 爱家园,有礼貌;爱运动,乐生活;爱学习,勤探索;爱艺术,冶情操

图6-1 丹州小学"小白鹭"课程逻辑图

229

二 学校课程结构

和美课程从"语言与表达""逻辑与思维""科学与探索""艺术与审美""自我与社会""运动与健康"六大板块设置"小白鹭"课程(如图6-2)。

图6-2 丹州小学"小白鹭"课程结构图

刘禹锡在《白鹭儿》一诗中赞美白鹭"纯洁美好,与众不同,志存高远",而古代,"白鹭"是"自由、高贵、纯洁"的象征。我校的"小白鹭"课程,也有此寓意。"小白鹭"课程是一个集个性与美好并存、和谐美满、自由共生的生态乐园。师生在这个乐园中,健康、快乐、幸福地生活、学习、工作、成长,让孩子在六年的时间里,能找到适合自己的学习成长平台,每天进步一点点,学优秀的别人,做最好的自己,为自己的一生奠基。因此,我校从"自我与社会""语言与表达""逻辑与思维""科学与探索""艺术与审美""运动与健康"六大板块架构了"小白鹭"课程。从基础学科、品行培养、科学探索、艺术熏陶等多方面开设课程,将"和润生命,美泽人生"的办学理念融入其中,体现了"五育并举"的育人思想,实现"让每一个孩子向着和美生长"的课程理念。

（1）自我与社会课程,是以"品质与修为"为核心的立德树人思品实践课程。"立德树人"是核心,学校以社会主义核心价值观为主旨,通过"人际交往""四仪八礼""德行天下"等课程,落实国家关于未成年人思想道德建设的核心目标,让学生通过体验活动,懂得做人的道理,认识自我,能正确对待批评与自我批评,初步形成正确的价值观和人生观,初步融入社会,认识社会,学会辩证地看问题。培养热爱祖国、热爱生命、热爱生活、懂感恩的和美少年。

（2）语言与表达课程,属于"语言学习"的范畴。在这一领域,我们关注学生的学习过程、学习体验、习得感受,将国家课程校本化,再以"醇美语文""原味英语"等载体让校本课程学科化,让学生在感悟形象、意境以及语言之美中陶冶自己的情操,学习语言与表达,积极参与,乐于表达,感受语言的魅力。

（3）科学与探索课程,属于"科学创新"的范畴,我们通过"创意机器人编程""科学小实验""认识海洋""雨林探奇""追寻恐龙足迹""神奇七巧板"等课程,让学生在学习中感受科学的神奇,激发爱科学、学科学、用科学的热情；培养科学素养及创新思维。

（4）思维与逻辑课程,属于"数学与科学"的范畴。我们通过"磁性数学""创意 I DO"与"研学之旅"等课程,旨在让学生在探索中,学会综合运用学科知识解答生活中的各种实际问题；在丰富多彩的创意环境中去感受科学之美,体验研学之妙,感受探索与创新的成功与喜悦,激发爱科学、学科学的情感,增强用科学的意识。

（5）艺术与审美课程,属于"审美"的范畴。学校通过舞蹈、美术、管乐、书法等艺术课程,让学生在艺术氛围中学习,受到艺术的熏陶、陶冶,提高个人艺术修养,提升审美意识,培养审美能力,内化一个人的气质涵养,懂得发现美,感受美,分享美。

（6）运动与健康课程,是以"身心健康"为核心的健康教育课程。树立"健康第一"的思想,关注学生身心、生命健康；让学生在体育运动中感受韵律美、形体美,强健体魄；通过沙盘游戏,实施心理健康教育,培养生命品质,提高生活质量。通过安全等系列的主题教育,关注学生生命成长,培养体魄、身心均健康的和美少年。

三　学校课程设置

我们以国家课程为基础,在扎实推进国家课程的同时,依据学生的需求,从六个方面设置"小白鹭"课程,覆盖全体学生(见表 6-2)。

表6-2 丹州小学"小白鹭"课程设置

年级\学期		课程\自我与社会	运动与健康	语言与表达	逻辑与思维	艺术与审美	科学与探索
一年级	上	认识学校 入学仪式 学唱国歌 学习列队之礼	学做广播体操 学习队形序列	阅读绘本,能分享故事 童诗创作及配画 简单的英语口语秀	巧手会算 趣说物体 探秘校园	识谱学唱 歌曲欣赏 小手描画 美画欣赏 舞动身体 学唱国歌	七巧板 汽车分类
一年级	下	整理物品 学唱队歌 认识少先队,加入少先队组织 学习仪表之礼	做操动作规范 列队整齐 学习简单的体育技能	童诗创作及配画 学习简单的英语口语 每月一书(绘本故事)分享	百数能手 趣说图形 房子比拼 神奇算式	识谱练唱 名曲欣赏 小手巧画 名画欣赏 舞动身体 学唱队歌	七巧板 探秘科技园
二年级	上	学会洗红领巾 会唱国歌和队歌 学习仪式之礼	集队做到快静齐 认真上体育课 乐于参加体育运动 学习一种简单的体育技能	诗词吟咏 童诗创作及配画 简单的英语口语秀 每月一书(绘本故事)分享	九九争上游 小小测量家(一) 我来定"口号" 神奇的尺子 数独	学唱练唱 认识名家 曲艺欣赏 画有心意 名画欣赏 舞动身体	七巧板 认识水
二年级	下	会做简单的家务劳动 参与一次公益活动 红色之旅	掌握一种简单的体育运动技能 喜爱体育运动	诗词吟唱 童诗创作及配画 能讲简单的英语故事 每月一书(绘本故事)分享	除除有余 小小测量家(平移) 班服我来选 数独	学唱练唱 认识名家 曲艺欣赏 画有心意 名画欣赏 舞动身体	七巧板 解密水

续 表

年级\学期	课程	自我与社会	运动与健康	语言与表达	逻辑与思维	艺术与审美	科学与探索
三年级	上	主动做简单的家务劳动 学习言谈之礼，做谈吐儒雅之人 自愿参与一次志愿者活动 学习简单的中国近代史	掌握跳绳的基本技能 学习篮球操，参加篮球社团	诗词吟唱 英语动画配音，讲故事比赛 童诗创作及配图 整本书阅读：每月一书分享	能估能算 巧算周长 我来做"店长"（统计） 妙用搭配 24点 数独	识谱练唱 名家名画1 画有心声 名曲欣赏1 民族乐器1 弦乐和管乐1 舞美在我 叶子画1	认识种子 了解耕种 科学小实验
三年级	下	习交规 "小交警"体验活动 习交际之礼，懂得与他人相处之道 学习简单的中国近代史	掌握更繁杂的跳绳技能 基本掌握篮球的运球技能，学习分组对抗赛 积极参加体育活动	诗词吟唱 英语角：动画配音，学唱英文歌 童诗创作并配图 整本书阅读：每月一书分享	奇妙的运算 能辨方向 我来做"店长"（统计） 24点 数独	识谱练唱 名家名画2 画有心声 名曲欣赏2 民族乐器2 弦乐和管乐2 舞美在我 叶子画2	植物的生长 初识互联网 解密魔方 科学小实验
四年级	上	十岁成长礼 学习餐桌礼仪，文明用餐 学习中国革命史	学习羽毛球基本技能 继续学习篮球，组建少儿篮球队 50米短跑达标 初步接触足球 接触沙盘游戏	诗词吟唱 童诗创作并配图 英语角：动画配音，英文歌比赛 整本书阅读：每月一书分享	大数的世界 五角俱全 条形统计的奥妙 优化生活 24点 数独	识谱会唱 名家名画3 画说心声 名曲欣赏3 民族乐器3 弦乐和管乐3 轻舞团队 叶子画2 扎染1 拓画1	初学计算机语言 初始气候 科学小实验 开心小农场

233

续 表

年级\学期	课程	自我与社会	运动与健康	语言与表达	逻辑与思维	艺术与审美	科学与探索
	下	"环保小卫士"体验活动 学习行走礼仪,做举止文明之人 学习中国革命史	掌握羽毛球基本技能 更深入学习篮球技能 50米、100米短跑达标 继续接触足球,组建少儿足球队 初学沙盘游戏	诗词吟唱 童诗创作并配图 英语角:动画配音,学编课本剧 整本书阅读:每月一书分享	计算中的简便 行之有道 小小预测家 鸡兔同笼 24点 数独 创意I DO (3)	识谱会唱 名家名画4 画说心声 名曲欣赏4 民族乐器4 弦乐和管乐4 轻舞少年 叶子画3 扎染2 拓画2 版画1	认识洋流 初识机器人编程 科学小实验 开心小农场成长之旅:我当农民
五年级	上	学消防知识 "小小消防员"体验活动 学习观赏礼仪,做文明观众 学习新中国史	200米跑达标 学习乒乓球 巩固足球队和篮球队训练 初学游泳,掌握基本技能,达标合格 学习沙盘游戏,初步表达情感	诗词吟唱 童诗创作并配图 英语角:绘本阅读,班级课本剧 整本书阅读:每月一书分享 阅读古典名著《西游记》	起步方程 行走江湖 规则我来定 规律之美 24点 数独	名家名画5 画抒意境 钢琴曲欣赏1 西洋乐器1 弦乐和管乐5 轻舞少年 扎染3 拓画3 版画2	认识海洋 科学小实验 开心小农场 机器人编程创意 探秘恐龙
	下	学习国防知识,认识国防的重要性 学习观赏之	200米跑达标 熟练掌握乒乓球基本技	诗词吟唱 童诗创作并配图 英语角:绘	分数加减 巧做巧算 图中有话 跑遍三亚	名家名画6 画抒意境 钢琴曲欣赏2	科学小实验 开心小农场 机器人编程创意

234

续 表

年级	课程\学期	自我与社会	运动与健康	语言与表达	逻辑与思维	艺术与审美	科学与探索
		礼，做文明观众 学习新中国史	能参加少儿足球和少儿篮球比赛 掌握游泳的技巧，能参加比赛 学习沙盘游戏，深入表达情感	本阅读，课本剧展示 整本书阅读：每月一书分享 阅读古典名著《三国演义》	24点 数独	西洋乐器2 弦乐和管乐6 轻舞少年 扎染4 拓画4 版画3	认识海洋生物
六年级	上	学习游览之礼，做文明游客 学习中国改革开放史 初步规划自己人生，树立远大志向	仰卧起坐达标 熟练掌握游泳技巧，有一定的速度 熟练操作沙盘游戏，表达情感	诗词吟唱 童诗创作并配图 英语角：原声电影，课本剧比赛 整本书阅读：每月一书分享 阅读古典名著《水浒传》	神奇分数 "圆"来如此 图中有理 眼观六路 24点 数独	识谱会唱 名家名画7 画抒意境 名曲欣赏1 西洋乐器2 扎染5 拓画5 版画4	科学小实验 开心小农场 机器人编程创意 海上丝绸之路
	下	学习中国改革开放史 毕业礼	游泳达到优良 各项体育运动指标达标	中英文绘本阅读 尝试观看英文原声电影 双语毕业剧场	比例中的学问 立体之美 有理有据 我爱我绘 24点 数独 "放飞梦想"毕业主题研学	识谱会唱 名家名画8 画抒意境 名曲欣赏2 西洋乐器3 扎染6 拓画6 版画5	科学小实验 开心小农场 毕业研学：探秘丛林

第四部分　学校课程实施与评价

为了能保障我校"小白鹭"课程的顺利实施,必须建立一套相应的课程实施与评价体系。

一　建构"和美课堂",提升课程实施品质

和美课堂,"以生为本,以美启智,以和谐促生长,以探索促发展",以一种"和美共生"的模式打造全新高效的课堂。"和"在精彩,"美"在不同。我校的"和美课堂"是基于"和美教育"理念而构建的新课堂模式。

（一）"和美课堂"的实践操作

"和美课堂"的主旨在于塑造优美的教学环境,营造和谐的教学氛围,构建灵活多变的教学形式,激发兴趣和创造欲望,让孩子在充满安全感和愉悦感的活动中,自由快乐地学习成长。

（1）"和美课堂"的特点:"和美课堂"是和谐的,是智慧的,是高效的,具有开放性、多元性和发展性的特点。

（2）具体操作途径:一是课内外场所结合,二是课内外知识结合,三是授课方式线上线下融合,四是多学科教学内容整合。

孩子通过各门学科学会从不同的角度去认识世界、发现世界、理解世界的同时,拥有健康、活泼、充实、明亮的自我,在自尊、自爱、自强中树立责任感和使命感,从而实现"让每一个孩子向着和美生长"的课程理念。

（二）"和美课堂"的评价标准

我校的"和美课堂"践行"和润生命,美泽人生"理念,以小组合作学习为抓手,基于《和美课堂评价标准》,走出了一条课堂变革的新路,提高了课堂教学效益,使课堂成为焕发师生生命活力的生态园。具体评价标准见表6-3。

二　建设"和美学科",丰富学校课程内涵

"和美学科"以课程为载体,在"小白鹭"课程的开发中,以"和润生命,美泽人生"为理念,五育并举,从学生的兴趣出发,尊重学生个性发展,因势利导,促使学生形成健全的人格,让师生与课程共同成长。丹州小学将各学科根据课程建设,整合出符合学校课程目标的各类"和美学科"。

表6-3 "和美课堂"评价表

授课人		所在单位		职称			
授课时间		授课课题		授课班级			
维度	项目	内容	等级			得分	评课摘要
			优秀	良好	一般		
目标情感与态度（20分）	教学环境	是否营造了平等、民主、和谐的师生关系、生生关系，教师是否鼓励学生发现问题、提出问题，学生是否敢于质疑，大胆尝试，乐于交流与合作。	6—8分	3—5分	1—2分		
	学习兴趣	能否充分地调动学生的学习积极性，使全体学生都能够主动有效地投入到教学活动之中；学生是否对教学有好奇心与求知欲。	5—6分	3—4分	1—2分		
	自信心	能否让学生在教学学习活动中获得成功的体验，学生能否在学习过程中建立自信心。	5—6分	3—4分	1—2分		
学习过程（40分）	学习方式	能否根据具体的教学内容，引导学生开展有效的学习，是否体现动手实践、自主探索、合作交流等有效的学习方式。	10—12分	6—9分	1—5分		
	思维发展	能否发展学生的形象思维、抽象思维能力、统计观念、合情推理能力、初步的演绎推理能力与初步反思的意识等。	10—12分	6—9分	1—5分		
	解决问题与应用意识	能否有效地组织学生初步学会从教学的角度提出问题，并能综合运用所学的知识和技能解决简单的实际问题，发展应用意识；能否使学生形成解决问题的一些基本策略，体验解决问题策略的多样性。	12—16分	8—11分	1—7分		

237

续　表

维度	项目	内容	等级			得分	评课摘要
因材施教（30分）	尊重差异	能否尊重每一个学生的个性特征，允许不同的学生从不同的角度认识问题，采用不同的方式表达自己的想法，用不同的知识与方法解决问题。	8—10分	5—7分	1—4分		
	面向全体	能否在课堂教学中关注每一个学生，特别是对学习有困难的学生给予切实的帮助。	8—10分	5—7分	1—4分		
	教学方法与手段	合理有效地使用教学方法与手段。	8—10分	5—7分	1—4分		
教学设计（10分）		1.目标明确、重点突出、层次清晰。2.情景设计贴近学生生活。3.教学选择恰当，知识点的处理科学，能以知识为载体发展学生思维。4.学情分析比较到位。	8—10分	5—7分	1—4分		
评语：							
评分人签名：			总分			等级	

（一）"和美学科"建设路径

"和美课堂"的实践操作，最终落实到学科教学上。为此，我们开设了"醇美语文""磁性数学""原味英语""开心体育""德行天下""怡美乐章""彩绘世界""创意Ｉ DO"等八大类学科课程。

1. 醇美语文

语言的发展是语文课程的核心。语言的学习，是在听、说、读、写的实践中，进行语言信息的输入、输出。我们围绕语文学科语言建构与运用、思维发展与提升、审美鉴赏与创造、文化传承与理解等核心素养,以"丰富学生精神世界"为目标,提出了我校语文学科核心概念"醇美语文"课程的架构,以"醇美语文"课堂为平台,引领学生在语言的建构与运用中,积累语言,发展思维,启迪智慧,丰富精神世界。"醇美语文"课程以阅读体验为基础,在阅读过程中,进行语言的实践运用,提升学生语文素养。

2. 磁性数学

磁性数学指拥有吸引力的数学世界。为了进一步加强数学基础建设,加强数学课堂的研究,提高教师的教学行为,改变学生的数学学习方式,我们结合校情,提炼出"磁性数学"学科课程理念,借此推动数学课程品质的提升,使学生全面发展,让每一位学生都能在数学学习中获得丰富的学习经验。

3. 原味英语

"原味英语"即"Native English",即要回归语言最原始的功能——用于交流沟通交际等。我校地处三亚商业中央城区,省委省政府号召"全民学英语用英语"是顺应海南自由贸易港建设的要求。而国家的英语课程,远远不能满足我校学生的需求。我校本着提升学生学习英语兴趣的原则,在充分进行学情分析的基础上,依据学生的年段特点,开设"原味英语"特色课程。这既是对国家基础课程的延伸和拓展,又丰富了我校学生的英语学习,激发学生学习兴趣,培养他们听说读写的语言综合运用的能力。

4. 开心体育

紧紧围绕"爱运动、乐生活"这一育人目标,执行国家《义务教育体育与健康课程标准(2022年)》,牢固树立"健康第一"的指导思想,正确把握好三维健康教育观,把学生的发展视为体育教育的最高利益,在促进学生发展的过程中激发教师的潜能,师生共建了符合校园实际情况的开心体育课程。

5. 德行天下

小学阶段是儿童从幼儿生活向小学生活过渡并逐步适应学校生活的重要时期,也是儿童品德和行为习惯、生活态度、认知能力发展的重要时期。"德行天下"是一门以小学生活为基础,以培养具有良好品德与行为习惯、乐于探究、热爱生活的儿童为目标的活动型综合德育课程。该课程旨在以正确的价值观引导儿童更好地适应小学生活,通过参与多种体验活动,形成良好的品德和行为习惯,在充满探究与创造乐趣的童年生活中,为学会生存、学会生活、学会做人、学会做事打下基础。

6. 怡美乐章

"怡美乐章"是以课堂教学为主渠道,传授基础乐理知识,识别各种民族乐器和西洋乐器;学会唱简谱歌曲;乐器进课堂,六年级毕业时,能基本学会演奏一种乐器。以社团课程为辅助,开展艺术特色教学,培养学生的艺术情操,提升学生的艺术涵养。特色课程以管乐团、弦乐团及合唱团为主,主要开设对象为一至五年级学生。

7. 彩绘世界

"彩绘世界"是指美术学科。我校以"叶子画""扎染""版画""吉祥物设计"为主,开设了"彩绘世界"特色艺术课程。

(二)"和美学科"评价要求

在"和美学科"评价维度上,我们依据以生为本的理念,在评价上特别关注"三个获得":获得什么;怎样获得;获得了多少。依据《义务教育语文学科课程标准(2022年版)》等,结合实际,我校研制了《三亚市吉阳区丹州小学"和美"学科评价标准》,具体评价标准实施如下:

(1)四项内容强化"德育为先"。一是各学科把落实科学发展观、社会主义核心价值体系作为指导思想,结合学科内容进行有机渗透。二是突出中华民族优秀文化传统教育。三是增强民族团结教育的针对性和时代性。四是强化法治教育的内容。

(2)三项要求突出能力培养。一是指向能力培养的基本内涵。二是明确能力培养的基本要求,加强对能力培养的指导。三是科学课程强化实验要求,加强动手能力的培养。

(3)与时俱进创新课程内容。结合学科特点,把我国社会发展中出现的一些现实问题作为课程内容,引导学生进行科学判断。

(4)回归传统:学生应学写毛笔字。一至三年级着重培养学生用硬笔熟练地书写正楷字;三到四年级除了能用硬笔熟练书写正楷字,还要用毛笔临摹正楷字帖。五到六年级学生能用毛笔书写楷书。

(5)培养创新:鼓励学生大胆质疑。强调培养学生的社会责任感,培养学生的创新能力、学习能力和动手实践能力。

(6) 五育并举全面育人。"和美学科"的建设,必须建立在德智体美劳的基础上,对学生进行全面的培育。

(7) 个性发展满意度高。学科课程建设基于学生个性发展需求,遵循儿童生长规律,能满足儿童发展需求,满意度调查达到80%。

三 创建"和美社团",发展儿童兴趣爱好

社团活动,是我校和美课程未架构初期一直开设的课程。这些兴趣社团活动,不仅为学生的需求而开设,也发挥了教师的才艺特长。本着继承和发扬的原则,我们在架构和美课程时,有选择性地保留了优秀的社团项目,摒弃了不合格的社团项目。优秀的社团项目也逐渐成为了我校"小白鹭"课程的优秀特色课程之一。

(一)"和美社团"的主要类型

我校"和美社团"的建设本着为学生服务的宗旨,以学生的兴趣爱好为出发点,主要从艺术、体育、语言表达、数学文化等学科来开设。具体社团详见表6-4。

表6-4 "和美社团"的主要类型

序号	项目		具体课程
1	语言表达	语文兴趣班	"童诗绘读""整本书阅读"
2		作文兴趣班	小小作家
3		沙盘作文社团	先做沙盘游戏,再写作
		英语兴趣班	英语演讲、口语秀、绘本配音
4	艺术社团	美术社团	叶子画、吉祥物设计
5		汇美术坊	扎染、版画、拓画
6	管弦乐社团	管乐队社团	管乐团
7		弦乐队社团	椰胡乐团
8	数学文化社团	数学兴趣班	数独、速叠杯
9		数学"24"点社团	24点
10	体育社团	篮球社团	篮球
11		羽毛球社团	羽毛球
12		乒乓球社团	乒乓球

（二）"和美社团"的评价要求

学校利用评价表的形式来考评每个社团活动的开展情况，给每个社团制定具体的评价项目，先由学生自评，再到小组评，最后由老师评，以此考察学生在社团活动中能否达到预期的效果。学校对"和美社团"的具体评价如下：

(1) 社团课程是否满足学生个性发展需求；

(2) 社团课程是否符合课程标准的要求；

(3) 社团课程是否有利于学生养成良好的品质和健全人格；

(4) 社团课程是否适当地、科学地减轻学生的课业负担；

(5) 社团课程是否体现"五育并举"的新时代要求；

(6) 社团课程满意度是否达到80%以上。

四 设计"和美节日"，浓郁课程实践氛围

"和美节日"是围绕一个或多个主题节日开展学习活动的一种方式，包含中华传统节日和校园节日两类。

（一）"和美节日"的活动设计

"和美节日"是为了增强儿童对中华传统文化的喜爱，以深化素质教育，五育并举，活跃校园生活，全面提高儿童身体素质、艺术修养和创新实践能力为根本宗旨，设立的系列主题教育活动。

(1) 活动目的。了解中华传统文化的由来、传说、民俗习惯等，增强儿童民族自豪感，培养美好的道德品质和高尚的道德情操，从传统文化中汲取营养，使儿童获得"真、善、美"的体验。结合校本课程和社团建设培养目标，不断培养儿童的体育、艺术和科技素养。

(2) 活动形式。"和美节日"中的"节日"涵盖中华民俗中的传统节日和现代特定节日。我们突出生本特点，深入挖掘传统节日和特色节日的教育资源，不断增加新的内涵，做好点连成线、形成面，构建目标明确、主题鲜明的多维教育主题活动体系，为学生的身心健康成长搭建富有特色的教育活动平台，促进学校德育文化建设，推动学校体育、艺术、科技等教育活动健康发展。"和美节日"的活动设计见表6－5、6－6、6－7。

表 6-5 "和美节日"活动设计

中华传统节日及法定节日			
时间	节日名称	活动主题	活动内容
2 月	春节	欢欢喜喜迎新年	1. 了解春节的由来、民俗； 2. 组织写春联、送福字、献爱心等综合实践活动； 3. 开展压岁钱的调查，学会合理使用压岁钱。
	元宵节	扎盏孔明灯闹元宵	走访民间艺人，了解孔明灯的历史及制作工艺。
3 月	妇女节	妈妈,我爱你	1. 知道母亲的生日，了解母亲的爱好；为母亲做一件力所能及的事； 2. 制作贺卡，向母亲表达节日祝福。
4 月	清明节	缅怀先烈秉承遗志	1. 网上祭英烈，观看爱国主义教育影片，了解英烈事迹； 2. 缅怀先烈，祭扫烈士墓。
5 月	劳动节	致敬,劳动者!	1. 用自己的方式向身边的劳动者表达敬意； 2. 稻田研学，体验劳动的辛苦； 3. 完成手抄报制作。
6 月	端午节	端午情缘话屈原	1. 了解端午的来历、习俗； 2. 认识伟大诗人屈原； 3. 学习包粽子。
9 月	教师节	老师,您辛苦了	1. 向老师交一份满意的作业； 2. 朗诵赞美老师的诗歌。
10 月	国庆节	祖国妈妈,我爱你	1. 观看国庆阅兵仪式资料； 2. 观看《建国大业》，五六年级观后感作文比赛； 3. 三四年级手抄报比赛，一二年级汉字书写大赛。
10 月	中秋节	月是故乡明	1. 诵读中秋诗词； 2. 了解中秋节的来历和习俗。
11 月	重阳节	尊老敬老	尊老活动

表 6-6　校园"和美节日"

时间	节日名称	活动主题	活动内容
4月	数学文化节	培养实践能力 提高科学素养	1. "谁是神算手"速算大比拼 2. 头脑风暴挑战 24 点、数独 3. 中外数学家的故事
5月	体育文化节	塑造人文体育风貌 繁荣校园体育文化	1. 武术操表演 2. 校园趣味运动会 3. 篮球、足球、乒乓球等表演 4. 跳绳、踢毽等体验 5. 体操、队列比赛
6月	谢恩节	谢恩从心开始 谢师恩,立志向	1. 六年级毕业游学及毕业仪式 2. 我为母校植棵树 3. 召开一次"心存感恩"主题班队会 4. 感恩"六个一":唱一首感恩的歌;写一句感恩的话;制作一张感恩的贺卡;完成一份感恩手抄报;讲一个感恩的故事;开展一次感恩大自然环保行动
7、8月	旅游节	读万卷书 行万里路	1. 秋游 2. 暑假国内游 3. 暑假境外游
9月	文化艺术节	多元文化多彩生活 沐浴灵动艺术 炫出靓丽风采	1. 舞蹈表演、器乐独奏 2. 红歌歌咏比赛 3. 书法、绘画比赛 4. 服装表演秀 5. 欣赏经典英文电影短片 6. 外教讲述英国风情
10月	科技节	科技、低碳、 绿色、环保	1. 科幻画竞赛 2. 创意 I DO 设计制作 3. 自然科学知识竞赛(每班 2 人) 4. 科技板报竞赛

续 表

时间	节日名称	活动主题	活动内容
11月	读书节	品读经典传承中华文化，书香校园涵养幸福人生	1. 个人"六个一"：一个小书柜；每天读书一小时；每日吟诵一篇诗文；每周写一篇读书笔记；每学期至少读一部名著；每人至少参加3项读书活动 2. 班级"六个一"：一个图书角；一期"书香满园"黑板报；"换一本好书交一个朋友"读书交流会；"和爸爸妈妈共读一本书"；每周评出5名读书之星；图书跳蚤市场 3. 诗歌沙龙——金秋诗歌朗诵会 4. 国学知识竞赛
12月	国耻日	勿忘国耻、发奋学习	1. 纪念"12·9"，开展"国耻教育和爱国教育"的主题班会，办一期黑板报 2. 重温抗战历史，缅怀革命先烈，珍惜来之不易的幸福生活 3. 各班"五个一"：读一个抗战故事、了解一名抗战英雄；学唱一首抗战歌曲；看一部抗战电影；写一篇读后、观后感；举办一次征文比赛
	新年英语节	感受西方文化学习趣味英语	1. 用英语交流，增加英语口语的锻炼和趣味性 2. 搜集圣诞节相关资料，举办相关活动，了解西方文化，进行交流 3. 英文歌曲、戏剧表演等

表6-7 "和美节日"德育主题教育

时间	活动名称	活动主题	活动内容
3月、9月	养成教育	好习惯成就好未来	1. 行为习惯；2. 学习习惯；3. 遵规守纪；4. 讲先进学先进；5. 身边的模范；6. 评选各类"好习惯之星"。

续 表

时间	活动名称	活动主题	活动内容
4月	国防教育	铸国防,强国基	1.认识南海的战略地位;2.了解我军的发展史;3.参观航天航空职业学院,了解军事武器;4.评选"国防小卫士"。
5月	安全教育	生命只有一次	1.交通、饮食、防溺水、消防、防震等安全教育;2.防伪防骗防拐教育;3.评选"安全之星"。
6月	环保教育	绿水青山就是金山银山	1.参加6.5环保日活动;2.了解学校周边的湿地环境;3.为环保写一份宣传标语;4.制作环保手抄报;5.评选"环保之星"。
10	法治教育	遵纪守法好少年	1.学习《未成年人保护法》;2.参加《宪法》《民典法》宣传活动;3.模拟法庭;4.评选"守法普法之星"。
11	禁毒教育	拒绝毒品,珍爱生命	1.认识毒品;2.了解毒品的危害;3.自觉参与拒绝毒品宣传活动;4.评选"珍爱生命之星"。
12	劳动教育	珍惜粮食,不掉一粒米	1.自觉参与打扫卫生,自觉做好班级值日生;2.参与稻田游学活动,体验农民的辛苦;3.评选"劳动之星"。

(二)"和美节日"的评价要求

"和美节日"课程评价是保证节日课程活动正常进行的必要手段,节日课程活动要规范、科学,能真正促进学生的发展,对节日课程活动的评价应遵循发展性、适宜性、类别性的原则,及时进行评价(见表6-8)。

表6-8 "和美节日"评价表

项目	评价标准	等级（优良中下）	亮点	建议
主题	鲜明、新颖,有明确的指向性			
	时代感强,体现学校学生形象的要求			

续 表

项目	评价标准	等级（优良中下）	亮点	建议
内容	活动内容新颖，符合学生的年龄特征			
	活动环节典型，有说服力和感染力			
	结合实际，贴近学生生活和社会现实			
形式	寓教于乐，有利于学生个性特长的展示			
	层次分明，结构完整紧凑			
	丰富多样，学生喜闻乐见			
	环境营造得体，较好地烘托节日主题			
过程	学生热情参与，主体作用发挥好			
	循序渐进，激发学生爱祖国、爱生活、爱他人的热情，反映了学生的认识特点和情感发生规律			
	教师引领学生有方，指导有度			
效果	学生积极体验，深刻感悟，激起情感共鸣			
	学生精神振奋，思想境界得到提升			

五 激活"和美家园"，发展环境隐性课程

"和美家园"是一个集生态校园、书香校园、智慧校园、艺术校园于一体的和谐雅致、平安幸福的家园。这里的一草一木都会说话，整个校园彰显良好的隐性育人环境。生态是外表，书香是气质，智慧是彰显，艺术是华章。师生沐浴着阳光，一切都是和谐而富有朝气。"和美家园"的内涵包括"品行之美""身心之美""知能之美""雅行之美"。它是"和美教师""和美课堂""和美少年"的综合体现。

（一）"和美家园"的课程设计

依据我校的教育哲学及育人目标，"和美家园"从校园的环境及人文条件对课程进行设计。

大厅文化如同学校的名片,也是学校的门面。它是学校办学理念、办学宗旨,以及校风、校训、教风和学风等方面的融合。

廊道文化主要体现的是优秀的传统文化和艺术教育,让孩子们走在廊道之中,感受知能之美与雅行之美。

广场文化主要展现的是学校办学理念和育人目标,我们从环境绿化、运动场和建筑物三方面,融入和美课程的精髓,呈现学校的教育愿景。

教室文化依据各年段的课程目标,体现孩子勤思、乐学、探究及实践方面的主题。

校园文化象征着学校的文化积淀、师生的精神风貌;展现的是"知难而上、勇攀高峰"的学风及"百花齐放、百家争鸣"的教风,让课程不仅进入课堂,甚至走在校园的每个角落都能感受学校的文化。

厕所文化集中体现在"干净整洁无异味,一花一草话精神"的层面设计上,让学生在整洁的环境中学会讲卫生,做环保小卫士,学会尊重他人的劳动成果。

(二)"和美家园"的课程评价

为了更好地实施"和美家园"建设,我校制定了《丹州小学"和美家园"评价方案》。评价标准要求既有独立性又有统一性,各有千秋又完整和谐,体现"和美教育"办学思想,展示学校办学历史和成果,突出我校办学特色,整个布局和谐美观雅致(见表6-9)。

表6-9 三亚市吉阳区丹州小学"和美家园"评价表

评价项目	评价内容	评价效果			
		优	良	合格	待完善
大厅文化	凸显办学理念与育人目标。				
	展现和美家园的整体风貌。				
	让教师具备良好的教学之风:自信、阳光、勇于探索、和谐与共。				
	能体现"知难而上、勇于攀登"的学风,让学生感受顽强拼搏的精神。				

续表

评价项目	评价内容	评价效果			
		优	良	合格	待完善
室外环境	一草一木能诉说"小白鹭"在和美家园里快乐自由、蓬勃生长的故事。				
	一廊一道能让"小白鹭"浸润在传统文化的精髓及艺术的熏陶之中。				
	每一面墙、每一个运动场地都能凸显和谐、阳光、乐观向上、朝气蓬勃的和美家园风貌。				
教室文化	以学生为主体,能体现各年段的课程目标。				
	能培养学生勤思、乐学、敢探究、勇实践的精神。				
校园文化	让每一层楼融入"丹心红""生命绿""智慧蓝""高贵金""人文紫"五种课程理念。				
	让师生在和美家园里的每个角落都能感受"小白鹭"精神。				
	形式多样、创新融入和美教育的课程元素。				
	能直观、鲜明地展现和美家园的精神风貌,体现学校的办学思想及文化积淀。				

六 推行"和美之旅",落实研学旅行课程

"和美之旅"研学旅行课程是学生成长过程中不可或缺的,是国家综合实践活动课程板块有益的补充和深化。我校和美研学之旅基于学校育人目标,融入课程体系改革的整体思路建设,探索基于学科综合化的教学方式,丰富课程改革内涵,秉持"与学生脉搏一起律动"的活动课程设计理念。

(一)"和美之旅"课程设计

为了更好地实施"和美之旅"课程,我校德育处经过研究,精心选取了有代表性的研学场所,开设了我校的"和美之旅"课程(见表6-10)。

表6-10 "和美之旅"课程设置表

课程名称	研学之地	课程主题	课程内容	开设年级
春游	鹿回头公园	感受美好时光，热爱生命	1. 了解"鹿回头"的魅力传说； 2. 参加守护环境活动。	一年级
蓝色海洋探索之旅	大白鲸海洋探索世界	我与大白鲸的握手	1. 了解大白鲸的知识； 2. 了解海洋生物。	二年级
音乐盛宴	三亚千古情景区	文化盛宴，千古传奇	1. 观看演出； 2. 参加游乐活动。	三年级
魅力乡村之旅	三亚中廖村	魅力乡村，强国富民	1. 体验"采摘活动"； 2. 学习种植知识。	四年级
科技之窗	三亚遥感所	科技让世界无距离	1. 了解遥感的知识； 2. 认识科技的传奇之处； 3. 尝试实践。	五年级
三沙南海梦之旅	三沙南海梦之旅游轮	爱我海疆，护我国防	1. 增强国防海防意识； 2. 了解西沙群岛的历史背景，懂得强军才能强国。	六年级

(二)"和美之旅"课程评价

"和美之旅"是学校教育和校外教育相结合的教育形式，是综合实践育人的有效途径。开展研学旅行，有利于全面实施素质教育，引导学生主动适应社会，从课内走向课外，将书本知识与生活经验深度融合，培养学生运用知识解决生活实际问题的能力，培养学生文明旅游意识，养成文明旅游的行为习惯。具体评价指标见表6-11。

表6-11 "和美之旅"课程评价表

评价项目	评价要点	评价标准	评价等级 (优秀、良好、一般、较差)
目的内容 （20分）	目标明确	符合培养4种意识、4种能力，发展个性。	

续 表

评价项目	评价要点	评价标准	评价等级（优秀、良好、一般、较差）
方式方法（15分）	内容实用	1. 贴近生活，丰富学生的直接经验； 2. 贴近学生，丰富学生的间接经验。	
	内容综合	1. 引入多种信息； 2. 运用多学科知识。	
	深浅适当	1. 分量适当； 2. 难易适当。	
	组织形式	1. 走出校园实践感悟； 2. 具体组织形式得当。	
	学生活动方法	1. 方法得当； 2. 多法结合。	
活动过程（30分）	活动要素	1. 具备基本出行要素； 2. 有机整合家校配合要素。	
	活动步骤	1. 活动准备； 2. 活动展开、研究、实践； 3. 活动评价总结。	
活动效果（35分）	学生自主性	学生在教师指导下自主地思考、设计操作和解决问题。	
	学生创造性	1. 设计思路新颖； 2. 方式方法多样； 3. 有一定的活动成果。	

七 跟进"和美探索"，落实项目学习课程

探索是一个汉语词汇，指研究未知事物的精神，或指对事物进行搜查的行为，或指多方寻求答案的过程。在这个过程中，学生利用已有知识去探索，去多方探究，最后寻求到答案。或许，在这个探究解答的过程中，还会产生新的发现、新的问题，继而不断去探索、去发现。通过"和美探索"课程，我们希望培养学生科学探究的意识和锲而不舍的科学探究精神。它既是课程，又是科学探究精神的体现。

（一）"和美探索"的主要做法

创意设计 I DO 课程是我校今后要开设科学技术方面的探索教育课程，融入海南三亚本地特色文化元素，辅加"STEM"的教育体系，以发展学生核心素养为目标，以中小学大纲为基础逐步进行，主要从"编程与机器人""小车拼装""三维打印"等开设课程，"和美探索"创意设计 I DO 课程设计见表 6-12。

表 6-12 "和美探索"创意设计 I DO 课程设置表

课程名称	实施年段	课程内容	课程目标
构建类课程	一、二年级	了解简单的运动原理、构建技巧、言语表达等。	学生在知识水平、能力发展的初期顺利完成简单作品的制作，让学生在兴趣的驱动下进行知识的学习。
编程类－小车类课程	三、四年级	培养学生的基础编程思维，让学生自己思考某样物品的运行轨迹，借助编程软件的设定在自己的拼装上完成，达到虚拟和现实的环境交互，从而引发兴趣。	根据自己的兴趣爱好加上所学知识运用完成简单编程设定，使自己的拼装能成功达到某特定目标。
项目类课程	五、六年级	各种简单项目的制作活动。通过培训和教学，学生能实现自己所想。项目课程培养学生认识世界和改造世界的能力，让学生将课堂上所学的知识真正运用于实际解决问题。	培养学生认识世界和改造世界的能力，让学生将在课堂上所学的知识真正运用于实际解决问题，让学生自己或者参与团队制作作品，并能有学生参加全国科技创新大赛。

（二）"和美探索"课程评价

"和美探索"课程的开设促进孩子们对智能科学的探索，为了进一步激励孩子们的潜能，激发他们的创造力，我校制定了"和美探索"课程评价标准（见表 6-13）。

表6-13 "和美探索"课程评价表

课程名称	实施年段	评价指标			备注
		优	良	合格	
构建类课程	四年级	能完成基础类家具（木凳子制作并达成实效性）	能思考发现不同物体的承力情况及上限	能理解基础类家具承力构造	
编程类-小车类课程	五年级	能完成编程和拼装小车，并控制小车前进、避让、转弯	能思考如何设定固定编程控制小车走向	能理解拼装小车的基础结构	
项目类课程	六年级	能团队/个人完成一个自动装置/建筑模型，并能解释其功能特性	能参与并思考如何从身边的信息环境中寻找自己所需的知识点	具备前置课程的能力，能理解、自学中型建筑的结构	

总之，在"小白鹭"课程的开发中，我们以师生为主体，以生命成长为核心，尊重学生个性发展，五育并举，落实社会主义核心价值育人观，发展学生智力，培育学生意志力，培养合格的社会主义接班人。同时促进教师自身成长，实现学校教育生命的提质，打造"和美校园"，形成"和美团队"，达成"向着和美生长"的教育，办人民满意的优质学校。

（撰稿者：欧哲尔、周珍、尹春月、刘钰、李丹敏、关人燕、林辛辛、文永泊、罗诗彦、周和、冯秋琼、徐弯弯、王玲、任晓燕、黎灵婕、赵勇、陈丽娜、林立丽、张银雪、麦宜纯、郑健、惠锦华）

第七章　评价的嵌入性

◇

评价的嵌入性优势有利于学生直面真实的课程情境,有利于评价在学习过程中动态生成,有利于发挥评价主体的多元化优势,对学生个体的成长给予热忱的关注。这种由教师主导、学生参与、与课程深度实施同时发生、动态地反馈学生真实的学习过程和真实的学业成就的评价,促进了自主探究学习的氛围生成和学习模型的构建,具备了更优质的育人导向功能。

国外研究率先发现，传统的期末考试作为一种终结性评价，虽然操作很规范，但考试所提供的信息并不能代表学业成就真正达标。能够显示学习结果和学生学习表现的数据应当是一种由教师主导、学生参与并伴随学习过程同时发生的"嵌入性"评价。采用这种评价方式，教师能够在不受外界干扰的情况下，为自己教授的课程设定学习目标，同时设定学生学习目标评价标准，并依据评价标准对学生进行评定。

根据上述理论，我们认为，学校整体课程深度实施的评价具有"嵌入"特点。评价的嵌入性促使评价伴随着课堂教学发生，将不同阶段或同一阶段不同层级的课程目标和学习成果紧密联结，引领前一个目标的达成和推进后一个目标的实现，从而推进学习过程循序渐进地发展。评价与学习行为紧密联结，生成了灵活的、动态的、开放的、多层次的评价嵌入，既可以循着课堂教学的情境适时地呈现，也可以延展到课堂之外的社会实践场景加以应用。

一、评价的嵌入性对课程深度实施的意义

首先，评价的嵌入性有利于学生直面真实的课程情境。评价由教师主导、学生参与，伴随着课堂教学发生，更加关注个体的真实性成长。从每一次评价的"点"到每一阶段成长的"面"综合地呈现了学生的真实的成长过程。将评价"嵌入"课堂真实情境，能有效促进学生不断自我完善和超越，凸显评价的育人价值导向。

其次，评价的嵌入性使得评价在学习过程中动态生成。评价与学习过程密切相关，既是课程实施中每一个学习活动的点评，又是学习活动与学习活动之间的联结。教师通过评价反馈及时发现教学中存在的问题，进而采取措施改进教学策略，提供学习支持，以此促进学生不断进取，不断获得肯定和表扬，不断生成自主学习的行为。

再次，评价的嵌入性很好地发挥了评价主体的多元化优势，即课程实施过程中生成的教师评价、学生评价、家长评价、社区评价更有利于学生成长和学业水平的真实呈现。从"嵌入性"角度观察，评价立足于教学目标，发生于学习过程，直面多元主体。他评促进学生积极参与学习过程，对自己不同阶段的学习表现予以认识；

自评促进学生自我观照、反思，并积极改进。多元主体评价以其科学的信度和效度对改进教学质量发挥了评判与指导的双重作用。

二、评价的嵌入性促进课程深度实施

（一）评价须立足于真实情境、评价标准客观并且具有可操作性

教师针对学习主题在学习效果与学习行为两个维度上进行目标细化，据此拟定课程目标和评价标准。评价标准贯穿整个教学过程的真实情境，按现实需要加以平衡和改进。如对情感态度、协作意识、学习收获等方面的考察需要在自评和他评中考虑评价切入的时机和嵌入的角度。此外，课程目标的设定要符合学生实际，学生能够真正理解学习活动的评价标准，熟练地运用评价细则量化自身的学习成果，评价自身的学习行为。课程深度实施中需要关注的是评价"嵌入"的可操作性将激励学生踊跃地参与学习活动，自主开展学习实践，对教学起到事半功倍的效果。

（二）评价须伴随课程深度实施的全过程，促进学习路径动态生成

利用评价的嵌入性有利于学习路径动态生成。评价的嵌入既是上一学习阶段的总结与反思，又是通往下一阶段学习目标的桥梁。例如研学课程是以活动为主的学习体验课程，包括认知体验和情感体验。因此，学生的态度与学习过程是评价的重要内容。教师须关注活动过程中学生的表现，针对任务的性质做出合理而又适切的评价。由于制定具体量化的评价标准对学生的价值追求有一定的导向作用，制定评价标准更须纳入对学生身心健康发展起到积极作用的因素。

（三）评价须关注多元主体效能，将师评、自评与互评有效结合

教学的意义不止于教会知识更在于教会学习。评价的嵌入性在此发挥出来的效能就是以师评、自评、互评的方式增加学生的参与感，使其成为开展整体课程深度实施的一个活性因子。如研学旅行课程作为学生集体参与的实践活动课程，很大程度上区别于传统讲授式教学，教师在课程实施过程中更多地扮演引导者与参与者角色，比较能够把握学生活动学习的真实状态。而学生尝试客观评价自己的学习状态，是一个自我审视与认知的状态，通过自己的视角来发现自身的优势与薄

弱点,能够有效提升自我效能感及成就感,达成对研学课程认知的深度体验。而互相评价则更加有利于激励团队协作精神,加深团队的归属感和学生之间的认同与欣赏。

因此,科学、规范、有效的评价应当立足于教学目标而又自然发生于课程实施的全过程。每个层级的目标都与评价有所对应,并且层层嵌入。上一个目标与下一个目标的衔接递进发生,上一个环节的评价与下一个环节的评价也能够互相嵌入,在真实情境下动态地促进学生情感、态度、价值观的正向发展变化。评价的嵌入性更有利于教师引导、学生参与,促进自主探究学习的氛围生成和学习模型的构建。因此,整体课程深度实施所探究的评价嵌入性理论更积极地关注学生个人成长,更好地促进学生全面发展,因而具备了更优质的育人导向功能。

（撰稿者：刘燕红）

深度创意　"小旗手"课程：在儿童心田耕耘美好生活

三亚市海棠区红旗小学位于三亚市南田农场红旗分场辖区内,自1957年建校,至今65周年。学校占地面积10 500 m²,约合16亩。学校新建教学楼于2015年9月落成使用,校园内教学区、运动区、生活区三区分明,90%的地面实现绿化和硬板化。学校教学班11个,平均班额约30人;在校学生322人,生均占地面积32 m²;专任教师20人,学历达标100%。近年来,学校办学条件有较大改善,多媒体教学设备、课桌椅配备、实验器材和图书等数量达到均衡化配备标准,满足教学需求。学校重视现代教育技术的应用,积极响应国家"教育信息化2.0行动计划",启用智慧校园管理模式,实现网络资源教学,积极开展家校互动,努力提高办学品质。学校重视对学生自主性和独特性的培养,在开足开齐国家课程的同时注重校本课程建设,开发田园课程项目,开设多个兴趣班,培养学生全面发展和个性化发展。我校依据《教育部关于深化课程改革落实立德树人根本任务的意见》《中共中央国务院关于深化教育教学改革全面提高义务教育质量的意见》《海南省中小学义务教育课程设置实验方案》等文件精神,推进课程深度变革,成效卓著。

第一部分　学校课程哲学

红旗小学于1957年建校,地处南田农场红旗分场。学校办学理念是"扬真善美,做幸福人",因此学校德育教育以"扬真善美"为核心内容,以培养"幸福人"为人格素养目标,为国家培养具备幸福能力的创新型人才和具备幸福情感的社会主义公民。

一　学校教育哲学

学校教育哲学是"耘美教育"。"小旗手"课程在"耘美教育"哲学的基础上构建和完善,在各大课程板块以构建"耘美"内涵为标识,"小旗手"课程以"耘美教育"哲学理念加以阐述。

"耘"即以耕耘者的姿态亲躬教育,"美"即"幸福美好的生活","耘美教育"即在儿童心田耕耘美好生活的教育。在我们看来,"耘美教育"是我校立足于农场经济文化土壤和"立德树人"根本任务而提出来的教育价值观和内涵发展方法论,是我校推进素质教育、落实特色发展的理念建构与实践探索。

"耘美教育"始终坚持"扬真善美,做幸福人"的办学理念。以"臻善臻美、励志幸福"为校训;以"求真务实,笃学尚行"为校风;以"真诚、关爱、倾才、奉献"为教风;以"诚信、向善、乐美、拼搏"为学风。学校秉承中华民族传统文化,把真善美教育作为治校育人的人格底色来铺设,把"幸福人"作为一种人格教育和一种奋斗目标来实现。

我们的教育愿景:每一个孩子在校园里尽情体验童年的美好,学习的快乐,精神的丰满,成长的幸福,所有"师者"都是"耘者",都在耕耘着幸福美好的生活。

我们的教育信条——
我们坚信,
教育是最美的生命耕耘;
我们坚信,

课程是儿童美好生活的田园；

我们坚信，

深耕课程是教育人最美好的姿态；

我们坚信，

"扬真善美，做幸福人"是教育的鲜明旗帜；

我们坚信，

让儿童朝着美的方向奔跑是教师的卓越智慧；

我们坚信，

在儿童的心田耕耘美好生活是教育的神圣使命。

二 学校课程理念

依据"耘美"的教育哲学，学校围绕"扬真善美，做幸福人"的办学理念，不断挖掘自身地域文化优势，因地制宜、因材施教，提出"在儿童的心田耕耘美好生活"的课程理念，让教育成为儿童幸福人生导航的旗帜和标杆，为社会培养具备真善美品质的、内心充满幸福感的、立志造福社会的人。

课程即生命田园。教育是耕耘，育人即育心。课程是生命的田园，教育的生命在于传承、延续、创新，在于合作、分享、交流。耘美教育主要落实学科核心素养，承载道德标杆教育，五育并举，建构以"求真、扬善、创美"为核心的教育理念。"春风化雨、润物无声"，教育将生命成长的航向引到幸福的人生彼岸。

课程即内在生长。教育就是要使每个儿童的天性和与生俱来的能力得到健康生长。在心灵的土壤上播种"真善美"的种子，灌溉"真善美"的雨露，滋养"幸福人"的情感，使良好的身心内在生成。

课程即美好生活。党和国家提出"为人民谋幸福"，把"人民对美好生活的向往"作为奋斗目标，教育亦应当为儿童美好生活开创路径，为儿童幸福人生导航。因此耘美教育依托自然、纯粹的田园优势和德育活动阵地开展教学活动，引领儿童构建具有真善美底色的美好生活蓝图和潜在追求幸福人生的远大理想和抱负。

课程即精耕细作。伟大教育家叶圣陶曰："千教万教，教人求真；千学万学，学做真人。"即以求真、务实的态度对课程进行精心构建和细密梳理,因此涵盖了"教人求真"和"学做真人"两个层面的要义。教育就像春种秋收,"耘者"必须精耕细作才有望收获。

总之,"耘美教育"基于红旗小学校名的独特性,多年以来把传承红色基因教育作为德育标杆和评价导向,以"红旗"作为前进的旌旗和号角,以"小旗手争章"作为耘美教育的激励机制,从而提出"小旗手"课程理念。一代又一代的红小人以旗帜为接力,引领学生做生命的旗手,做扬真善美的旗手,做向着美好生活奔跑的旗手。学校依托"小旗手"课程理念,以田园课程项目为抓手,大力创新学校精品课程体系,探索科学规范的教育教学模式。

第二部分　学校课程目标

课程是学校教育的主要载体,是培养目标实现的主要内容与途径。

一　育人目标

我校的育人目标是培养追求真善美的耘美学子。

真:即求真。爱学习,勤探索。

善:即扬善。爱家国,懂感恩。

美:即创美。爱生活,能创造。

我们期望,"耘美学子"既要有真善美的心灵,又要有好学上进的品质,实现德智体美劳全面发展。

二　课程目标

课程应满足学生学科知识的学习需求,最大限度地提供学生品德形成和人格发展的情境,满足学生知识与能力、过程与方法、情感态度和价值观和谐发展的需要;课程应满足学生共性的学习需求和学生个性发展的需求、社会多样化发展的需求,以及满足学生的创新精神、创造实践能力的需求。为了实现培养目标,依据我校课程愿景,我们将"小旗手"课程育人目标细化,划分为低、中、高三个阶段的课程目标(见表7-1)。

表7-1 三亚市红旗小学"小旗手"课程各年段课程目标表

	真(求真)	善(扬善)	美(创美)
低年段	养成良好的学习习惯,有较强的求知欲,对学习充满兴趣;掌握本年段的文化科学知识,初步构建知识体系;积极探究,乐于观察,真实地体验生活。	热爱祖国,传承祖国优秀传统文化;热爱家庭,继承良好家风;关爱自我,感恩他人;学会分享,乐于助人。	积极锻炼身体,参加课间"两操"运动;喜欢音乐、舞蹈和绘画,乐于参加艺术表演活动;乐于亲近自然,参加劳动,健康愉快地生活。
中年段	善于学习,勤于思考,勇于表达;有较强的自主学习能力,追求知识的正确性,敢于提出问题并主动寻求解决问题的方法。	关注新闻,了解家国大事,感受国家富强,树立远大理想;尊重师长,感恩父母,有回报社会的美好愿望;关心弱小,乐于助人,有正义感。	身心健康,积极参加各种文体活动;学习一门乐器或掌握一项技艺,感受艺术的魅力,欣赏艺术美;热爱劳动,关注生活中美的事物;负责任,有爱心地生活。
高年段	掌握丰富的学科知识,具备较强的思考能力,善于表达个人的观点,并积极求证;尊重客观事实,追求真理,有锲而不舍的精神。	热爱祖国,了解国情国史,奋发图强;热心公益,服务社会,尊重社会各行各业的劳动者;感恩生命的给予,懂得珍惜时光,刻苦学习,把握人生成长的机遇。	养成良好的运动习惯,具有一定的毅力和耐力;掌握一门或多门艺术,对艺术有较好的鉴赏能力;热爱生活,热爱劳动,勤于动手,善于动脑,有创意地生活。

第三部分 学校课程体系

学校课程设计要为孩子指明发展方向,要体现学校的实践历程,在学校现有文化基础上进一步完善学校课程框架,实现学校发展愿景。

一 学校课程逻辑

为了进一步整合学校课程基本分类,逐步完善和明确学校课程发展方向,根据

学校课程实际、课程发展理念及目标,形成如下课程逻辑(见图7-1):

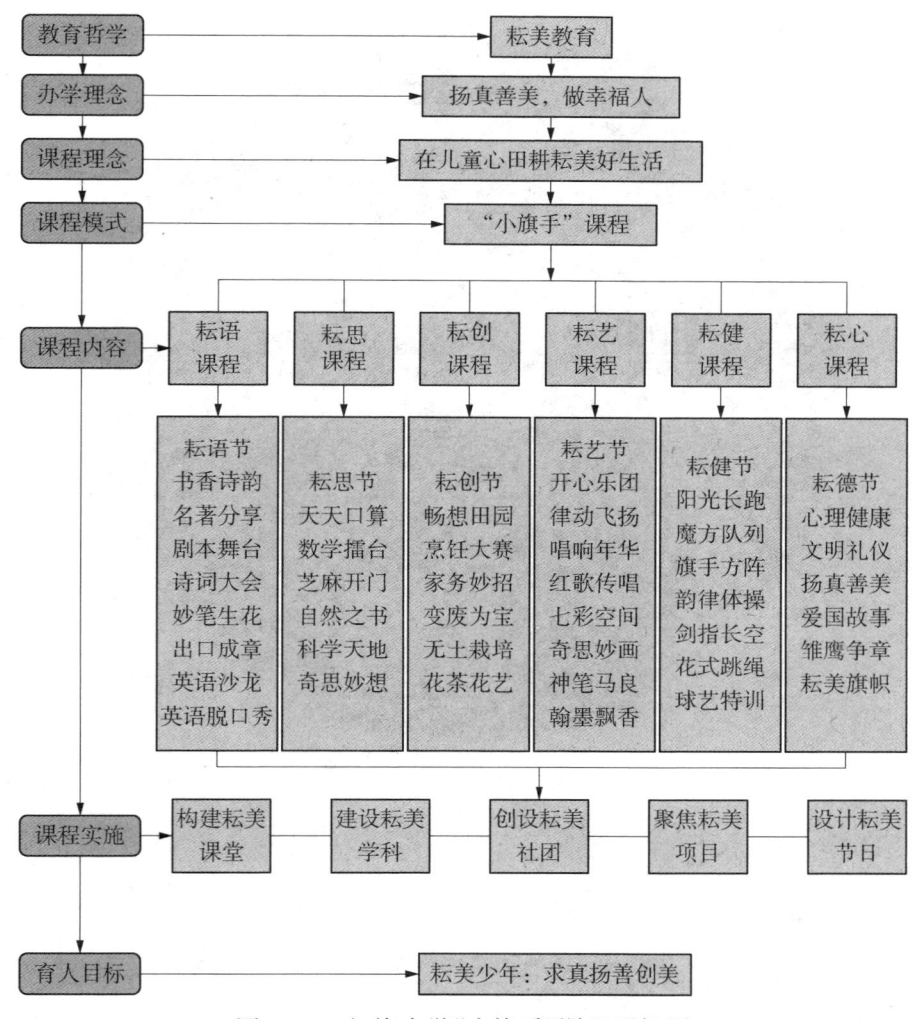

```
教育哲学 ──────────────→ 耘美教育
   │
办学理念 ──────────────→ 扬真善美,做幸福人
   │
课程理念 ──────────────→ 在儿童心田耕耘美好生活
   │
课程模式 ──────────────→ "小旗手"课程
   │                        │
   │          ┌─────┬─────┬─────┬─────┬─────┐
课程内容    耘语    耘思    耘创    耘艺    耘健    耘心
            课程    课程    课程    课程    课程    课程
             │      │      │      │      │      │
           耘语节  耘思节  耘创节  耘艺节  耘健节  耘德节
           书香诗韵 天天口算 畅想田园 开心乐团 阳光长跑 心理健康
           名著分享 数学擂台 烹饪大赛 律动飞扬 魔方队列 文明礼仪
           剧本舞台 芝麻开门 家务妙招 唱响年华 旗手方阵 扬真善美
           诗词大会 自然之书 变废为宝 红歌传唱 韵律体操 爱国故事
           妙笔生花 科学天地 无土栽培 七彩空间 剑指长空 雏鹰争章
           出口成章 奇思妙想 花茶花艺 奇思妙画 花式跳绳 耘美旗帜
           英语沙龙                神笔马良 球艺特训
           英语脱口秀              翰墨飘香
   │
课程实施── 构建耘美─建设耘美─创设耘美─聚焦耘美─设计耘美
           课堂    学科    社团    项目    节日
   │
育人目标 ──────────────→ 耘美少年:求真扬善创美
```

图7-1 红旗小学"小旗手"课程逻辑图

二 学校课程结构

根据加德纳多元智能理论,我们将课程设立为"耘语、耘思、耘创、耘艺、耘健、耘心"等六大课程板块,每一板块所涵盖的课程对应指向于语言与表达、逻辑与思维、科学与探索、艺术与审美、运动与健康、自我与社会,围绕此六项学生发展核心

素养,形成六大课程群。

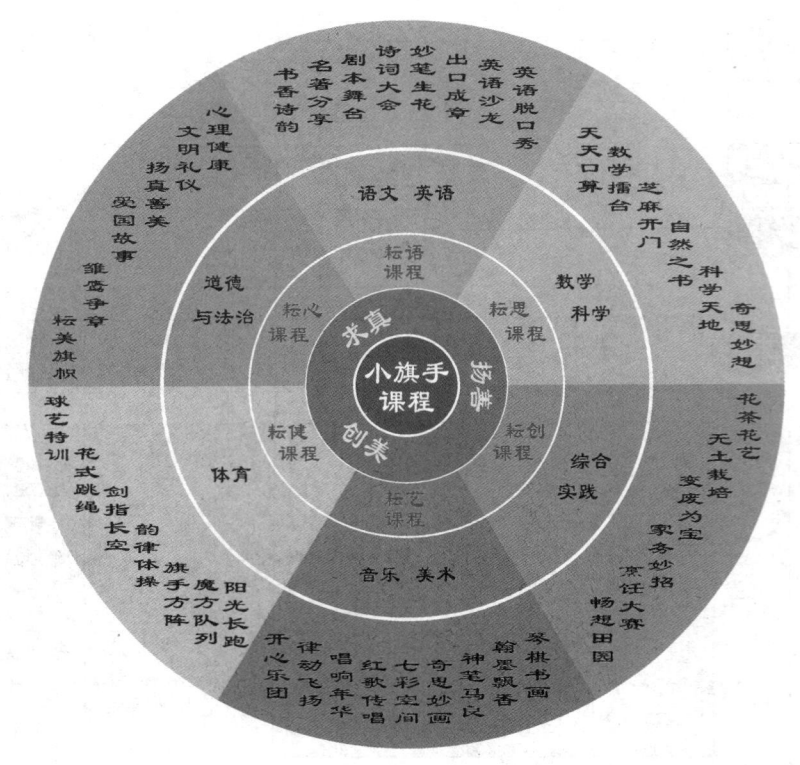

图 7-2 "小旗手"课程结构图

上图中,各板块课程具体如下:

(1)耘语课程,是以语文、英语基础课程为课内实施,开设"书香诗韵""名著分享"等系列语言积累与表达类特色课程。课程为了发展学生兴趣爱好,开发学生潜能,彰显学校特色,提高学生语言表达能力,提升学生综合素养,通过学生自身生活体验进行教学,启迪学生心灵和智慧。

(2)耘思课程,以数学学科为基础课程,以"数学擂台""奇思妙想""天天口算"为特色课程。关注学生的生活体验,抓住思维火花,从生活中解决数学难题,使学生的思维在不断的探索和碰撞中得以深化和提升。

(3)耘创课程,以综合实践课程为基础课程,以"畅想田园""花茶花艺"为特色课程进行耘美课程的实施。具体开设的田园课程有花香、蔬绿、瓜甜、果硕四个主题课程,加上插花、水培、花茶、果茶、市场营销等课程达到劳动教育的最佳效果。

(4) 耘艺课程,是以音乐、美术为依托,以"开心乐团""七彩空间"课程为特色,旨在培养学生兴趣爱好,提高审美品位,陶冶学生艺术情操,展示学生艺术魅力。

(5) 耘健课程,是以体育课为基础课程,结合体育特色课程《旗手操》而设立的系列课程。耘健课程,追求对健康体格的理解和感受,增强学生强身健体的意识和能力,掌握一定的运动技能,促进人的全面发展,为学生的身心健康储备能量。

(6) 耘心课程,是以道德与法治、国旗下演讲、文明礼仪、心理健康、社会实践活动校本课程为课程实施。与耘美节日、德育基地教育为特色实践的课程,在开展主题式学习、节日实践活动过程中,创设和谐环境,培养学生良好品质,促进学生德育发展,提升人格修养。课程紧密联系生活,通过加强课程与社会、学校、学生生活的融合,教会学生从儿童的生活实际出发,让教学回归开放的、真实的和平和的生活。

上述六类课程结构呈现出立体式、多维度、全方位的特色,使培养目标、课程设置、课程内容有机结合,形成了目标清晰、上下关联的一个群落,能有效促进学生品行的养成,让学生在自主选择、自主学习、自主发展的过程中逐渐实现自我发展。"小旗手"课程实现国家课程校本化,把地方课程和校本课程用活动式、主题式、项目式、系列化的方式实施,作为国家课程的有益补充,使之成为一个有机的育人整体。

三 课程设置

根据"小旗手"课程结构图,结合学校课程资源现状,我们对课程内容体系进行系统构建,具体如下表(见表 7-2):

表7-2 三亚市海棠区红旗小学"小旗手"课程设置表

课程结构	耘语课程		耘思课程		耘创课程	耘艺课程		耘健课程	耘心课程
国家/校本	语文	英语	数学	科学	综合实践	音乐	美术	体育	道德与法治
一上	1. 田园语文 2. 书香诗韵	1. 田园英语 2. 英语小岛民	1. 田园数学 2. 口算达人	1. 田园科学 2. 自然之书	花香蔬绿	律动飞扬	七彩空间	1. 韵律体操 2. 七彩阳光眼保健操	韵律体操	1. 入学礼 2. 开笔礼 3. 校园礼 文明礼仪 扬真善美
一下	1. 田园语文 2. 书香诗韵	1. 田园英语 2. 英语小岛民	1. 田园数学 2. 口算达人	1. 田园科学 2. 自然之书	花香蔬绿	律动飞扬	七彩空间	1. 韵律体操 2. 七彩阳光眼保健操	韵律体操	1. 升旗礼 2. 入队礼 3. 校园礼 文明礼仪 扬真善美
二上	1. 田园语文 2. 诗词大会	1. 田园英语 2. 英语对对碰	1. 田园数学 2. 心中有数	1. 田园科学 2. 自然之书	花香蔬绿	律动飞扬	奇思妙画	1. 剑指长空 2. 七彩阳光眼保健操	剑指长空	校园礼 文明礼仪 真善美小旗手
二下	1. 田园语文 2. 诗词大会	1. 田园英语 2. 英语对对碰	1. 田园数学 2. 心中有数	1. 田园科学 2. 自然之书	家务妙招	律动飞扬	奇思妙画	1. 剑指长空 2. 七彩阳光眼保健操	剑指长空	校园礼 文明礼仪 真善美小旗手
三上	1. 田园语文 2. 妙笔生花	1. 田园英语 2. 英语脱口秀	1. 田园数学 2. 芝麻开门	1. 田园科学 2. 科学天地	变废为宝	唱响年华	神笔马良	1. 花式跳绳 2. 阳光长跑	1. 七彩阳光 2. 眼保健操	1. 心理健康 2. 旗帜文化 旗手礼
三下	1. 田园语文 2. 妙笔生花	1. 田园英语 2. 英语脱口秀	1. 田园数学 2. 芝麻开门	1. 田园科学 2. 科学天地	变废为宝	唱响年华	神笔马良	1. 花式跳绳 2. 阳光长跑	1. 七彩阳光 2. 眼保健操	1. 心理健康 2. 旗帜文化 旗手礼

续 表

课程结构	标语课程		标思课程		标创课程	标艺课程		标健课程	标心课程
国家/校本	语文	英语	数学	科学	综合实践	音乐	美术	体育	道德与法治
四上	1. 田园语文 2. 出口成章	1. 田园英语 2. 英语沙龙	1. 田园数学 2. 芝麻开门	1. 田园科学 2. 科学天地	花香疏绿	红歌传唱	翰墨飘香	1. 七彩阳光 2. 眼保健操	1. 心理健康 2. 爱国故事 1. 球艺特训 2. 阳光长跑 （旗手礼）
四下	1. 田园语文 2. 出口成章	1. 田园英语 2. 英语沙龙	1. 田园数学 2. 芝麻开门		花香疏绿	红歌传唱	翰墨飘香	1. 七彩阳光 2. 眼保健操	1. 心理健康 2. 爱国故事
五上	1. 田园语文 2. 名著分享	1. 田园英语 2. 英语流利说	1. 田园数学 2. 数学大擂台	1. 田园科学 2. 奇思妙想	瓜甜果硕	开心乐团	翰墨飘香	1. 七彩阳光 2. 眼保健操 1. 旗手方阵 2. 阳光长跑	1. 雏鹰争章 2. 小法官 （花仙礼）
五下	1. 田园语文 2. 名著分享	1. 田园英语 2. 英语流利说	1. 田园数学 2. 数学大擂台	1. 田园科学 2. 奇思妙想	瓜甜果硕	开心乐团	翰墨飘香	1. 七彩阳光 2. 眼保健操 1. 旗手方阵 2. 阳光长跑	1. 雏鹰争章 2. 小法官 （花仙礼·接访礼）
六上	1. 田园语文 2. 剧本舞台	1. 田园英语 2. 英语小学霸	1. 田园数学 2. 数学大擂台	1. 田园科学 2. 小发明家	花茶花艺	开心乐团	琴棋书画	1. 七彩阳光 2. 眼保健操 1. 魔方队列 2. 阳光长跑	1. 标美旗帜 2. 小旗手论坛 （研学礼·毕业礼）
六下	1. 田园语文 2. 剧本舞台	1. 田园英语 2. 英语小学霸	1. 田园数学 2. 数学大擂台	1. 田园科学 2. 小发明家	花茶花艺	开心乐团	琴棋书画	1. 七彩阳光 2. 眼保健操 1. 魔方队列 2. 阳光长跑	1. 标美旗帜 2. 小旗手论坛 （研学礼·毕业礼）

第四部分　学校课程实施与评价

学校课程实施是对国家课程的创造性处理和个性化实施。在落实五育和学科核心素养中渗透真善美教育,是让儿童在学习中生成美好幸福情感的课堂教学实践过程。学校通过构建"耘美课堂",建设"耘美学科",做活课程整合;通过创设"耘美社团",创立"耘美节日",开启"耘美之旅"等方式,推进各类课程有效实施。

一　构建"耘美课堂",提升课程实施品质

在"在儿童心田耕耘美好生活"的课程理念引领下,学校以构建"耘美课堂"为抓手,转变教师教育理念,改进学生学习方式,培养学生能力,提升学科核心素养,使学生在基础课程学习中得到心灵的滋养和智慧的成长。

(一)"耘美课堂"的内涵与操作

"耘美课堂"的呈现要求:教学目标是饱满的,教学内容是丰富的,教学过程是立体的,教学结构是简约的,教学评价是多元的,教学文化是唯美的。

"耘美课堂"是饱满的课堂。饱满,是耘美课堂的主旨,以学生自主学习意识、能力发展为目标,以发现、解决问题为主要学习目的,以合作、探究为主要学习方式,追求乐学、高效、成长,让学生的生命得到尊重,使学生实现精神上的成长,价值上的引领,人性上的养育。

"耘美课堂"是丰富的课堂。丰富,是耘美课堂的方向,建立丰富、立体的课堂意味着课堂教育的视野也不仅仅拘泥于技能的传授,而是带着鲜活气息的内容或主题走进课堂,有更多的机会面对深度思考和创新实践的挑战。

"耘美课堂"是立体的课堂。立体,是耘美课堂的引领,是集知识学习、能力培养和情感教育于一体的教育模式。

"耘美课堂"是简约的课堂。简约,是耘美课堂的文化形态,简约之中凝聚着课堂智慧,简约之中还原课堂本色。简约课堂是充满灵动的课堂,是不断生成的课堂,是多元整合的美丽课堂。简约课堂,关注学生的学习起点,呈现原始的学习状态,让课堂复归本位,返璞归真,与时俱进。

"耘美课堂"是多元的课堂。多元,是耘美课堂的追求,教师立足课堂,探索教学,关注学情,生本相依,学有所长。学生在开放的环境中自由成长,思维质疑,群

学优化。师生教学相长,融合创新,能力得到不断提高。

"耘美课堂"是唯美的课堂。唯美是耘美课堂的立意。教师追寻课堂,学生享受课堂,学生文化品格得以成长,身心健康得以成长,开拓能力得以成长,最终促成学生的全面发展。

"耘美课堂"实施策略如下:

1. 模式先导,重构课堂

我们确立了五要素自主学习模式,即"自学质疑—有效生成—群学优化—反馈互动—达标测评"。自学质疑:学生先天就不缺乏自主学习的能力,而是在课堂上没有自学的时间和空间,充分自学质疑问难是学习的必经过程。有效生成:课堂是老师、学生、课程的多边活动,学生发现学习过程中生成的问题,教师捕捉闪现的学生思维的灵光,体现学习的价值。群学优化:面对课堂学习过程中自己难以独立完成的知识点,学生可以"互助学习"交流研讨,可以小组内"攻坚克难",还可以对"共性问题"在班级范围内整理优化,集思广益。反馈互动:学习成果展示,是师生、生生间进行知识建构的有效方式,是在展示互动中,师生一起分享学习过程、升华学习成果的过程。达标测评:今日事,今日毕,当堂达成学习目标,才算是高效的课堂。

2. 课程细化,深入研究

耘美课堂以小组合作方式进行教学,每一个主题探究预设需要两课时完成。课堂中学生培养自学能力,教师提炼重难点,通过完成当堂测评评估完成教学目标。

3. 整体实施,逐步推进

通过"五步自主"学习模式的确立,帮助教师走出课堂教学"自我化"的误区。五步自主学习凸显"生本"。学习模式清晰明了,化简了以往教学中的繁杂流程和不必要的设计,实现了学习目标、学习环节的简约化。

学法指导科学化、体系化、"新模式"运用中,成败的关键是将每个学习环节进一步细化,并科学、系统地指导学生使用,帮助学生适应新课堂。实施策略应灵活、机动。一个班级内,各科教师越协调统一,要求一致,就越能加快学生对新学习模式的适应,提升小组学习效率。

在实施耘美课堂文化建设的基础上,学校建立了在合作中学的学习方式,培养学生自主合作学习的能力,培养学生创新意识和实践精神,逐渐形成了耘美课堂文化风格。课堂中教师既关注学习水平,又关注情感态度,既关注学习结果,又关注学生的变化和发展,显现出"耘美课堂"的简约高效之美。

(二)"耘美课堂"的评价标准

"耘美课堂"以饱满的学习目标、丰富的学习内容、立体的学习结构、简约的学习方法、多元的学习评价、唯美的教学文化为评价标准。

(1)饱满的学习目标。教师引领的思路清晰,学生学习的目标明确。评价按层次划分:知识与技能的达成目标,过程和方法的揭示目标,情感与态度的孕育目标,能力与素质的发展目标。

(2)丰富的学习内容。在内容选择上,学习内容容量适度,重难点把握准确,在呈现方式上有效整合三维目标,突出能力培养。

(3)立体的学习结构。教学环节设计环环相扣,节节呼应,按照"自学质疑—有效生成—群学优化—反馈互动—达标测评"的设计步骤分层进行。在时间分配上,学生参与自主学习,交流、互动的时间不少于三分之二。

(4)简约的学习方法。我们将学法优化,学习方式多样化,自学、组学、群学运用合理,并给予学法指导,学法得当,体现自主学习、探究学习、合作学习的学习方式。

(5)多元的学习评价。学习不仅注重过程,更注重多元发展。思维训练:课堂容量大,学生思维积极主动,缜密有效,课堂练习有梯度,切实达到巩固新知的效果;达标训练:能及时反馈练习,学习目标达成率高。

(6)唯美的教学文化。教学真正的目的是通过改进课堂教学手段,探索有效互动的教学方式,助推教学的有效性,真正实现美丽的课堂教学(见表7-3)。

表7-3 三亚市海棠区红旗小学"耘美课堂"评价表

授课教师		学科		时间	
授课班级		课题		观课人	
项目	指标	评价标准		分值	评价结果
价值取向	真善美	关注学生的情感态度价值观发展,建立健全人格,热爱学习,追求真理。			

续 表

项目	指标	评价标准	分值	评价结果
课堂生态	有情感	充分理解儿童,遵循儿童的心理特点和身心发展的规律,尊重儿童已有的认知经验,打造民主和谐共进的课堂氛围。根据学生学习的规律,采用多种方法启发学生的思维,调动学生的学习主动性和积极性,促使他们生动活泼的学习,教学相长,以情化人,以爱育爱。		
教学内容	有智慧	教学内容设计有主有次,难点突出,结构分明;课堂实施有创新,教学教法灵活,注重学习指导,收放自如,张弛有度;富有教学机智,智慧处理预设与生成的关系,充分发挥组织者、引导者、合作者的作用。		
教学结构	有创新	教学内容之间具有内在与外在的联系,体现连贯性、逻辑性;立足学科本质,教学中善于找到知识的本源,打通知识之间的联系;建立智慧关联,帮助学生构建完整的知识体系。		
教学过程	有收获	达成课堂教学基本目标,掌握基本知识技能,创设有利于学生个性发展的开放的学习环境,充分指导学生的学习过程;体现深度学习,学生获得良好的情感体验和思维体验,促进学生长效发展。		
总体评价				

二 建构"耘美学科",丰富学科课程内容

"耘美学科"是在"耘美"教育哲学统领下的学科体系,旨在实现学科与学科之间的有机融合,优势互补,合作共赢。

(一)"耘美学科"的建设路径

学校以基础课程为原点,根据学科特点、学生需求以及学校实际,深入探索学科延伸课堂模式,创造性地开发具有校本特色的"1+X"学科课程群,激发学生学习兴趣和创新能力。其中"1"指基础性课程及学科本身的知识素养,该课程内容体现的是"用教材而不是教教材"的教学思想;"X"指的是个性化发展的拓展型课程,教师要根据本地实际和学生特点善于鉴别、积累、利用和开发各类教学资源,在教学实际中不断增强课程资源意识,提高课程开发能力;"+"不是简单的加法,而是促进"1"和"X"两者相辅相成,达到平衡。通过这些课程的开发,培养学生学习兴趣,开发学生潜能,科学带动课程整体发展。

1. "耘美语文"课程群

我们认为"耘美"即"耕耘美好",它是学校课程的核心精神,因此要用美的精神去打造语文学习,让学生在学习中体会中华文化之美。我们根据语文核心素养的培养目标,借助"书香诗韵"特色课程,让学生领略到语言之美、思维之美。

2. "耘美英语"课程群

针对农村英语比较薄弱、学生缺乏自信心的现状,我校打造英语课程群,旨在夯实学生英语学习的基础,鼓励学生积极主动开口表达英语,激发学生学英语的兴趣。英语课程旨在落实学生语言能力、思维品质、学习能力、文化品格等英语核心素养,同时使孩子们理解中西文化差异,增强孩子的自信心和团队合作意识,提高孩子们的综合语言运用能力。

3. "耘美数学"课程群

数学具有高度的抽象性、严密的逻辑性、广泛的应用性。然而学校的现状是学生基础差,自信心不足,学习兴趣不高,感受不到数学的乐趣。为提高学生学习数学的积极性,我们开发了以"激发兴趣、品味生活"为数学课程理念的"数学擂台"课程,主要是以解决数学问题为核心的游戏竞赛,最大限度地发挥数学在培养人的思维能力和创造能力方面的作用。

4. "耘美科学"课程群

提高公民的科学素养是教育者的责任和使命,我们以培养学生科学核心素养为目标,引导学生尊重科学、探究科学,在科学的领域中有所发现、有所收获、有所创造,并将创造成果应用于实际生活。

5. "耘美音乐"课程群

音乐陶冶人的情操,培育人的审美情趣,使学生懂得审美,知道美的所在,学会美、创造美。基于这一目标,我们组成"律动飞扬"特色课程群。

6. "耘美美术"课程群

我们认为,"创美"是学校美术学科的核心精神,也是学校美术学科的发展目标。"耘美美术"是用美术引领学生在实践中创造,在创造中发现美,感悟美,完善美,最终达到提高学生绘画、审美、创新等美术素质的目的。

7. "耘美体育"课程群

课程坚持"健康快乐"的指导思想,学生在学习中不断学会新的运动技能,磨炼意志品质,增强与他人交往的能力,养成会运动、勤运动的好习惯。"耘美体育"在国家课程的基础是拓展趣味性的运动项目,旨在提高学生的身体素质,培养热爱体育的精神。

(二)"耘美学科"的评价要求

"耘美学科"旨在打造动态课堂,促进学生勤学善思,从而落实"在儿童心田耕耘美好生活"的课程理念。"耘美学科"的课程评价着眼于融通生活、增长智慧、滋养灵性、呵护生命。课程设计应根据国家课程标准体现明晰的目标、严谨的逻辑、递进的序列、科学的编排。教师评价着眼于课程规划与设计、课程实施、教学方案、组织能力、课程评价。学生评价既重视学习结果,更关注学习过程,保护、发展学生的个性特长,促进学生全面发展。"耘美学科"的评价主体包括学校评价、学科组评价、教师自评、学生评价,评价形式根据学科特点进行纸笔测试、成果展评等(见表7-4)。

表7-4 三亚市海棠区红旗小学"耘美学科"课程评价量表

课程名称		任课教师				
评价项目	评价标准		分值			
			10—9分	8—7分	6—5分	4—1分
课程纲要 (10分)	内容完整,包括课程名称、适用年级、课程简介、背景分析、课程目标、学习主题、活动安排、评价活动等。因地制宜,体现学校特色和学科特点。课程内容设计以学生为主体,富有活动性、趣味性。					

续 表

评价项目	评价标准		分值			
			10—9分	8—7分	6—5分	4—1分
课程设计（20分）	目标内容	与课程纲要一致,清晰可评;兼顾三维,叙写规范。				
		针对目标,整合可得到的人力、物力、财力、时空、信息等资源。				
	评价	评价任务设计与目标匹配,且镶嵌在教学过程中;教与学的方法选择与目标一致;环节设计有利于学生的主动学习。				
课程实施（40分）	学习目标	学生知道本课时的目标或任务,知道学什么,怎么学。				
	学习方式	具有多样化、适切性,学生能够经历听、说、做或演等多种学习方式。				
	学习项目	突出"在做中学""在研究中学",问题解决策略和过程清晰,学生参与度高。				
	学习评价	聚焦目标持续地实施多种评价方式,评价主体多元化。				
课程效果（30分）	学习过程	重视学生习得该知识与技能的过程与方法,让学生在活动中体验中学有所获。				
	学习收获	根据学生的听、说、做或演等情况判断,大多数学生学有所获。				
	学习体验	大多数学生表情愉悦,情绪良好,主动参与,积极性高。				
得分总评						

三 创设"耘美社团",发展儿童兴趣爱好

社团活动是学校课程建设的重要组成部分,是学校教育教学的重要载体,为学生兴趣爱好提供了有效平台,为学生全面发展和个性化发展提供了可能性。

（一）"耘美社团"的主要类型

"耘美社团"隶属于"耘语表达""耘思思维""耘创创造""耘艺艺术""耘健健康""耘德成长"课程分支，根据社团学科特点将社团分为：语言类社团、艺术类社团、体育类社团、科学类社团、社会类社团五大类。主要有"书香诗韵社团""课本剧社团""花仙子社团""篮球社团""小法官社团""天籁之音社团""未来之星社团""真善美心灵桥社团""七彩空间社团""小旗手社团"。它们遍布校园，各具特色，犹如百花齐放，充分发挥了社团在丰富校园文化活动，促进校本课程形成，培养社会需要的特长学生方面的作用。

（1）语言类社团：语文社团积极整合民族传统文化资源，将传承民族文化精神融入课程和特色活动中；英语社团着力建立中西语言文化的桥梁，打开学校学生整体英语薄弱的被动局面，实现与国际接轨的未来学校蓝图。

（2）艺术类社团：书法和绘画一直是我校的传统特色。我校优势在于具有长期稳定的热爱教育事业的专业书法、绘画教师，学生学习书法和绘画兴趣极高，几乎在所有节日都有能展现主题的作品。如书法社团、绘画社团、器乐社团等。

（3）体育类社团：传承体育精神，提高体育素养，通过运动训练灵活的身姿，敏捷的大脑，在磨炼中释放自信。如篮球社团、旗手操社团，体现了很好的团队精神，受到广大师生的热爱。

（4）科学类社团。在活动中突出了趣味性，结合目标内容，充分引导启发学生进行各学科探索，培养他们敢于奉献、积极思考、善于观察、严谨表述的能力。

（5）社会类社团：搭建"真善美心灵桥"，参与社区实践，与社区共成长。"小法官社团"模拟法官办案，解决校园纠纷，参与社区服务。

（二）"耘美社团"的评价要求

"耘美社团"的设立是以中国学生发展核心素养为根本遵循，以充分满足学生的个性化需求为前提。在广泛调查了解学生意愿的基础上，学校开设了学科拓展类、文体类、科技类等社团。完善的评价激励制度是社团管理的重要部分。在对社团的评价上，我校主要遵循素质培养的原则，对社团课程和社团学生进行全面、科学的评价。

（1）对学生的评价主要考虑三方面的因素：一是学生学习该课程的学时总量，不同的学时给予不同的分数；二是学生在学习过程中的表现，如态度、积极性、参与状况等,由任课教师综合考核后给出一定的分值;三是学习的客观效果,教师可采取适当的方式进行考核。三个方面的因素中要以学生参与学习的学时量的考核为主,过程与结果为辅,但最终的学分要把三方面的因素综合起来考虑(见表7-5)。

(2) 学校统一给各个社团配发《社团活动手册》,指导社团建设、开展活动和资料整理,根据日常活动、文字资料、有形成果、参赛获奖、宣传影响等方面情况,评选优秀社团和优秀社团辅导教师,学校进行表彰和奖励。

(3) 学校应积极搭设平台,给社团活动更多的展示机会。

表7-5　三亚市海棠区红旗小学"耘美社团"课程实施评价

评价维度	评价内容	评价标准	评价方式
社团筹备	社团建立	满足学生需求,调动资源充分,主题健康,方案具体。	1. 过程性评价:活动过程记录、活动成果展示。 2. 评价方式:自评、互评、师评、展评相结合。 3. 评选优秀社团和星级个人。
	活动方案		
活动过程	开展活动	学生参与积极,活动内容丰富。	
	活动过程		
活动效果	社团成果	学生能形成自己的学习成果,个人和集体成果可以展示交流。	

以培植精品社团、培养精英人才,建设富有特色的校园文化为目标,学校加强对学生社团产生、建设的全过程引导与管理,保证社团正确的发展方向。学校还创造各种有利条件,给予社团必要的指导与支持,保证社团健康发展。

(1) 组织保障。学校成立了由校长担任组长,副校长担任副组长,德育处主要负责人和各年级组长为成员的社团工作领导小组。

(2) 制度保障。学校先后制定了《学生社团管理办法》《社团考评细则》《学生社团导师制试行办法》等管理制度,从制度上保证学生社团活动的开展。社团每月召开一次社团辅导员例会,德育处认真听取各社团管理工作汇报,解决存在的问题,并及时拟定各类方案,帮助社团健康成长。

(3) 管理保障。学校对社团的成立、运行、考核进行全过程管理与指导。一是制定了严格的社团成立条件。二是规范了成立社团的审批条件与流程。三是实行导师制,采取"学生聘请、教师自荐、学校任命"相结合的方式,在教师的具体指导和督促下开展活动。四是广泛宣传。学校为学生社团的宣传提供便利与强有力的支持。五是科学评价考核。德育处对学生社团行使监督职责,指导老师负责对各社团社员进行指导;社团负责人负责对社员进行管理、考评;社团每学期末至少开展一次大型展示活动。德育处在对社团工作和活动中取得突出成绩的先进集体和先进个人进行表彰,授予"优秀社团""社团活动先进个人"和"优秀社团干部"的称号,并给予奖励。

四 设计"耘美节日",浓郁课程实施氛围

我校积极以"耘美节日"为实施途径,浓郁课程实施氛围,开展形式多样、面向全体、具有时代特征和校园特色的各种活动,实现人人参与,快乐分享。通过节日课程的开设让学生感受传统文化的源远流长,增强学生民族自豪感,强化学生的民族精神,激发学生的爱国热情,达到增强凝聚力,激发责任感和使命感的目的。

(一)"耘美节日"的主要类型

我校"耘美节日"包括传统节日、现代节日、校园节日三类。传统节日旨在让学生更深入地了解当地传统节日文化,增强民族自豪感。通过对传统节日的了解,吸收传统文化的精华,夯实学生的文化底蕴,提高学生的人文素养。如清明节"红色足迹教育",端午节"感恩"和"爱国"主题教育;现代节日更好地结合现代元素,挖掘节日的历史典故,传递节日积极向上的文化正能量。如元旦、植树节、劳动节、儿童节等;校园节日为我校具有校园特色的各种活动,不仅包括耘语节、耘思节、耘创节、耘艺节、耘健节、耘心节,还包括田园课程项目下的开荒节、播种节、收获节,以及综合实践课题下的草帽节、烹饪节、手工节等。凭借以上丰富多彩的节日活动让师生体验到节日带来的快乐和创新成果(见表7-6)。

表7-6 三亚市海棠区红旗小学"耘美节日"设置表

	节日分类	节日主题	节日内容	实施方式
耘美节日	传统节日	元宵节		主题班会
		清明节		实践活动、主题班会
		端午节		手抄报、书画作品

续 表

节日分类		节日主题	节日内容		实施方式
		中秋节			手抄报、书画作品、征文演讲
		重阳节			手抄报、书画作品
		冬至节			手抄报、书画作品
	现代节日	元旦			文娱活动展演
		植树节			实践活动、手抄报
		劳动节			实践活动、手抄报
		儿童节			入队仪式、游园
		建党节			学党史、唱党歌、看纪录片
		教师节			手工、书画、征文演讲
		国庆节			手抄报、书画作品、主题班会
校园节日	耘语节	语文节	书香诗韵	课本剧	主题活动展演
		英语节	岛民英语		
	耘思节	数学节	数学擂台	芝麻开门	
		科学节	小创客		
	耘创节	田园节	春种秋收	田园诗话	
		创意节	变废为宝	百变花香	
	耘艺节	书画节	翰墨飘香	七彩空间	
		音乐节	器乐传声	天籁之音	
	耘健节	体育节	田径运动	趣味运动	
		旗手节	魔方队列	旗手操	
	耘心节	花仙节	文明礼仪	琴棋书画	
		爱心节	真善美	心灵桥	

(二)"耘美节日"的评价要求

"耘美节日"倡导采用多主体、开放性的评价。运用综合评价方式,以耘美节日为载体,结合学校各年级活动目标及学生在活动过程中的表现,进行过程性评价与终结性评价。过程性评价主要提供学生展示的途径和阵地,考察学生的综合能力和基本素养,结合校内和校外的多种资源,为学生提供展示的平台。如在"小旗手节"中,根据各年级学生特点设计"雏鹰争章"活动,让学生的真善美行为获得争章好评;元宵节前后设计猜谜游园活动以及后续的古诗词大赛;学期末元旦的春联征集和书法展示活动;开展讲国情、讲故事比赛活动等。充分利用校刊校报、宣传栏、作品交流会等对学生进行鼓励性评价。借助评价表格,采用学生自评和互评相结合,教师评价、家长评价与学生评价相结合,定性评价与定量评价相结合的评价方式。评价内容分为参与积极性、自主探究能力、小组合作协同能力、活动成果的表述、活动过程中的情感体验等五个维度。如果是课外活动,要求家长在观察孩子的过程中积极参与对孩子的评价。在终结性评价中,我们采用"节日小天使"和"雏鹰争章"进行评定(见表7-7),即根据学生参与活动的态度与创新精神和实践能力的发展情况及对学生或学习小组学习方法和研究方法的掌握情况设星级评比制,其评价结果放入学生成长记录袋内。

表7-7 "耘美节日"小明星

节日小天使		雏鹰争章	
	想一想,再涂色		议一议,再打分
参与星	☆ ☆ ☆ ☆ ☆		
动手星	☆ ☆ ☆ ☆ ☆		
创意星	☆ ☆ ☆ ☆ ☆		
合作星	☆ ☆ ☆ ☆ ☆		
评定人:			

五 做活"耘美之旅",落实研学旅行课程

全面推进素质教育,让学生在研学的过程中陶冶情操,增长见识,提高学习兴趣,体验不同的自然和人文环境。为全面提升学生综合素质,结合我校课程实际,我们组织学生走出校园,亲近自然。通过在游中学,学中研,研中思,思中行,研学并举,知行合一。在此过程中提高学习兴趣,拓宽视野,丰富知识,增强公德意识、安全意识、合作意识、规则意识。通过社会调查参观访问、亲身体验、集体活动、同伴互助、文字总结等为一体的研学活动,学生的自理能力、沟通能力、调查研究能力、创新能力、合作能力和实践能力都得到了极大的提高。

根据青少年学生的年龄特点和全面提升综合素质的需要,组织他们走进社会和大自然这两个特殊"课堂",开展科学实践、素质拓展、生存体验、专题教育等实践活动和实地研究学习,帮助学生丰富知识、拓展视野、提升技能、磨砺意志品质。

"耘美之旅"是一种给予儿童生活与学习方式正确引导的研究性学习活动,能够提高儿童提出问题的能力、自主探究能力、语言交流能力、动手实践能力,以及提高创新意识的能力。

(一)"耘美之旅"的主要内容

学校结合实际开展"红色足迹"寻根活动、乡土研学活动、国情研学活动。就近而言,学校比较便利的资源就是参观琼海红色娘子军纪念园、三亚天涯海角景区、保亭槟榔谷以及南田农场华侨墓园等,学生能以此了解海南亚热带风光和耕种文化。

1."五公里红色足迹"寻根之旅

"红色足迹"是我校开展爱国主义教育的专题研学之旅。20世纪50年代初至80年代末农场以橡胶为主导产业,当年橡胶是由爱国华侨雷贤钟冒着生命危险从马来西亚引进的,产量达到本地实生苗的4倍多,为祖国工业建设提供了宝贵的原材料。每逢清明,学校组织毕业班学生向农场"最后一片橡胶林"进发,开展富于乡土气息的"五公里红色足迹"寻根活动,以此缅怀老一辈华侨舍生忘死的家国情怀,对学生进行"红色文化"教育和践行爱国主义精神传承。

2."红色娘子军"研学之旅

通过参观琼海红色娘子军纪念园,了解海南近代战争历史,感受革命先烈顽强的革命精神,激发学生的爱国主义教育情感,懂得幸福生活来之不易,珍惜时光,努力学习,立志报国。

3."天涯海角"研学之旅

经历代文人墨客的题咏描绘,"天涯海角"成为我国富有神奇色彩的著名游览胜地。学生参观三亚地标式风景名胜,了解古崖州沿革和典故,拓宽历史文化视野,增进热爱乡土的情怀。

4."槟榔谷"研学之旅

保亭"槟榔谷"是海南民族文化活化石、国家级非物质文化遗产,是海南省最丰富、最权威、最灵动、最纯正的民族文化"活体"博物馆。我校在校生90%属于少数民族学生,更须了解祖辈相传的民俗文化。

(二)"耘美之旅"的评价要求

课程评价是课程开发的重要环节,评价质量的高低影响课程实施效果的好坏。

第一,为了保证评价标准的客观性和可操作性,师生针对研学主题进行目标细化,积极寻求绝大多数学生的意见。在此过程中,教师加强了与学生的交流,更加明确了学生的需求特点;学生对研学评价标准了然于心,积极参与研学活动,并根据评价标准随时调整自己的研学行动。

第二,实施过程评价。评价伴随课程实施的全过程。研学旅行实践课程是以活动学习为主的体验式课程,包括认知体验和情感体验。教师须关注活动中学生的表现,针对任务的性质做出合理而又适切的评价。

第三,学生自评与互评相结合。学生依据自己对评价标准的认知客观地评价自己的学习状态。研学旅行课程是在真实情境中进行的、学生集体参与的活动课程,其很大程度上区别于传统讲授式教学,教师在整个课程实施过程中扮演着引导者、参与者角色,比较能够把握学生活动学习的真实状态。而学生在监控自身学习状态的同时,提升自我效能感以及成就感,实现研学课程认知的深度体验。互相评价则有利于个体知识面的拓宽及合作精神的培养(见表7-8)。

表7-8 红旗小学"耘美研学"评价表

评价内容		评价标准	评价结果		
			自评	互评	师评
时间观念	守时	按时集合、参观、乘车			
	出勤	从不无故缺勤			
专注学习	学习态度	学习态度端正			
	学习准备	学习准备充足			
	学习过程	及时记录			
	合作学习	积极与组内成员合作学习			
	小组交流	与他人交流分享			
	学习收获	学习成果呈现准确			

续 表

评价内容	评价标准	评价结果		
		自评	互评	师评
纪律意识	服从管理　服从组长管理			
	听从指挥　听从老师指挥			
	规范参观　按照安排有序观察			
文明礼仪	乘车　　　文明乘车			
	参观　　　文明参观			
	礼仪　　　注重礼仪规范			
	交往　　　和他人文明交往			
团队意识	组织　　　团队组织有效的活动			
	交流　　　小组内进行有效的交流			
	协作　　　团队内进行有效的协作			
	和谐　　　营造和谐的团队氛围			
	互助　　　主动帮助同学			

（备注：每项优5分；良3分；中1分，满分：100分）

六　深耕"田园",做活主题,整合课程

田园的课程设计是根据"在儿童的心田耕耘美好生活"的课程理念,以田园课程的模式探索"花香""蔬绿""瓜甜""果硕"四个实践活动主题,并开展相关的社团活动。

（一）田园课程主题设计

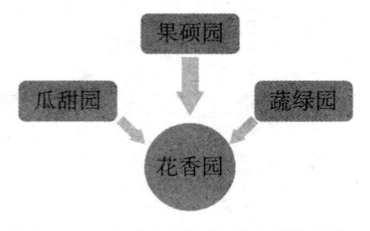

图7-3　田园课程主题设计图

花香主题,旨在用花香装扮校园,用花香熏陶心灵,用花香展现才艺,用花香创造生活。儿童从土培、水培鲜花以及学习插花艺术的过程中感受到乐趣,认识到生命的美好,体会到劳动的快乐。

蔬绿主题,旨在通过短期作物观察植物生长的过程及感受生命运动的乐趣,通过播种、施肥、浇水、除草等劳作了解植物生长的周期性,懂得光合作用的原理,了解蔬菜的营养价值,体验市场营销乐趣。该主题活动还拓展到烹饪课程、烘焙课程,学生能从中体会到自给自足、丰衣足食的快乐,以及体验劳动光荣的情感。

瓜甜主题,旨在通过种植西瓜,分享甜蜜的果实,学生从西瓜的育苗到定植,从授粉到结瓜,从守望到收获,从劳作到分享的心灵历程,体会耕耘的乐趣。

果硕主题,主要结合农场芒果产业进行具有代表性的水果种植实践,了解家庭产业的生长和劳作特点,为家庭做力所能及的事,并对荔枝、龙眼等常见作物产生兴趣,懂得培育果树、收获果实的农业生产常识,在劳动教育中践行真善美,感受幸福童年。我们以耕耘为梦,教育为壤,凭借田园课程的开展实现"在儿童心田耕耘美好生活"的课程理念,为儿童幸福人生导航。

(二)田园课程评价

表7-9 红旗小学"田园课程"评价表

课程名称: 实施对象: 评价时间:

真善美维度	评价标准	评价指数	自评	校评
课程目标	课程目标明确清晰,求真、扬善、创美,价值观明确。	15分		
	学习知识,培养能力,丰富情感,热爱田园。			
课程内容	教学情境生动、有趣,师生互动好,教学氛围活跃。	15分		
	教学内容科学,启发性强,突出实践能力的培养。			
	课程内容操作性强,受欢迎程度高。			

续表

真善美维度	评价标准	评价指数	自评	校评
课程实施	学习初能制定田园课程教学计划,安排好教学进度。	50分		
	能深入钻研田园教材,根据学生的实际设计内容新颖、层次分明、操作性强、有鲜明主题的活动设计教案。			
	能灵活运用多种教学方法进行教学重点和难点的处理,有新意且效果好。			
	面向全体学生,学生参与度高,整体成效好。			
实施成果	能激发并维持学生对该课程的兴趣,学生评价良好。	20分		
	能及时收集、整理学生学习的过程性材料。			
	能指导学生举行一定范围的展示活动。			
说明	优秀90分以上;良好80—89分;合格60—79分;不合格60分以下。	100分		

七 点亮"耘美校园",激活隐性课程

校园文化是学校发展的灵魂,校园文化阵地是凝聚人心、凝聚力量、展现精神风貌的场所。校园文化遍及学校的一砖一瓦、一草一木,形成丰富而独特的育人场景。如何挖掘校园隐性资源,开发教育的源头活水,是值得我们去努力探索的。

(一)"耕美校园"的主要内容

1. 旗帜课程

"红旗小学"校名有着悠久的历史沿革,与革命先辈在战争年代浴血奋战的故事有着深刻的渊源。珍惜历史的人会将旗帜当作胜利的标杆,永远插在攀登的顶峰。因此,打造校园"红旗"特色,让旗帜课程成为学校德育的阵地,有着极其重要的意义。

2. 仪式课程

上好开学第一课,系好人生第一粒扣子,离不开庄重的仪式感教育。从新生入学前就要做好幼小衔接工作,入学后就应当一步一个脚印,落实仪式感教育,如开笔礼、入队礼;落实文明礼仪教育,形成健康向上的精神风貌。

3. 廊道文化

利用廊道文化做好潜在的中华经典文化教育。潜在的文化或许不会发出教育的声音,却能在一抬眼、一投足间纳入儿童心灵,成为不可磨灭的记忆。因此做好优质的廊道文化如同给孩子的童年涂上一层保护色,让正统文化一点一滴地根植于心灵。

4. 大厅文化

"耘美厅"是学校田园课程基地的一个功能区,位于花香、蔬绿、瓜甜、果硕四个主题园区中心,围绕"扬真善美、做幸福人"的办学理念,集中展现田园校园和书香校园的特色,呈现学校办学成果。

5. 教室文化

作为班级特色园地,教室布置读书角、书法墙、奖状墙等主题文化,较好地展现班级风采;每学期须设计班旗、队旗和班级口号,用于集体活动出行,体现班级团队精神。

6. 操场文化

操场干净整洁,围网展现社会主义核心价值观,依据不同的主题呈现丰富多彩的旗帜文化,形成浓郁的节日氛围;墙面展现灵动的运动画面,象征着体育精神,给人"向着美好奔跑的力量"。

(二)"耘美校园"的课程评价

表7-10 红旗小学"耘美校园"评价表

名称						
实施者						
指标项目	评价指标		指标完成度			评分
	指标要求	分值	(A)	(B)	(C)	(D)	
旗帜课程	1. 校园旗帜飘扬,有国旗、队旗、班旗,形成节日氛围; 2. 体育课呈现魔方队列,展现"旗手操",形成校园特色;	20分	20—17分	16—13分	12—9分	8—0分	

续 表

指标项目	评价指标 指标要求	分值	指标完成度 (A)	(B)	(C)	(D)	评分
	3. 旗帜课程学国情，学国史，了解五星红旗浴血奋战的故事，珍惜幸福生活； 4. 识别世界各国旗帜，了解中国旗帜文化，针对节日主题制作班旗、队旗。						
仪式课程	1. 隆重举行开学典礼、毕业典礼、节日典礼，上好开学第一课； 2. 做好幼小衔接工作，举行开笔礼教育，抓好新生入学入队仪式； 3. 做好心理健康和文明礼仪教育，拓展"小旗手"进阶活动，打造"花仙子"礼仪团队，培养"耘美少年"。	20分	20—17分	16—13分	12—9分	8—0分	
廊道文化	1. 长廊有花木掩映，体现文化艺术氛围，有学生书画作品展示，有花卉艺术装饰，有读书角，有猜谜墙； 2. 教室走廊顶梁体现名言警句，外墙展现《三字经》典故，廊道内侧悬挂学生书画作品。	10分	10—7分	6—3分	2—1分	2分以下	
大厅文化	1. "耘美厅"集中呈现学校办学成果，围绕"扬真善美、做幸福人"的办学理念展现田园校园和书香校园特色； 2. 大厅文化与教育教学理念有机融合。	20分	20—17分	16—13分	12—9分	8—0分	

续 表

指标项目	评价指标 指标要求	分值	指标完成度 (A)	(B)	(C)	(D)	评分
操场文化	1. 操场干净整洁，围网展现社会主义核心价值观，呈现丰富多彩的旗帜文化，依据不同的主题形成浓郁的节日氛围； 2. 墙面展现灵动的运动画面，象征着体育精神，给人"向着美好奔跑的力量"。	10分	10—7分	6—3分	2—1分	2分以下	
教室文化	1. 有读书角、书法墙、奖状墙，及时更新节日主题文化，较好地展现班级特色； 2. 有班旗、队旗和班级口号，体现团队精神。	20分	20—17分	16—13分	12—9分	8—0分	

总之，学校以"耘美教育"为教育哲学，融汇在学校课程建设的各个层面，引领课程建设，引领教师发展，引领学校文化，坚持以学生的发展和教师的成长为本，深入实施素质教育，充分利用学校和社会的课程资源，优化课程结构，全面体现办学理念的特色教育体系。我们希望，在"小旗手"课程的引领下，孩子们爱劳动、爱生活，传承真善美，成就幸福人生。

(撰稿者：刘燕红、陈丹玲、陈萍、高婕)

后记

课程是教育的重要载体,好的教育需要有品质的课程。品质课程是以丰富学习经历为主旋律,有一以贯之的理念、清晰的逻辑体系课程。它可以唤醒生命,激发生命,让生命持续向上生长,与美好的自己相遇,与美好的世界相遇。

上海市教育科学研究院杨四耕先生说:"课程即品茶,需哲思;课程即吟诗,需想象;课程即力行,需实践。"学校整体课程规划还要进一步落实:进学科、进课堂、进活动,进入学校工作的方方面面,这样才能更具有生命活性,才能真正发挥课程育人功能。因此学校课程深度实施是学校课程发展和课程变革的重要环节。让学习活动浸润在社会文化情境之中,从而使有意义的学习真正发生,深度学习真正实现。同时,课程也将变成教师和学生共同成长与发展的过程。

基于境脉学习理论,通过反复的打磨和推敲,我们建立了学校整体课程深度实施的实践模型,它包含整体课程深度实施的理论核心和学校整体课程深度实施的七个特点。实施的七个特点即意义的生成性、内容的统整性、活动的境脉性、任务的协同性、行动的自主性、课程的延展性、评价的嵌入性。根据这七个特点,也就是这七个板块,架构起了整本书的框架。

在编写《学校整体课程的深度实施》一书的过程中,老师们根据境脉学习的模型和相关理论,梳理各校的实施体系和实施特色,并将其与理论相融,确有相当的难度。三亚市教育局和三亚市教育研究培训院的领导们高度重视,为编写工作提供了切实的保障,也给予了老师们许多的关怀,远在上海的杨四耕教授数次通过视频会议为我们进行了全面且有针对性的指导:有严肃的指正,更有耐心的引领。老师们在各位领导及专家的指导下一次又一次深度学习,一遍又一遍修正改进,终于较高质量地完成了全书的编写工作。

由于经验不足,本书还存在着不完善的地方,我们将不断改进和优化,也真诚地希望得到专家和老师们的指正。

好的教育是生命的相互感化,是生命的相互辉映,是生命的不断丰盈。我们期望品质课程的深度实施能让孩子们不断遇见生命的美好,也感恩我们能在这样的教育之路上幸福成长。

吴家英

2022 年 10 月 20 日于三亚市教育研究培训院